工业和信息化部产业政
中国社会科学院工业经

U0608149

中国产业发展和产业政策报告

（2012）

——产业转移

Report on China's Industrial
Development and Policy（2012）
——Industrial Transfer

经济管理出版社
ECONOMY & MANAGEMENT PUBLISHING HOUSE

专家咨询委员会

委员会主任

朱宏任　工业和信息化部党组成员、总工程师

陈佳贵　全国人大常委、中国社会科学院经济学部主任、学部委员

委员（按姓氏笔画排序）

干　勇　中国工程院院士

刘世锦　国务院发展研究中心研究员

吕　政　中国社会科学院学部委员

朱高峰　中国工程院院士

张小虞　中国汽车工程学会理事长

李　平　中国社会科学院数量经济和技术经济研究所研究员

李京文　中国工程院院士、中国社会科学院学部委员

郑立新　工业和信息化部产业政策司

周叔莲　中国社会科学院学部委员

季国标　中国工程院院士

金　碚　中国社会科学院工业经济研究所研究员、学部委员

柳百成　中国工程院院士

郭克莎　国务院政策研究室研究员

袁晴棠　中国工程院院士

黄速建　中国社会科学院工业经济研究所研究员

黄群慧　中国社会科学院工业经济研究所研究员

报告课题组

课题组总负责人

郑立新　工业和信息化部产业政策司司长

黄群慧　中国社科院工业经济研究所研究员、党委书记

课题组副总负责人

苗长兴　工业和信息化部产业政策司副司长

黄速建　中国社科院工业经济研究所研究员、副所长

课题组协调人

于晓东　工业和信息化部产业政策司

片　飞　工业和信息化部产业政策司

王　钦　中国社会科学院工业经济研究所

肖红军　中国社会科学院工业经济研究所

课题组执笔人（按姓氏笔画排序）

王　欣　王　钦　邓　洲　叶振宇　江飞涛　刘建丽　肖红军　周维富

林　智　贺　俊　赵剑波　黄阳华　张小宁　霍景东

目　　录

上篇　总览：工业发展

下篇　聚焦：产业转移

上篇　总览：工业发展

1 2011 年工业发展状况

2011 年，中国工业经济总体呈现出产值稳步增长、质量效益继续改善、产业结构更趋优化、中小企业加速成长、区域经济协调发展、行业管理水平进一步提高的格局。"十二五"工业经济的良好开局为加快推进工业转型、升级奠定了重要基础。

1.1 工业经济稳步增长

工业生产较快增长。2011 年，全部工业实现增加值 188572 亿元，较 2010 年提高 27850 亿元，增长 10.7%。其中，规模以上工业增加值增长 13.9%。工业增加值占 GDP 的比重为 40.0%，较 2010 年小幅下降 0.1 个百分点。原材料工业、装备工业、消费品工业和电子制造业增加值分别较上年增长 12.6%、15.1%、14.1%和 15.9%。规模以上工业增加值一至四季度同比分别增长 14.4%、14.0%、13.8%和 12.8%，呈现稳中趋缓、逐季回落的态势。但总体上看，全年工业增速仍处于相对较高水平，如图 1.1、图 1.2 所示。

工业产品产量总体上平稳增长。2011 年，多数工业产品产量保持稳步增长，但受国际市场恢复缓慢和国内结构调整的影响，部分工业产品产量增速出现回落。原煤、天然气产量分别增长 8.8%和 8.6%，发电量增长 11.7%。原材料工业产品产量总体上保持平稳增长态势，冶金、有色、建材工业主要产品产量进一步提高。除纯碱外的主要化工产品产量增速较"十一五"出现较大幅度下降，化肥产量甚至出现负增长。受政策调整和市场变化影响，汽车、农机、投资类产品产量增长速度放缓，装备制造业产品增速出现明显回落。在家电下乡、家电以旧换新等政策的作用下，家电和电子信息产品产量持续高速增长，液晶电视机、家用电冰箱、房间空气调节器和微型计算机设备产品产量较 2010 年均实现超过 15% 的增长，如图 1.3 所示。

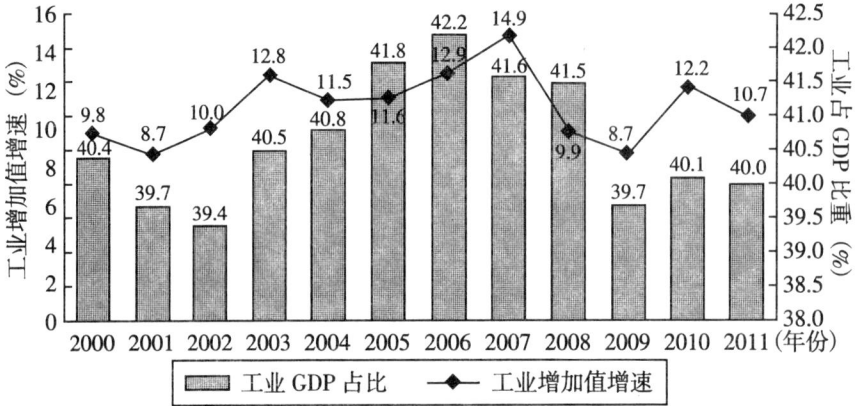

图 1.1　2000~2011 年全部工业增加值增速和工业占 GDP 比重情况

注：增速按不变价格计算。

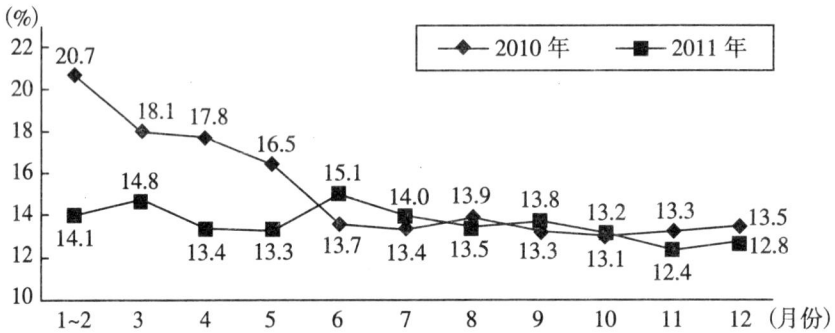

图 1.2　2010~2011 年规模以上工业增加值分月增速

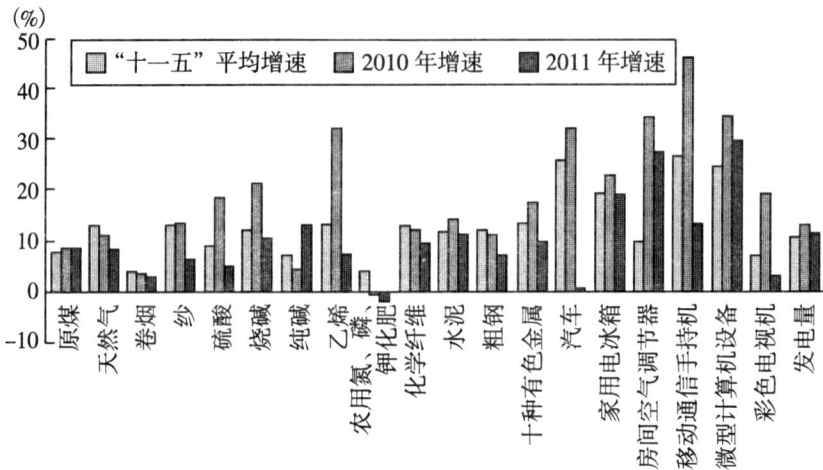

图 1.3　2011 年主要工业产品产量增速（与 2010 年、"十一五"平均比较）

工业投资较快增长。2011 年，全国工业投资 12.9 万亿元，同比增长 26.9%，名义增速较 2010 年提高 4.1 个百分点，快于全部固定资产投资增速 3.1 个百分点。其中，采掘业投资 1.2 万亿元，同比增长 21.4%；制造业投资 10.3 万亿元，同比增长 31.8%；电力、燃气及水的生产和供应业投资 1.5 万亿元，同比增长 3.8%。全国全年工业施工项目数达到 245529 个，较 2010 年增长 3.5%，增幅提高 3.8 个百分点。其中，新开工项目 170689 个，较 2010 年增长 1.1%，增幅提高 3.3 个百分点。

工业品出口增长趋缓。2011 年，规模以上工业实现出口交货值 10.2 万亿元，较 2010 年增长 16.6%，低于全部销售产值增速 11.1 个百分点，且呈现逐月下降的态势。分行业看，传统大宗商品出口稳步增长，机电产品、高新技术产品出口增速大幅回落。工业品出口增速的下降导致进口和出口总额增速分别较 2010 年回落 12.2 和 11.0 个百分点，贸易顺差减少 280 亿美元。

1.2 增长质量有所改善

经济效益有所改善。2011 年，全国规模以上工业实现主营业务收入 84.33 万亿元，较 2010 年增长 27.2%；实现利润 5.45 万亿元，较 2010 年增长 25.4%。工业企业收入、利润等效益指标的增长快于产值、产量等规模指标的增长。

能源利用效率有所提高。2011 年前三季度，规模以上工业企业单位工业增加值能耗同比下降 2.56%，40 项重点产品（工序）单位能耗指标同比下降。但按照"十二五"节能减排的预定时间安排，2011 年前三季度单位工业增加值能耗降速低于计划目标 0.84 个百分点。

技术创新能力提升。2011 年，工业和信息化部认定了首批 55 家国家技术创新示范企业，发布了产业关键共性技术发展指南，安排 13 亿元资金支持了 169 个重大科技成果转化项目。全国全年共安排 952 项科技支撑计划课题，524 项 "863" 计划课题，建设国家工程研究中心 130 个，国家工程实验室 119 个。全年授予专利 96.1 万件，其中境内授权 86.4 万件，占 89.9%。授予发明专利 17.2 万件，其中境内授权 10.6 万件，占 61.5%。全年共签订技术合同 25.6 万项，技术合同成交金额 4763.6 亿元，较 2010 年增长 21.9%。

内需对工业增长的拉动作用增强。2011 年 1~11 月，规模以上工业完成销售产值较 2010 年增长 28.4%，其中内销产值增长 30.7%，占全部销售产值的比重达到 87.8%，较 2010 年提高 1.2 个百分点。

贸易结构优化。2011 年，机电产品和高新技术产品出口金额分别为 10855.9 亿美元和 5487.9 亿美元，分别较 2010 年增长 16.3% 和 11.5%。一般贸易出口达到 9171.2 亿美元，较 2010 年增长 27.3%，快于加工贸易出口增速，占全部出口的比重由 2010 年的 45.7% 提高到 48.3%。

对外投资加快。2011 年，中国境内投资者共对全球 132 个国家和地区的 3391 家境外企业进行了非金融类对外直接投资，实现直接投资 600.7 亿美元，较 2010 年增长 1.8%。跨国并购是企业对外投资的主要方式，民营企业的海外并购日益活跃。资源类行业（能源和矿业）的交易量和交易额都占据重要份额，工业制造、消费品行业的跨国并购显示出强劲的增长势头。截至 2011 年底，中国境内投资者共在全球 178 个国家（地区）设立对外直接投资企业 1.8 万家，累计实现非金融类对外直接投资 3220 亿美元。

1.3　产业结构更趋优化

高技术产业较快增长。2011 年，高技术制造业增加值较 2010 年增长 16.5%，高于全部规模以上工业增加值增速 2.6 个百分点。

战略性新兴产业加快培育。一大批战略性新兴产业关键技术的研发和产业化项目加快部署落实。25 个新能源汽车推广使用示范城市试点工作全面展开，纯电动汽车和插电式混合动力汽车开始进入市场，65~45 纳米集成电路制造工艺实现量产，国产 CPU 基础软件研发和应用推广加快，大型立式五轴联动加工中心研制成功，6400 吨大型快速高效全自动冲压生产线实现与国际同步开发，C919 大型客机正式转入详细设计阶段，TD-LTE 规模技术试验全面展开。

传统产业改造提升稳步推进。全年共安排传统产业改造提升专项资金 135 亿元，带动投资 2791 亿元，传统产业技改工作的针对性、有效性和影响力明显提升。全年工业技术改造投资完成 5.4 万亿元，较 2010 年增长 24.9%，增速提高 2.1 个百分点；占工业投资比重达到 41.6%，较 2010 年提高 1.4 个百分点。

淘汰落后产能有序推进。针对电解铝、平板玻璃、煤化工等产能过剩行业的调控力度加大。截至 2011 年 9 月底，公告的 2255 家企业淘汰落后产能任务已经完成 90%，其中 70% 的落后生产设备已经拆除。40 项重点产品（工序）单位能耗指标实现同比下降。

1.4　中小企业快速成长

中小企业数量继续保持加速增长。受惠于国家一系列中小企业扶持性政策的出台和实施，中小企业数量总体上延续了近年来较快增长的态势。截至 2011 年底，全国实有企业数量 1253.12 万户，较 2010 年底增长 10.26%，增速提高 1.36 个百分点。其中，私营企业数量 967.68 万户，较 2010 年底增长 14.4%。

中小企业发展环境进一步改善。2011 年 6 月，中小企业划型标准完成修订并正式发布，调整了中、小型企业标准，增加了微型企业标准，为国家更加有针对性地扶持小微企业发展奠定了基础。2011 年，工业和信息化部会同有关部门，共安排 14 亿元资金支持了 533 户担保机构发展，为 8 万户中小企业提供了 4200 亿元贷款担保。为推进中小企业结构调整，全年共安排 45 亿元资金支持中小工业企业进行技术改造和技术创新。同时，中小企业服务网络加快建设，全年共创建 99 个国家中小企业公共服务示范平台，安排 5 亿元资金支持服务平台网络和小企业创业基地建设，设立了企业经营管理人才素质提升工程专项资金，中小企业管理提升计划取得明显成效。

1.5　区域经济协调发展

中西部地区工业投资占比提高。2011 年，在完成的工业投资中，东、中和西部地区投资分别为 6.0 万亿元、4.1 万亿元和 2.8 万亿元，较 2010 年分别增长 21.1%、35.0% 和 30.5%，增幅分别提高 1.3、8.7 和 9.6 个百分点。中、西部地区工业企业资产总额占全国比重分别上升 0.4 和 0.5 个百分点，达到 21.0% 和 18.2%。

中、西部地区对工业增加值贡献率继续上升。2011 年，东、中部地区规模以上工业增加值较 2010 年分别增长 11.7% 和 18.2%，增幅较 2010 年分别回落 3.3 和 0.2 个百分点；西部地区规模以上工业增加值增长 16.8%，增幅较 2010 年提高 1.3 个百分点；东部地区占全部规模以上工业增加值比重下降到 57.5%，中、西部地区比重分别上升到 24.6% 和 17.9%。

中、西部地区工业效益指标快于东部地区增长。2011 年 1~11 月，东、中、西部地区规模以上工业企业分别实现利润 27787 亿元、11034 亿元和 7816 亿元，分别较 2010 年同期增长 18.7%、34.1% 和 33.3%，在全部规模以上工业利润总额中的比重分别为 59.6%、23.6% 和 16.8%。中、西部地区规模以上工业企业利润增幅快于东部地区，利润占全国比重进一步提高。

1.6　行业管理水平提高

规划引导加强。2011 年，工业领域共颁布"十二五"总体性规划 1 部，行业规划 5 部，专项规划 4 部，制定了战略性新兴产业要素分解指南和产业地图，建立了重点企业库。18 个省市出台了推动战略性新兴产业发展的指导意见，6 个省市制订了行动计划和方案，9 个省市设立了专项资金。

行业管理重点更加突出。行业准入管理方面，开展了稀土行业专项整治，实施稀土行业指令性生产计划，起草了稀有金属管理条例、指令性生产计划管理暂行办法和产品收购资质管理办法，矿山无序开采得到遏制，生产秩序、出口秩序初步好转。淘汰落后产能方面，落实奖励资金 40.3 亿元，重点加强检查考核和核查督办。节能减排方面，共安排 8.3 亿元支持清洁生产和企业能源管控中心建设，开展了资源节约型、环境友好型"两型"企业创建试点，加强了节能减排技术推广应用。质量检查控制方面，开展了食品药品安全整顿工作，29 省市启动了食品工业企业诚信体系建设。

（执笔人：邓洲）

2 工业发展水平评估

2.1 工业发展指数

2005~2010 年，工业发展指数测算结果显示中国工业发展水平总体提升。[①] 受国际金融危机影响，2008 年中国工业发展指数有所下降，2009 年和 2010 年，中国工业发展指数连续增长。

2.1.1 指数构建

本报告从工业生产效率、可持续发展、技术创新、国际竞争力和增长五个维度构建工业发展指数。生产效率采用 Sequential-Malmquist-Luenberger (SML) 生产效率指数，可持续发展选用能源效率和"三废"处置利用指标，技术创新包括创新投入和创新产出两方面指标，国际竞争力采用国际贸易竞争力指数，工业增长则选用工业增加值增长率（见表 2.1）。关于工业发展指数构建的详细内容参见本书附录 1。

表 2.1　工业发展指数的指标体系

一级指标	二级指标	指标说明	单位
生产效率	Sequential-Malmquist-Luenberger 生产效率指数	数据包络分析（DEA）计算	
可持续发展	能源效率	工业总产值/能源消费总量	万元/吨标准煤
	工业固体废弃物综合利用率	工业固体废弃物综合利用量/工业固体废弃物产生量	%
	工业废水排放达标率	工业废水排放达标量/工业废水排放量	%
	工业 SO_2 去除率	工业 SO_2 去除量/（工业 SO_2 排放量 + 工业 SO_2 去除量）	%

[①] 限于数据的可得性，本报告的工业发展指数评估区间暂为 2005~2010 年。

续表

一级指标	二级指标	指标说明	单位
技术创新	专利申请数		件
	R&D 人员占比	R&D 人员/从业人员	%
	R&D 强度	R&D 经费/销售收入	%
	新产品销售收入占比	新产品销售收入/产品销售收入	%
国际竞争力	国际贸易竞争力指数	净出口额/贸易总额	
增长	工业增加值增长率		%

本报告分别给出了环比和（以 2005 年为基期的）定基发展指数，指数构建步骤如下：

第一步，计算行业发展水平。采用德尔菲法确定五个评估维度的基准权重：生产效率、可持续发展、技术创新、国际竞争力和增长的权重分别为 0.25、0.25、0.20、0.18、0.12。计算行业发展指数时，结合各行业特征，对基准权重进行调整，以更为准确地反映出行业的真实发展水平。

第二步，计算工业发展指数。利用第一步计算得到的行业发展指数，以 2010 年各行业的工业总产值占样本工业总产值之和的比重为行业的权重，计算工业发展指数。

第三步，使用因子分析法验证主观权重法和客观权重法计算的工业发展指数是否具有一致性。

报告选择了 14 个重点制造业行业作为样本，涵盖了国民经济行业分类（GB/T 4754-2002）中的 16 个行业。工业发展指数指标的时间跨度为 2005~2010 年，[1] 数据来自历年《中国统计年鉴》、《中国工业经济统计年鉴》、《中国环境统计年鉴》、《中国科技统计年鉴》等；国际贸易数据来自联合国 COMTRADE 数据库，按照联合国贸易统计的 HS 编码与国民经济行业分类的对照表，将联合国 COMTRADE 数据库中按产品统计的国际贸易数据转换为国民经济行业的国际贸易数据。

---

① 除效率指标外，在评价指标中其他维度的指标都可以较为直接地使用统计数据，或者利用统计数据经过计算得到。关于生产效率指标测算，详见附录 1。

2.1.2　发展水平评估

2005~2010 年，工业发展定基指数虽有波动，但总体增长态势明显。2006 年和 2007 年，定基指数分别为 114.4 和 121.6，呈现出线性增长的发展趋势。2008 年和 2009 年指数小幅波动，分别为 115.4 和 113.3，2010 年回升至 117.8。①

从环比计算的工业发展指数来看，2006 年和 2007 的环比指数分别为114.4 和 107.3，保持了连续上涨的势头。但 2008 年环比指数明显下降，仅为 95.2。造成这种结果的直接原因是国际金融危机对中国工业发展带来了负面冲击。从各维度指标的变化情况看，2008 年工业增长指数和生产效率指数出现了明显的下降，特别是增长指标降低至 30.6，生产效率指数下降的原因是产能利用不足，技术效率下降。2009 年，随着增长指数和生产效率指数的大幅回升，在国际竞争力指数和技术创新指数下降的情况下，工业发展环比指数回升至 101.7，反映出中国工业发展水平受到国际金融危机冲击企稳，并小幅回升。2010 年，由于增长指数和可持续发展指数的提高，工业发展环比指数上升为 105.8。如图 2.1 所示。

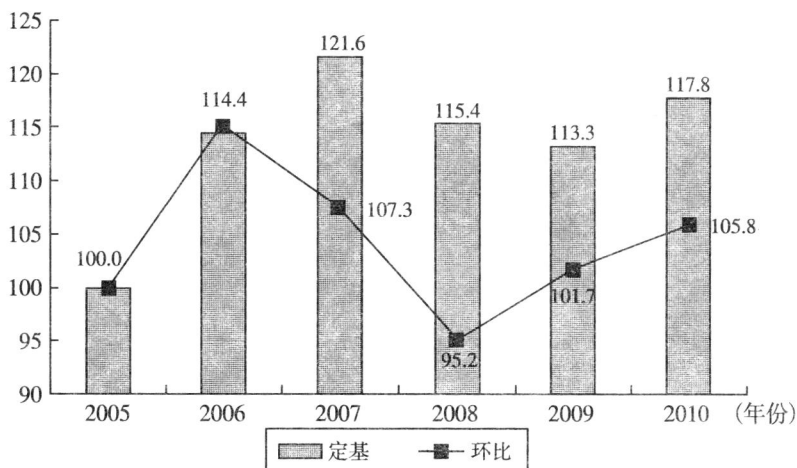

图 2.1　工业发展定基指数（2005~2010 年）

---

① 由于效率指标的计算方法由传统 Malmquist 生产效率指数改为 Sequential-Malmquist-Luenberger 指数，所以 2009 年之前的工业发展指数与《中国产业发展与产业政策报告（2011）》略有不同。

　　分项定基指数表明，2005~2010 年增长指数和可持续发展指数大幅上涨，表明中国工业保持较强的增长能力的同时，可持续发展水平也在较快提升；国际竞争力、生产效率和技术创新指数均稳步增长。如图 2.2 所示。

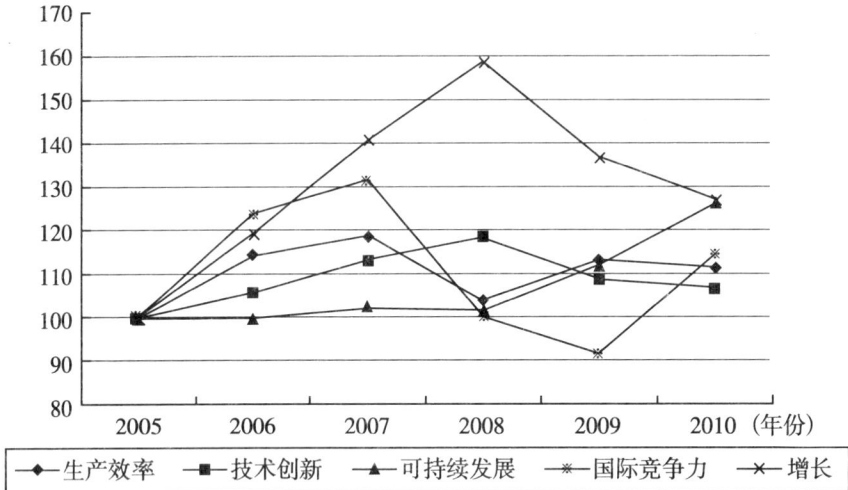

图 2.2　工业发展指数各维度指数变化（定基）(2005~2010 年)

　　环比指数显示，受国际金融危机影响，2008 年，工业生产效率、增长指数和国际竞争力指数负增长。2009 年，生产效率指数和可持续发展指数正增长，技术创新、国际竞争力和增长指数负增长。2010 年，中国工业生产效率、技术创新指数小幅下降，国际竞争力指数继续保持下降势头。如图 2.3 所示。

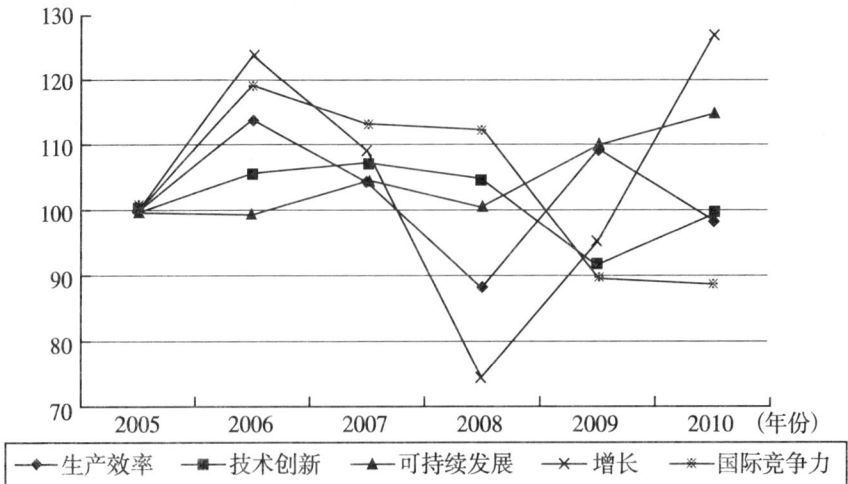

图 2.3　工业发展指数各维度指数变化（环比）(2005~2010 年)

行业发展定基指数显示，2005~2010 年，装备制造业和通讯设备、计算机及其他制造业持续发展能力较强。在消费品工业中，除医药制造业外，食品工业、纺织业和纺织服装、鞋、帽制造业都保持了较好的发展势头。在原材料工业中，化学原料及化学制品加工业，非金属矿物制品加工业，黑色金属冶炼及压延加工业发展水平稳步提升，但石油加工、炼焦及核燃料加工业和有色金属冶炼及压延加工业发展水平有所下降；机械装备制造业各细分行业整体保持较高的发展水平，尤其是专用设备制造业；通讯设备、计算机及其他制造业也都保持了较好的发展势头。如图 2.4 所示。

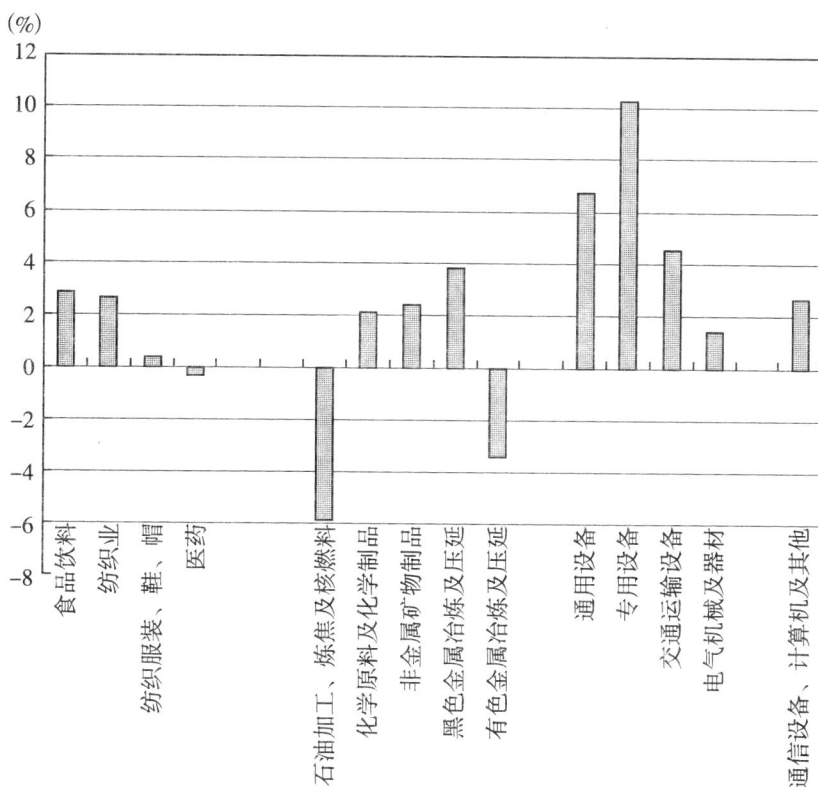

图 2.4 行业发展定基指数年均增长率（2005~2010 年）

2010 年，非金属矿物制品加工业、黑色金属冶炼及压延加工业和有色金属冶炼及压延加工业三个行业的环比发展指数分列前三位。其中，非金属矿物制品加工业发展水平的提升，主要来自于行业可持续发展水平的提升；黑色金属冶炼及压延加工业和有色金属冶炼及压延加工业发展水平的提升，主要归因于行业创新能力的较快提升。2010年受国际竞争力指数下降的影响，中国食品工业发展水平下降明显；生产效率的下滑对医药制造业的发展造成不利影响。如图2.5所示。

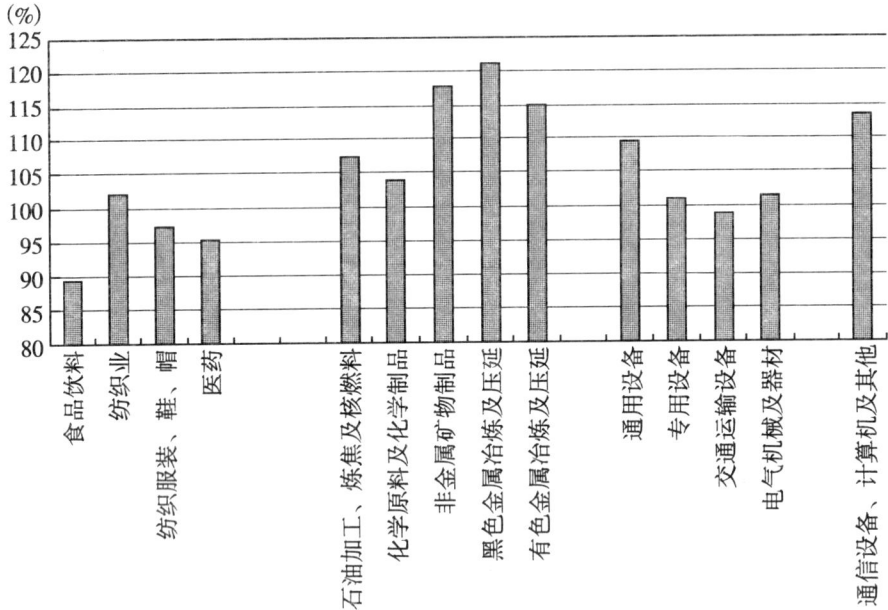

图2.5　行业环比发展指数（2010年）

2.1.3　重点行业发展水平评估

行业发展定基指数显示，2005~2010年，装备制造业和通讯电子制造业持续发展能力较强。在消费品工业中，除医药制造业外，食品工业、纺织业和纺织服装、鞋、帽制造业都保持了较好的发展势头；在原材料工业中，化学原料及化学制品加工业、非金属矿物制品加工业、黑色金属冶炼及压延加工业发展水平稳步提升，但石油加工、炼焦及核燃料加工业和有色金属冶炼及压延加工业发展水平有所下降；机械装备制造业各细分行业整体保持较强发展水平，尤其是专用设备制造业；电子工业也保持了较好的发展势头。2010年，非金属矿物制品加工业、黑色金属冶炼及压延加工业和有色金属冶炼及压延加工业三个行业的环比发展指数最高。其中，非金属矿物制品加工业发展水平的提升，主要来自于行业可持续发展水平的提升；黑色金属冶炼及压延加工业和有色金属冶炼及压延加工业发展水平的提升，主要归因于行业创新能力的较快提升。2010 年，受国际竞争力指数下降的影响，中国食品工业发展水平明显下降；生产效率的下滑对医药制造业的发展造成不利影响。如图 2.6 所示。

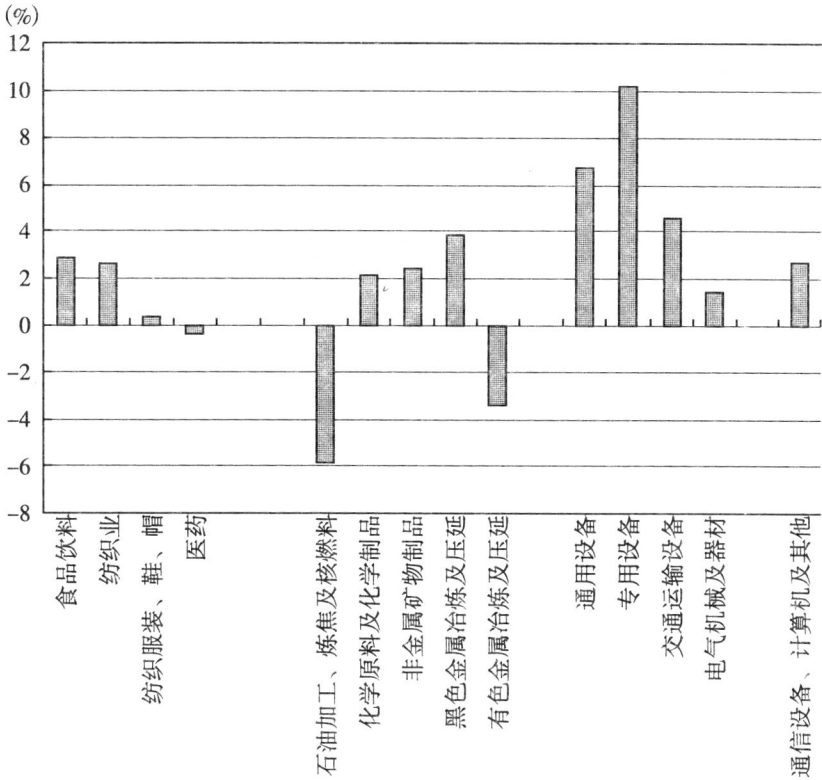

图 2.6 行业发展定基指数年均增长率（2005~2010 年）

2.1.3.1 钢铁

2010 年，钢铁行业发展定基指数为 125.4，比 2009 年上升 22.1；行业发展环比指数为 120.9，比 2009 年提高 29。钢铁行业发展水平显著回升，创新水平和国际竞争力的变化是影响行业发展水平的主要因素。如图 2.7 所示。

（1）行业效率有所改善，技术进步仍是推动生产效率提高的主要原因。2009~2010 年，行业效率定基指数为 101.4。SML 生产效率指数为 1.014，其中技术进步指数为 1.060，技术效率指数为 0.957。

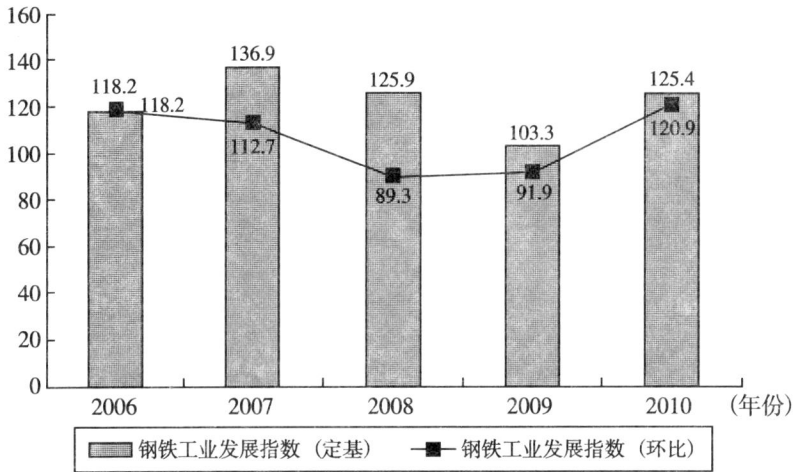

图 2.7　钢铁工业发展指数（基期：2005 年）

（2）行业增速继续回升。2010 年，工业增加值比 2009 年增长 11.6%，较 2009 年提高 2.7 点；行业增长定基指数为 60.7，比 2009 年上升 5.4。

（3）行业创新能力显著改善。2010 年，行业专利申请数为 5813 项，比 2009 年增长 20.5%；R&D 经费占产品销售收入比重为 2.3%，比 2009 年大幅提高 1.5 个百分点；行业创新定基指数为 143.4，比 2009 年上升 52.6。

（4）行业竞争力明显恢复。2010 年，贸易竞争力指数为 0.28，较 2009 年大幅上升 0.26；行业基期国际竞争力指数为 190.7，比 2009 年上升 45.3。

（5）可持续发展能力进一步提高。2010 年，行业能源效率为 0.9 万元/吨标准煤，比 2009 年上升 0.24 万元/吨标准煤；行业定基可持续发展指数为 118.9，比 2009 年上升 6.8。

2.1.3.2　有色金属

2010 年，有色金属行业发展定基指数为 81.2，较 2009 年上升 11.5；行业发展环比指数为 114.5，比上年提高 13.7。行业发展水平回升，效率和创新水平的提高是行业发展水平回升的主要原因。如图 2.8 所示。

（1）行业生产效率显著改善，技术进步和技术效率的提高共同推动了生产效率的提升，其中技术进步的作用更为突出。2010 年，行业效率基期指数为 108.9，比 2009 年上升 7.2。2009~2010 年，SML 生产效率指数为 1.089，其中技术进步指数为 1.066，技术效率指数为 1.021。

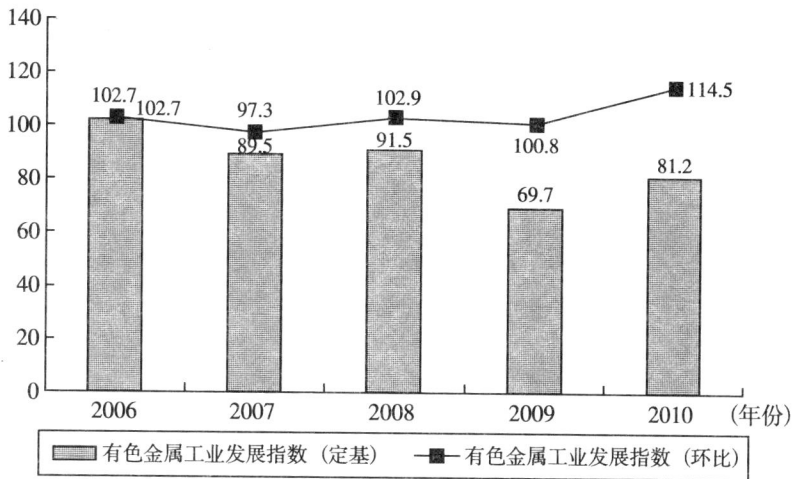

图 2.8　有色金属工业发展指数（基期：2005 年）

（2）行业保持平稳增长态势。2010 年，工业增加值增长 13.2%，较 2009 年提高 0.4 点；行业增长定基指数为 59.9，比 2009 年上升 1.2。

（3）行业创新水平明显改善。2010 年，行业专利申请数为 3335 项，比 2009 年增长 4.9%；R&D 经费占产品销售收入比重为 1.7%，比 2009 年大幅提高了 0.9 个百分点；行业创新定基指数为 117.4，比 2009 年上升 32.3。

（4）行业国际竞争力仍处于较低水平。2010 年，贸易竞争力指数为-0.51，较 2009 年略有回升。

（5）可持续发展能力继续提高。2010 年，行业能源效率为 2.2 万元/吨标准煤，比 2009 年上升 0.1 万元/吨标准煤；行业定基可持续发展指数为 91.4，比 2009 年上升 6.1。

2.1.3.3　石油

2010 年，石油工业行业发展定基指数为 69.7，较 2009 年上升 2.2；行业发展环比指数为 107.4，比 2009 年提高 10.5。行业发展水平止跌回升，增速加快是行业发展水平止跌回升的主要原因。如图 2.9 所示。

（1）行业效率无明显变化。2010 年，行业效率指数为 100，与 2009 年持平。2009~2010 年，SML 生产效率指数为 1。

（2）行业增长速度有较大幅度的回升。2010 年，工业增加值比 2009 年增长 9.6%，较 2009 年提高 4.4 个百分点；行业增长定基指数为 43.4，比

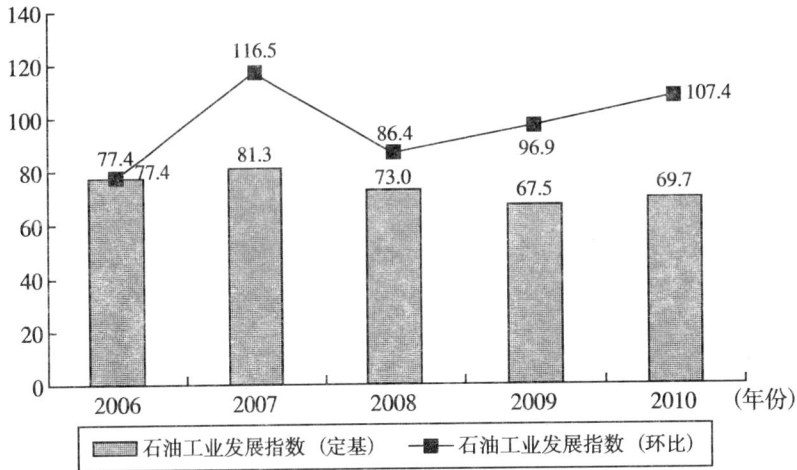

图 2.9　石油工业发展指数（基期：2005 年）

2009 年上升 11.1。

（3）行业创新水平持续恶化。2010 年，R&D 人员占从业人员比重为 1.5%，较 2009 年下降 0.4 个百分点；新产品销售收入为 2.9%，较 2009 年下降 0.4 个百分点；行业创新定基指数为 36.4，比 2009 年下降 12.1。

（4）行业国际竞争力仍然处于较低水平。2010 年，贸易竞争力指数为-0.21，行业国际竞争力定基指数为 74.3，与 2009 年相比略有上升。

（5）可持续发展水平小幅提升。2010 年，行业能源效率为 1.8 万元/吨标准煤，比 2009 年上升 0.5 万元/吨标准煤；行业定基可持续发展指数为 95.2，比 2009 年上升 2.2。

2.1.3.4　化学

2010 年，化学工业行业发展定基指数为 113.5，较 2009 年上升 4.6；行业发展环比指数为 104.0，比 2009 年提高 7.1。行业发展水平有所提高，效率和可持续发展水平的提高是行业发展水平提高的主要原因。如图 2.10 所示。

（1）行业生产效率显著改善，技术进步和技术效率的提高共同推动了生产效率提升。2010 年，行业效率定基指数为 122.2，比 2009 年上升 12.1。2009~2010 年，SML 生产效率指数为 1.222，其中技术进步指数为 1.104，技术效率指数为 1.107。

（2）行业增长速度加快。2010 年，工业增加值比 2009 年增长 20.3%，

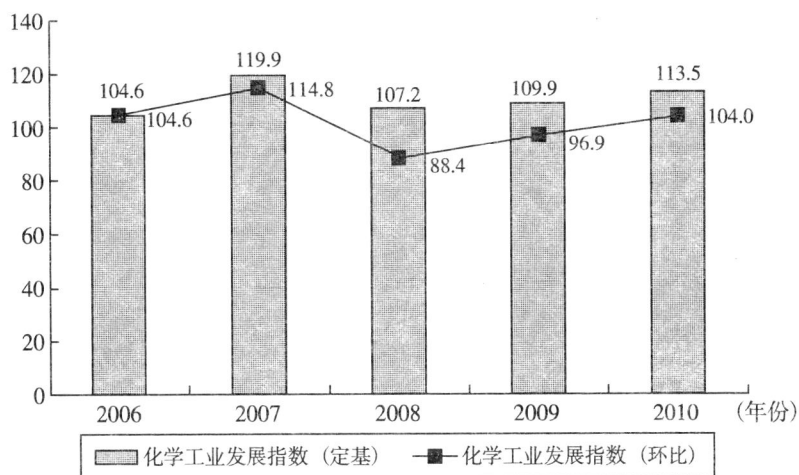

图 2.10　化学工业发展指数（基期：2005 年）

较 2009 年提高 5.6 个百分点。

（3）行业创新水平显著下降。2010 年，行业专利申请数为 5192 项，比 2009 年下降 1.7%；R&D 经费占产品销售收入比重为 0.2%，比 2009 年下降 0.5 个百分点；行业创新定基指数为 62.4，比 2009 年下降 47.7。

（4）行业国际竞争力仍处于较低水平。2010 年，贸易竞争力指数为 -0.25，较 2009 年回升 0.02。

（5）可持续发展能力进一步提高。2010 年，行业能源效率为 1.6 万元/吨标准煤，比 2009 年上升 0.5 万元/吨标准煤；行业定基行业可持续发展指数为 117.7，比 2009 年上升 8.6。

2.1.3.5　建筑材料

2010 年，建材工业行业发展定基指数为 115.6，较 2009 年上升 8.8；行业发展环比指数为 117.8，比 2009 年提高 18.5。行业发展水平有较大幅度的提升，可持续发展水平的大幅度提高是行业发展水平提升的主要原因。如图 2.11 所示。

（1）行业生产效率继续改善，技术进步是推动生产效率提升的主要原因。2010 年，行业效率基期指数为 112.7。2009~2010 年，SML 生产效率指数为 1.127，其中技术进步指数为 1.103，技术效率指数为 1.023。

（2）行业增速略有提高。2010 年，工业增加值比 2009 年增长 15.5%，较

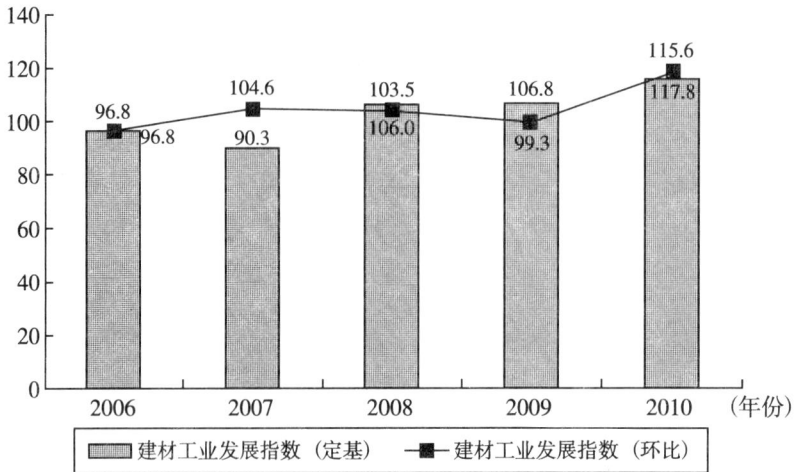

图 2.11　建材工业发展指数（基期：2005 年）

2009 年提高 0.9 个百分点；行业增长定基指数为 95.4，比 2009 年上升 3.8。

（3）行业创新水平继续下降。2010 年，行业专利申请数为 5743 项，比 2009 年下降 3.0%；R&D 经费占产品销售收入比重为 1.0%，与 2009 年持平；行业创新定基指数为 93.3，比 2009 年下降 15.6。

（4）行业国际竞争力略有下降。2010 年，贸易竞争力指数为 0.38，较 2009 年下降 0.04；国际竞争力定基指数为 107.3，比 2009 年下降 4.9。

（5）可持续发展能力显著提高。2010 年，行业能源效率为 0.8 万元/吨标准煤，比 2009 年上升 0.4 万元/吨标准煤；行业定基可持续发展指数为 192.7，比 2009 年大幅上升 113.2。

2.1.3.6　通用设备

2010 年，通用设备行业发展定基指数为 147.8，较 2009 年上升 19.0；行业发展环比指数为 109.6，较 2009 年提高 11.6。通用设备行业发展水平显著提升，增速加快和可持续发展水平提高是促进发展水平提升的主要原因。如图 2.12 所示。

（1）效率水平下降。2010 年，行业效率定基指数为 94.4。2009~2010 年，SML 生产效率指数为 0.944，其中，技术进步指数为 1.038，技术效率指数为 0.909。

（2）增速快速回升。2010 年，工业增加值增速为 21.7%，较 2009 年提

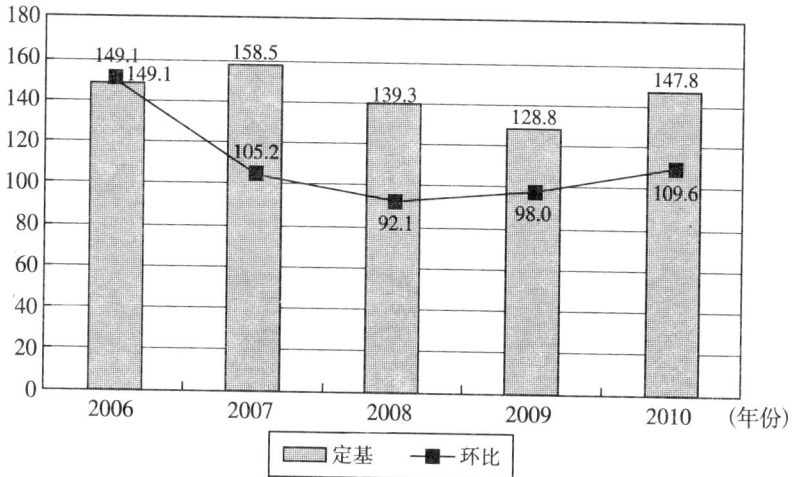

图 2.12　通用设备工业发展指数（基期：2005 年）

高 10.7 个百分点；行业增长定基指数为 268.7，较 2009 年上升 98.1。

（3）创新水平有所下降。2010 年，行业专利申请数为 13922 件，较 2009 年增长 31.1%；R&D 经费占产品销售收入比重为 1.59%，较 2009 年下降 0.21 个百分点；行业创新定基指数为 99.3，较 2009 年下降 10.3。

（4）国际竞争力有所下降。2010 年，贸易竞争力指数为 0.04，较 2009 年下降 0.02；行业基期国际竞争力指数为 140.5，较 2009 年下降 4.4。

（5）可持续发展水平进一步提高。2010 年，行业能源效率为 10.7 万元/吨标准煤，较 2009 年上升 5.5 万元/吨标准煤；行业定基可持续发展指数为 121.3，较 2009 年上升 14.1。如图 2.13 所示。

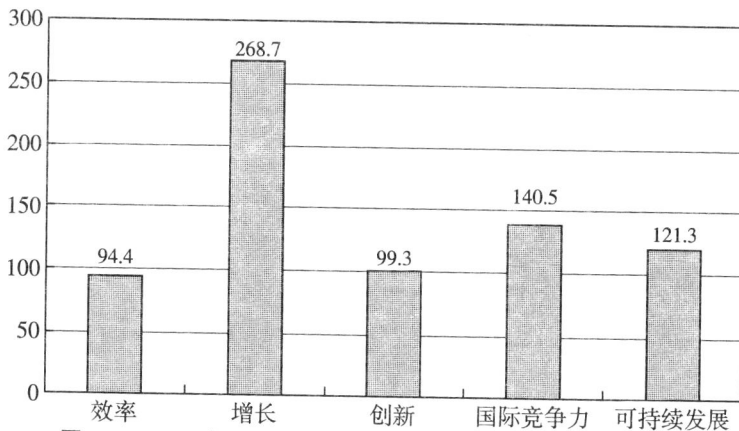

图 2.13　2010 年通用设备工业发展分项指数（基期：2005 年）

2.1.3.7　专用设备

2010 年，专用设备行业发展定基指数为 179.4，较 2009 年上升了 1.1；行业发展环比指数为 101.1，较 2009 年提高了 3.2。行业发展水平有所回升，行业增速加快是行业发展水平提升的主要原因。如图 2.14 所示。

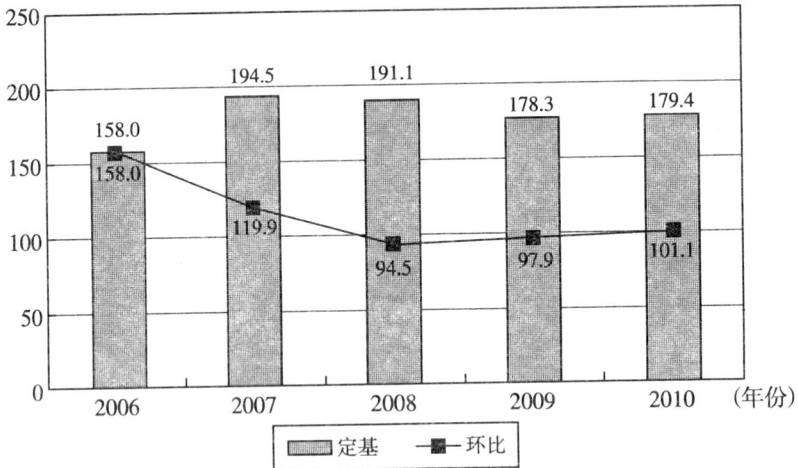

图 2.14　专用设备工业发展指数（基期：2005 年）

（1）效率水平小幅提高。2010 年，行业效率基期指数为 101.6。2009~2010 年，SML 生产效率指数为 1.016。其中，技术进步指数为 1.044，技术效率指数为 0.973。

（2）保持较快增长态势。2010 年，工业增加值增速为 20.6%，较 2009 年提高 7.6 个百分点；行业增长定基指数为 233.6，较 2009 年上升 63.0。

（3）创新水平有所下降。2010 年，行业专利申请数为 13467 件，较 2009 年增长 39.9%；R&D 经费占产品销售收入比重为 2.04%，较 2009 年下降 0.29 个百分点；行业创新定基指数为 118.7，较 2009 年下降 11.1。

（4）国际竞争力有所下降。2010 年，贸易竞争力指数为 0.06，较 2009 年下降 0.07；行业基期国际竞争力指数为 505.5，较 2009 年下降 60.7。

（5）可持续发展有所下降。2010 年，行业能源效率为 11.6 万元/吨标准煤，较 2009 年下降 10.2 万元/吨标准煤；行业定基可持续发展指数为 102.5，较 2009 年下降 17.2。如图 2.15 所示。

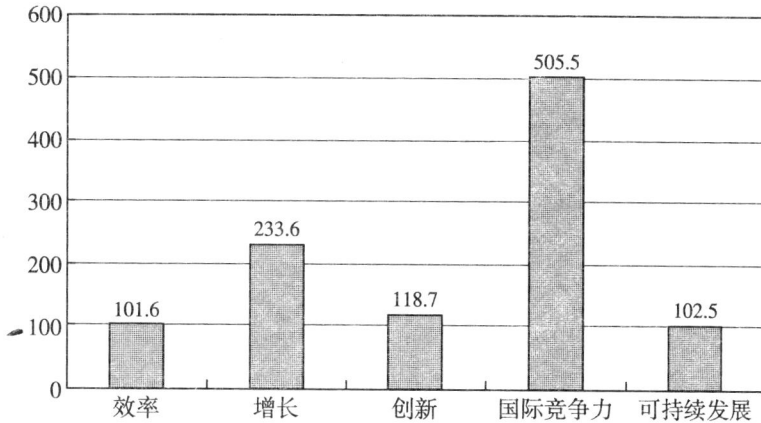

图 2.15 2010 年专用设备工业发展分项指数（基期：2005 年）

2.1.3.8 交通运输设备

2010 年，交通运输设备工业发展定基指数为 130.9，较 2009 年上升 0.4；行业发展环比指数为 100.3，较 2009 年下降 9.6。行业发展水平稳步回升，可持续发展水平提高和行业增速加快是促进行业发展水平提升的主要原因。如图 2.16 所示。

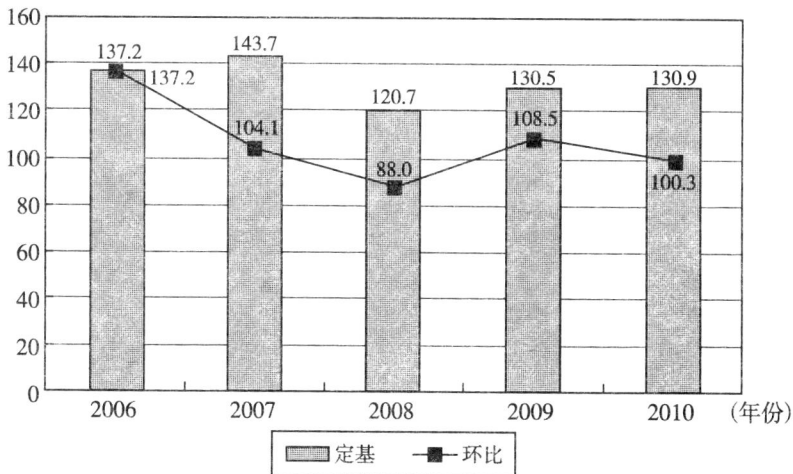

图 2.16 交通运输设备工业发展指数（基期：2005 年）

（1）效率水平提高。2010 年，行业效率定基指数为 114.3。2009~2010 年，SML 生产效率指数为 1.143。其中，技术进步指数为 1.143，技术效率指数为 1.000。

（2）行业增速显著提高。2010 年，工业增加值增速为 22.4%，较 2009 年提高 4.0 个百分点；行业增长定基指数为 191.2，较 2009 年提高 25.5。

（3）创新水平有所下降。2010 年，行业专利申请数为 23700 件，较 2009 年增长 23.9%；R&D 经费占产品销售收入比重为 1.31%，较 2009 年大幅下降 0.13 个百分点；行业创新定基指数为 97.4，较 2009 年下降 9.0。

（4）国际竞争力下降。2010 年，贸易竞争力指数为 0.08，较 2009 年下降 0.04；行业基期国际竞争力指数为 107.9，较 2009 年下降 7.1。

（5）可持续发展水平显著提高。2010 年，行业能源效率为 14.8 万元/吨标准煤，较 2009 年提高 4.8 万元/吨标准煤；行业定基可持续发展指数为 129.1，较 2009 年提高 8.1。如图 2.17 所示。

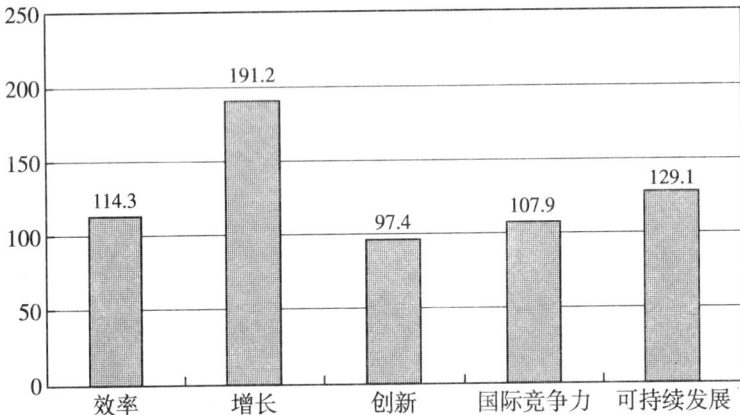

图 2.17 交通运输设备工业发展分项指数（基期：2005 年）

2.1.3.9 电气机械及器材

2010 年，电气机械及器材工业发展定基指数为 109.1，较 2009 年小幅上升 0.8；行业发展环比指数为 101.6，较 2009 年提高 2.9。电气机械及器材发展水平小幅回升，行业增速加快是促使行业发展水平提升的主要原因。如图 2.18 所示。

（1）效率水平下降。2010 年，行业效率定基指数为 107.4。2009~2010 年，SML 生产效率指数为 1.074。其中，技术进步指数为 1.074，技术效率指数为 1.000。

（2）增速显著提高。2010 年，工业增加值增速为 18.7%，较 2009 年提

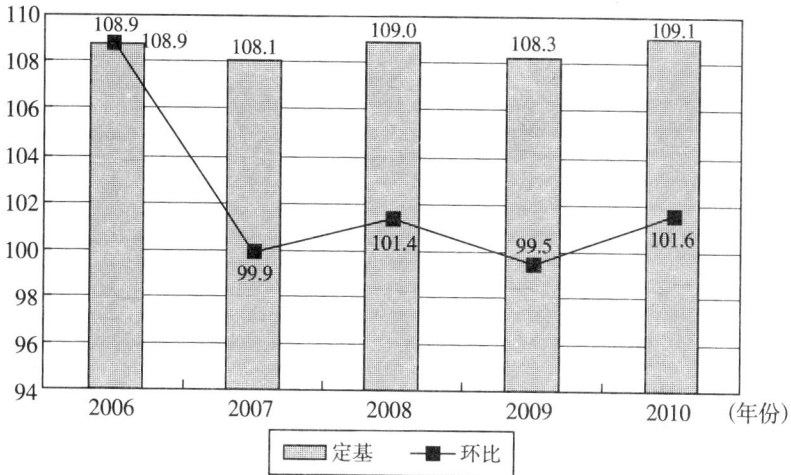

图 2.18　电气机械及器材工业发展指数（基期：2005 年）

高 6.7 个百分点；行业增长定基指数为 113.9，较 2009 年上升 29.0。

（3）创新水平有所提升。2010 年，行业专利申请数为 28978 件，较 2009 年增长 28.6%；R&D 经费占产品销售收入比重为 1.59%，较 2009 年大幅下降 0.09 个百分点；行业创新定基指数为 119.7，较 2009 年上升 1.3。

（4）国际竞争力有所提高。2010 年，贸易竞争力指数为 0.40，较 2009 年提高 0.01；行业定基国际竞争力指数为 109.0，较 2009 年提高 1.7。

（5）可持续发展有所下降。2010 年，行业能源效率为 20.4 万元/吨标准煤，较 2009 年下降 0.8 万元/吨标准煤；行业定基可持续发展指数为 95.5，较 2009 年下降 7.6。如图 2.19 所示。

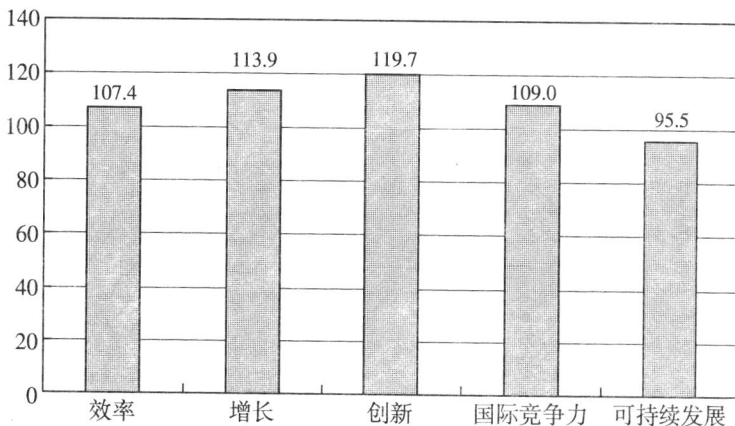

图 2.19　电气机械及器材工业发展分项指数（基期：2005 年）

2.1.3.10　纺织工业

2010 年，纺织产业中纺织行业的发展定基指数为 117.2，比 2009 年上升了 2.1；服装行业的发展定基指数为 102.4，比 2009 年下降了 2.4。纺织行业的发展环比指数为 102，比 2009 年下降了 0.4；服装行业的发展环比指数为 97.2，比 2009 年下降了 7.1。纺织工业整体发展水平略有下降，主要受累于服装行业发展水平的下挫。生产效率下降以及创新能力和国际贸易提升不足是影响行业发展水平的主要因素。如图 2.20 所示。

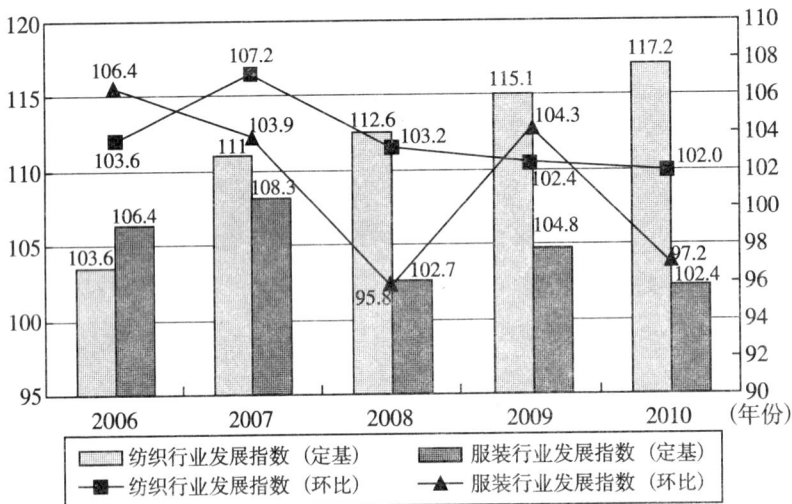

图 2.20　纺织工业发展指数（基期：2005 年）

（1）行业效率整体有所下降，技术效率下降是主要原因。2009~2010 年纺织行业 SML 生产效率指数为 0.934；行业效率定基指数为 93.4，比 2009 年降低了 17.1。服装行业 SML 生产效率指数为 0.732；行业效率定基指数为 73.2，比 2009 年大幅降低 38.8。

（2）行业增长速度明显提高。2010 年，规模以上纺织企业工业增加值较 2009 年增长 12.7%，增速较 2009 年加快 3.6 个百分点。纺织行业增长定基指数为 117.6，比 2009 年上升了 19；服装行业增长定基指数为 159.7，比 2009 年上升了 36.1。

（3）创新能力无明显改善。2010 年，纺织行业专利申请数为 6388 项，比 2009 年增长了 18.7%；服装行业专利申请数为 1907 项，比 2009 年增长了

24.6%。纺织行业 R&D 经费占产品销售收入比重为 0.6%，服装行业 R&D 经费占产品销售收入比重为 0.3%，都与 2009 年基本持平。纺织行业创新定基指数为 140.8，比 2009 年上升了 4.3；服装行业创新定基指数为 77.5，较 2009 年下降 5.9。

（4）行业国际竞争力未得到明显提升。2010 年，纺织产业贸易竞争力指数为 0.828，较 2009 年略有上升；纺织行业基期国际竞争力指数为 116.5，比 2009 年上升 2.4；服装行业基期国际竞争力指数为 100.3，比 2009 年下降 0.3。

（5）可持续发展能力有所提高。纺织行业工业废水排放达标率为 97.4%，比 2009 年提高 0.9 个百分点；服装行业工业废水排放达标率为 96.5%，比 2009 年下降 0.8 个百分点。纺织行业 SO_2 去除率为 28.7%，与 2009 年基本持平；纺织行业 SO_2 去除率为 20%，比 2009 年下降 15.8 个百分点。纺织行业烟尘排放量分别为 11.99 万吨，比 2009 年减少 5.3%；但服装行业烟尘排放量有所上升。纺织行业定基可持续发展指数为 110.2，比 2009 年上升了 6.2；服装行业定基可持续发展指数为 108.4，比 2009 年提高了 3.7。

2.1.3.11 医药工业

2010 年，医药工业发展定基指数为 97.9，比 2009 年降低 6.3；医药工业的发展环比指数为 95.4，比 2009 年下降了 1.9。医药工业整体发展水平有所下降，生产效率下降、创新能力不足以及出口增长不振是影响行业发展水平的主要因素。如图 2.21 所示。

（1）行业效率出现明显下降。2009~2010 年医药行业 SML 生产效率指数为 1.051，行业效率定基指数为 105.1，比 2009 年降低了 16.8。行业效率环比指数为 86.2，比 2009 年降低了 18.7。

（2）行业增长速度保持稳定。2010 年，医药行业工业增加值较 2009 年增长 14.9%，增速与 2009 年持平。医药行业增长定基指数为 67.3，比 2009 年小幅升高 1.2。

（3）创新能力有所下降。2010 年，医药制造业专利申请数为 5767 项，比 2009 年增长了 20.5%。医药行业 R&D 经费占产品销售收入比重为 1.5%，比 2009 年下降 0.3 个百分点。医药行业创新定基指数为 99.6，比 2009 年降

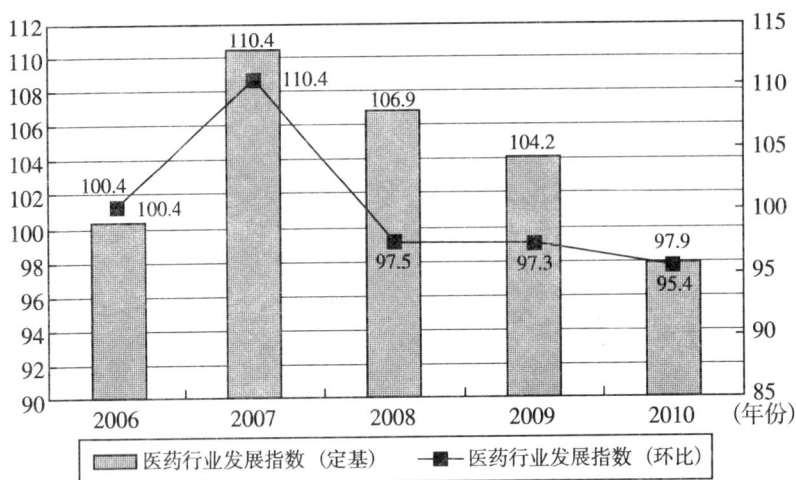

图 2.21　医药工业发展指数（基期：2005 年）

低 18.5。

（4）国际竞争力有所下降。2010 年，医药产业贸易竞争力指数为 0.0227，在 2009 年 0.1117 的基础上进一步下降；医药行业基期国际竞争力指数为 85，比 2009 年上升 5.9。

（5）可持续发展能力有所提高。2010 年，医药行业工业废水排放达标率为 97.4%，比 2009 年提高 0.6 个百分点。SO_2 去除率为 34.9%，比 2009 年下降 4 个百分点。固体废弃物综合利用率为 91.0%，与 2009 年基本持平。医药行业定基可持续发展指数为 116.9，比 2009 年上升了 6.6。

2.1.3.12　食品工业

2010 年，食品工业发展定基指数为 118.8，比 2009 年降低 16.7；食品工业发展环比指数为 89.2，比 2009 年下降了 25.2。食品工业整体发展水平明显，创新能力不足以及国际竞争力下降是影响行业发展水平的主要因素。如图 2.22 所示。

（1）行业生产效率有所改善。2009~2010 年食品工业 SML 生产效率指数为 1.307，行业效率定基指数为 130.7，比 2009 年上升了 12.6。行业效率环比指数为 110.7，比 2009 年降低了 0.9。

（2）行业增长速度基本稳定。2010 年，全国规模以上食品企业工业增加值同比增长 14%，比 2009 年降低 0.87 个百分点。食品行业增长定基指数为

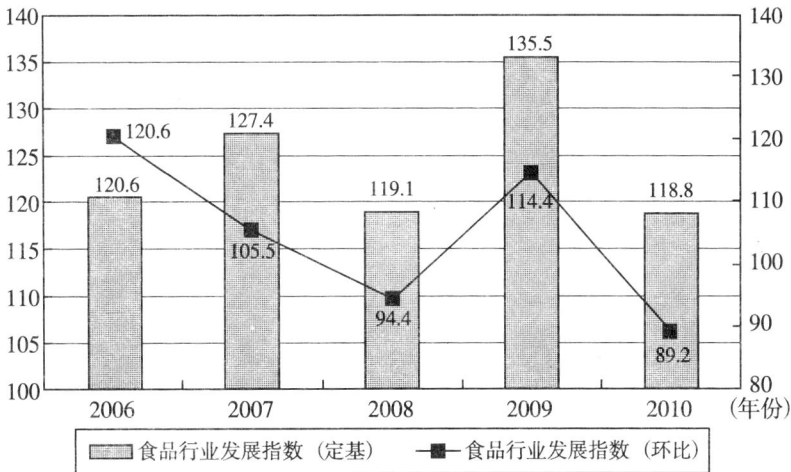

图 2.22 食品工业发展指数（基期：2005 年）

113.2，比 2009 年小幅升高 0.3。

（3）创新能力明显下降，创新投入不足是主因。2010 年，食品专利申请数为 5744 项，比 2009 年增长了 26.7%。食品行业 R&D 经费占产品销售收入比重为 0.44%，比 2009 年下降 0.16 个百分点。食品行业创新定基指数为 105.5，比 2009 年降低 18。

（4）国际竞争力明显下降。2010 年，食品工业贸易逆差在 2009 年基础上扩大一倍，贸易竞争力指数为 -0.1328，贸易竞争力进一步下降；食品工业基期国际竞争力指数为 62.6，比 2009 年大幅下降 93.5。

（5）可持续发展能力整体向好。2010 年，食品工业废水排放达标率为 92.5%，比 2009 年略有提高。SO_2 去除率为 30.1%，与 2009 年基本持平；固体废弃物综合利用率为 97.5%，比 2009 年略有下降；食品行业定基可持续发展指数为 184.3，比 2009 年上升了 12。

2.1.3.13 电子信息制造业

2010 年，电子信息制造业发展定基指数为 117.3，比 2009 年上升了 9.0；行业发展环比指数为 113.3，比 2009 年提高了 16.2。电子信息制造业发展水平出现明显的反弹回升，创新水平、效率水平和可持续发展水平的改善是影响行业发展水平的主要因素。如图 2.23 所示。

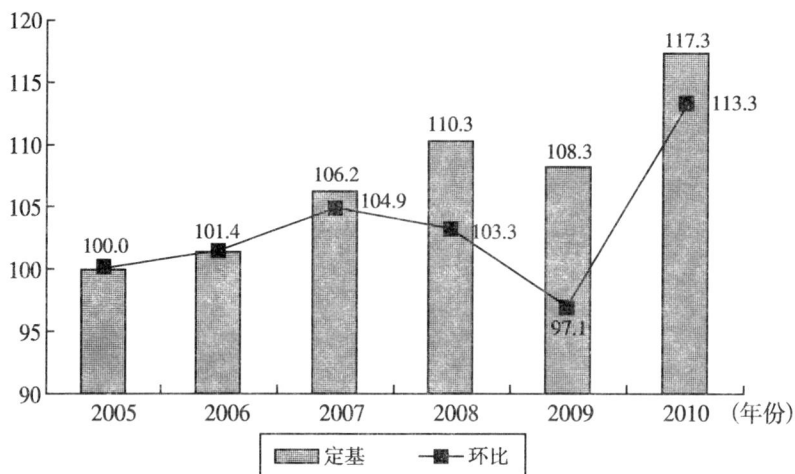

图 2.23　电子信息制造业综合评价指数变化情况

（1）行业效率呈现大幅提升，主要来源于技术进步贡献。2009~2010年，行业效率定基指数为127.4，比2009年提高了15.7。行业效率环比指数为114.1，比2009年提高了13.6。2010年，行业Malmquist生产效率指数大幅提升，这主要归因于技术进步的贡献。

（2）行业增速开始迅速反弹。2010年，工业增加值比2009年增长16.9%，较2009年提高11.6个百分点；行业增长定基指数为90.5，比2009年上升了42.9。在持续几年低迷之后，行业增速出现迅速反弹。

（3）创新成果显著但投入不足。2010年，行业专利申请数为46209项，比2009年增长了14.8%；R&D经费占产品销售收入比重为1.42%，与2009年保持同等水平；行业创新定基指数为134.4，比2009年小幅上升了5.4。创新成果有所增长但是投入力度仍然不足。

（4）国际贸易总量增大但竞争力弱。2010年，行业进出口总额进一步增长，但是，行业国际竞争力指数为0.064，较2009年大幅下降了0.137；行业定基国际竞争力指数为88.8，比2009年下降了20.6。行业贸易总量保持增长的同时，国际竞争力却有所降低。

（5）可持续发展能力大幅提升。2010年，行业能源效率为22万元/吨标准煤，比2009年增加了1倍多；行业定基可持续发展指数为121.9，比2009年上升了21.7。行业可持续发展能力有较大幅度提升。

2.2 效率

劳动生产率继续提高，但增速有待提高。2010 年，规模以上工业劳动生产率为 39106 元/人·年，[①] 比 2009 年增长 7.1%。整个"十一五"期间，规模以上工业劳动生产率年均增速为 6.6%，与"十五"期间相比下降了 3.4 个百分点。"十二五"期间，需更快提高劳动生产率。如图 2.24 所示。

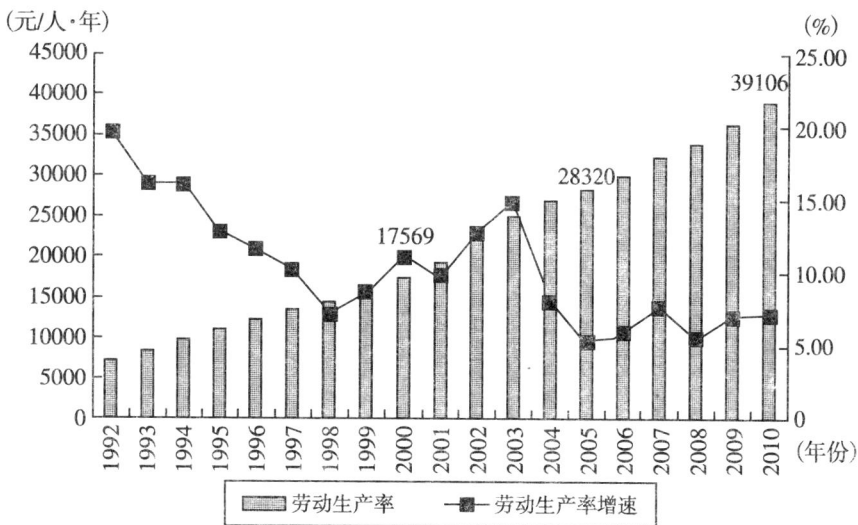

图 2.24 劳动生产率及其增速

技术进步仍是生产效率提升的关键，技术效率亟须提高。2010 年，中国制造业各行业平均 SML 生产效率指数为 1.066；整个"十一五"期间，制造业各行业年均 SML 生产效率指数为 1.107，年均增长 10.7%，生产效率水平持续提升。从 SML 生产效率指数分解来看，"十一五"期间技术变化指数年均增长 11.9%，而技术效率变化指数年均下降 1%，技术进步仍是生产效率提升的主要原因。2010 年，各行业平均技术变化指数为 1.091，平均技术效率指数为 0.974，继续效率下降对于生产效率提升的负面影响加大。如图 2.25 所示。

---

① 以 1990 年不变价格计算，2010 年为估算值。

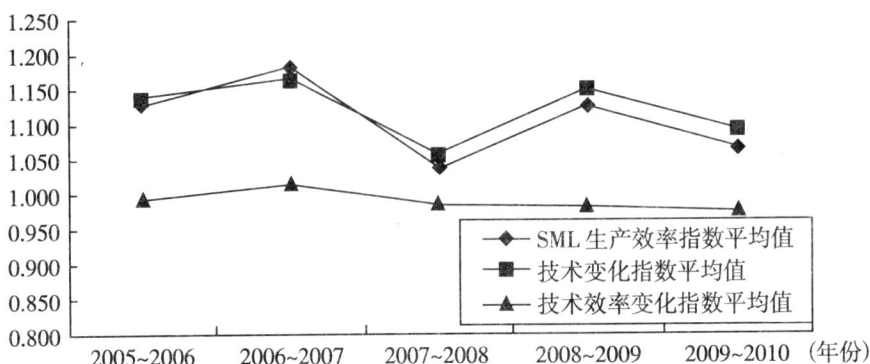

图2.25　2005~2010年各行业平均全要素生产率变化指数及其分解

2010年，从行业层面来看，在所分析的14个工业行业中，纺织业，纺织服装、鞋、帽制造业，通用设备制造业的生产效率下降，技术效率的恶化是这些行业生产效率下降的主要原因；石油加工、炼焦及核燃料加工业生产效率没有变化；其他行业技术效率有不同程度的提升，提升的方式也有所差异。其中，交通运输设备制造业，电器机械及器材制造业，通信设备、计算机及其他制造业属于技术进步牵引型生产效率提升；医药制造业，黑色金属冶炼及压延加工业，专用设备制造业属于技术进步替代技术效率型生产效率提升；食品饮料加工业，化学原料及化学制品业，非金属矿物制品业，有色金属冶炼及压延加工业属于技术进步和技术效率协同推进型生产效率提升。

2.3　增长

"十二五"开局，工业经济增速放缓，转型升级的任务更加紧迫（见图2.26）。2011年，应对国际金融危机政策逐渐退出，政策效应进一步消退，但新的增长动力尚未形成，固定资产投资增速持续回落，消费需求增长乏力，国际贸易增速回落。工业经济在第三轮周期中，增长下行压力加大。这在一定程度上表明，"十二五"期间，过于依赖投资和出口拉动的工业经济增长方式将难以为继。

2011年，工业经济增速放缓。全年规模以上工业增加值比上年增长13.9%，较"十一五"期间平均增速下降了1个百分点，较2010年下降了

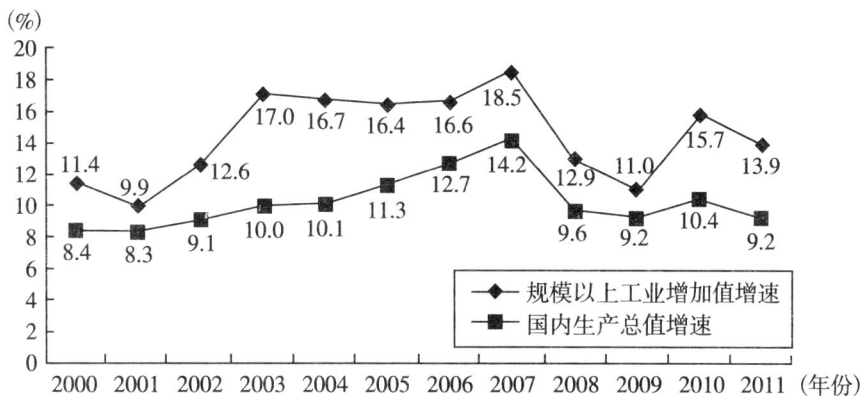

图 2.26 国民经济和工业经济增速

1.8 个百分点，其中一季度增长 14.4%，二季度增长 14%，三季度增长 13.8%，四季度增长 12.8%，增速呈逐季回落态势，工业经济增长下行压力凸显。从工业经济增长的拉动力来看，2011 年，剔除价格因素影响后，固定资产投资完成额比 2010 年增长 16.1%，比 2010 年下降 4 个百分点，其中三季度增长 15.6%，四季度增长 14.3%，低于国际金融危机期间的最低水平；社会消费品零售总额实际增长 11.6%，比 2010 年降低了 3.2 个百分点；全年净出口 1551 亿元，比 2010 年下降了 15.3%。工业经济增长动力减弱。

2.4 技术创新

2.4.1 研发投入快速增长，技术创新体系不断完善

2011 年，研发规模持续增长，研发强度进一步提高。2011 年，研究与试验发展经费支出 8610 亿元，比 2010 年增长 21.9%，研发投入规模位居世界第三位。自 2004 年以来研究与试验发展经费支出增速已经连续 8 年超过 20%。研究与试验发展经费支出占国内生产总值比重达到 1.83%，较 2010 年提高 0.07 个百分点，但仍显著低于 OECD 国家 2.3% 的平均水平。研究与试验发展经费支出中的应用研究和试验发展合计经费支出规模达到 8214 亿元，占到全部 R&D 经费支出的 95.4%。如图 2.27 所示。

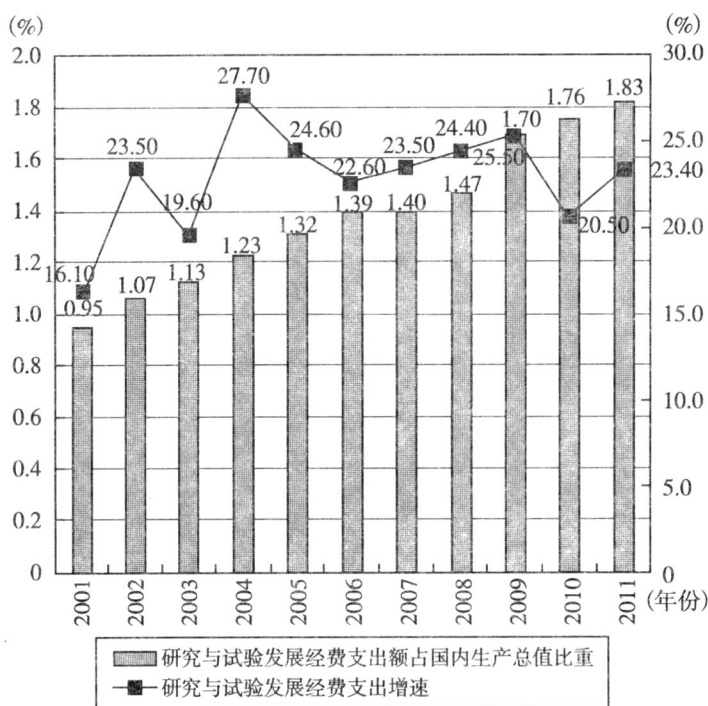

图 2.27　研究开发经费增速和研发强度

技术创新体系进一步完善，企业在技术创新体系中的主体地位进一步突出。2011 年，全国研究与试验发展经费支出中企业研发支出的比重达到 70% 以上，远远高于 OECD 国家 2010 年 60.7% 的平均水平和美国 61.6% 的水平，接近韩国和日本 75.3% 和 71.8% 的水平。公共技术基础设施不断完善。截至 2011 年底，认定国家技术创新示范企业 55 家，全国累计建设国家工程研究中心 130 个，国家工程实验室 119 个，国家地方联合工程研究中心 101 个，国家地方联合工程实验室 116 个，国家认定企业技术中心 793 家，省级企业技术中心 6824 家。2011 年底，全国共有产品检测实验室 25669 个，其中国家检测中心 476 个，产品质量、体系认证机构 174 个，法定计量技术机构 3740 个。

技术市场交易规模继续扩大，技术转移更加活跃。随着知识产权保护力度加大和企业自身技术需求的增长，企业在加强内部创新能力的同时，通过外部技术合作和技术购买进行开放式创新的趋势越来越明显，大大促进了技术市场的发展。2011 年，全国共签订技术合同 25.6 万项，技术合同成交金额 4763.6 亿元，比 2010 年增长 21.9%，技术市场成交合同金额近 10 年来平均增速达到 20%。如图 2.28 所示。

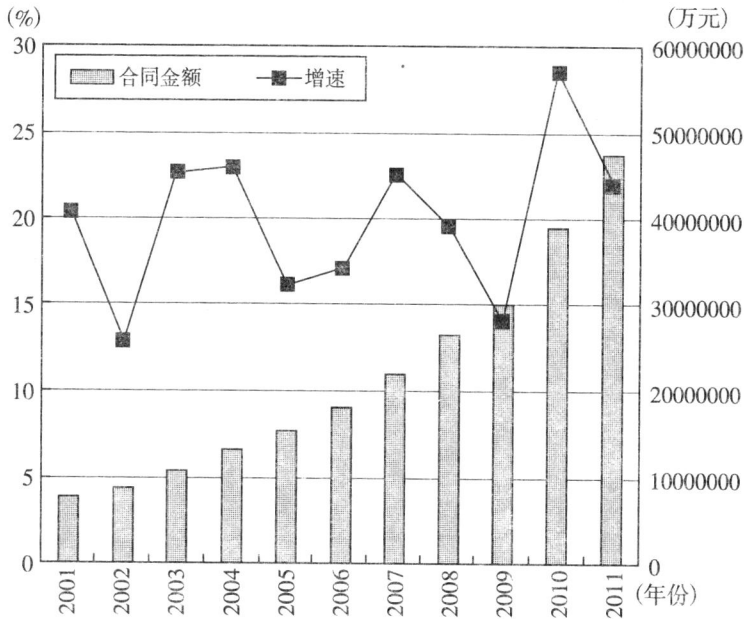

图 2.28 技术市场交易规模变动情况

2.4.2 创新能力进一步提升，关键设备对外依存度仍较高

专利数量持续增长。2011 年，受理境内外专利申请 163.3 万件，其中境内申请 147.9 万件，占 90.5%。受理境内外发明专利申请 52.6 万件，其中境内申请 40.4 万件，占 76.7%。全年授予专利权 96.1 万件，其中境内授权 86.4 万件，占 89.9%。授予发明专利权 17.2 万件，其中境内授权 10.6 万件，占 61.5%。截至 2011 年底，有效专利达 274.0 万件，其中境内有效专利 220.2 万件，占 80.4%；有效发明专利 69.7 万件，其中境内有效发明专利 31.8 万件，占 45.7%。发明专利授权量列世界第三位，申请国际专利增速的排名位居世界前茅。如表 2.2、图 2.29 所示。

国内有效专利和企业有效专利比重提高，有效专利结构不断优化。截至 2011 年底，有效专利共计 274.0 万件，其中国内所占比重逐年提高到

表 2.2 专利受理和授权情况

单位：项

年份	三种专利申请受理量	发明专利申请受理量	三种专利申请授权量	发明专利申请授权量
2001	203573	63204	114251	16296
2002	252631	80232	132399	21473
2003	308487	105318	182226	37154
2004	353807	130133	190238	49360
2005	476264	173327	214003	53305
2006	573178	210490	268002	57786
2007	693917	245161	351782	67948
2008	828328	289838	411982	93706
2009	976686	314573	581992	128489
2010	1222286	391177	814825	135110
2011	1633000	526000	961000	172000

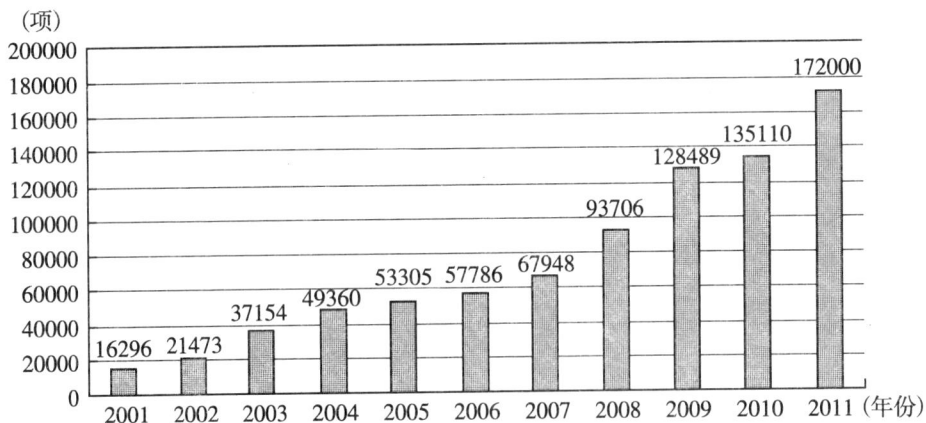

图 2.29 发明专利申请授权量

84.1%。有效发明专利数量达到 69.7 万件，较 2010 年增长 23.4%，其中国内拥有 35.1 万件，所占比重首次超过国外拥有量。每万人口有效发明专利拥有量达到 2.4 件。具有商业化潜力优势的企业有效专利比重提高。截至 2011 年底，国内企业拥有有效专利 123.0 万件，占国内有效专利量的比重首次超过半数，达到 53.4%，其中企业在国内有效发明专利中所占比例达到 52.8%，比 2010 年提升 1.7 个百分点，继续保持稳步增长态势。

知识产权的数量和质量与发达市场经济国家相比仍存在较大差距。截至 2011 年底，美国有效发明专利共计 211.4 万件，日本有效发明专利共计

154.2 万件，分别是我国的 3.0 和 2.2 倍。国内有效发明专利中仅有 8.2% 的有效期能够维持在 10 年以上，而国外这一比例高达 32.8%。从数量上看，国外维持 10 年以上的有效发明专利量是国内的近 4 倍，特别在部分高新技术领域，国外有效发明专利量是国内的十几倍。2011 年，在失效的发明专利中，国内平均维持年限不足 7 年，国外则超过 10 年。

产业核心关键装备对外依存度依然较高。80% 的集成电路芯片制造装备、40% 的大型石化装备、70% 的汽车制造关键设备、核电等重大工程的自动化成套控制系统及先进集约化农业装备严重依赖进口。普通船舶国产设备的实际配套率只有 30% 左右，高新技术船舶国产设备的实际配套率仅有 20% 左右，而高附加值的船舶电子产品本土化率不到 10%。高端装备关键技术自给率低，先进的传感器等基础部件、精密测量技术、智能控制技术、智能化嵌入式软件等缺乏。关键支撑技术及核心基础部件的自给能力缺失。构成智能制造装备或实现制造过程智能化的新型传感器等感知和在线分析技术、典型控制系统与工业网络技术、高性能液压件与气动元件、高速精密轴承、大功率变频技术、特种执行机构等主要依赖进口。精密工作母机设计制造基础技术、百万吨乙烯等大型石化的设计技术和工艺包等重要装备和制造过程未实现国产化。几乎所有高端装备的核心控制技术严重依赖进口。

生产流程和工艺技术的自动化、智能化水平低，信息技术和软件产品与制造工艺技术融合不足。虽然低端 CAD 软件和企业管理软件得到很好普及，但应用于各类复杂产品设计、生产和企业管理的人工智能、数字制造和机器人技术的突破和应用还处于起步阶段。产品技术和工艺技术一体化产品设计和可重构产品设计等新兴产品设计模式的推广应用不足。

2.5　对外贸易

2.5.1　贸易大国地位持续巩固，贸易平衡趋势进一步增强

贸易总额增速放缓，但仍处于较快增长水平。2011 年，我国货物进出口总额为 3.6 万亿美元，增长 22.5%，较 2010 年下降 12.2 个百分点。其中，

出口 1.9 万亿美元，增长 20.3%；全年规模以上工业实现出口交货值 10.2 万
亿元，较 2010 年增长 16.6%。进口 1.74 万亿美元，较 2010 年增长 24.9%。
进、出口增速均出现不同程度下降，但整体上仍相当于金融危机前平均水
平。如图 2.30 所示。

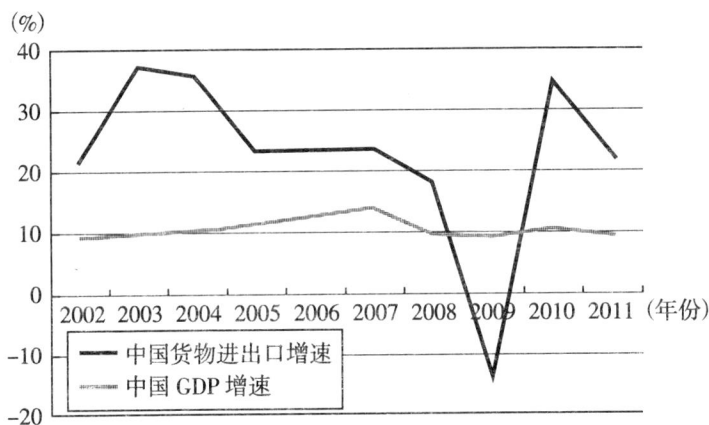

图 2.30　2002 年以来我国进出口和 GDP 增速
资料来源：《2011 年统计公报》和相关年份《中国统计年鉴》。

贸易顺差持续下降，贸易平衡趋势进一步增强。2011 年，我国贸易顺差
规模为 1551 亿美元，较 2010 年减少 265 亿美元，下降 14.5%。自 2007 年以
来我国外贸顺差规模已经连续五年下降，占中国国内生产总值的比重从 2009
年的 3.9%、2010 年的 3.1%降至 2011 年的 2.1%。如图 2.31 所示。

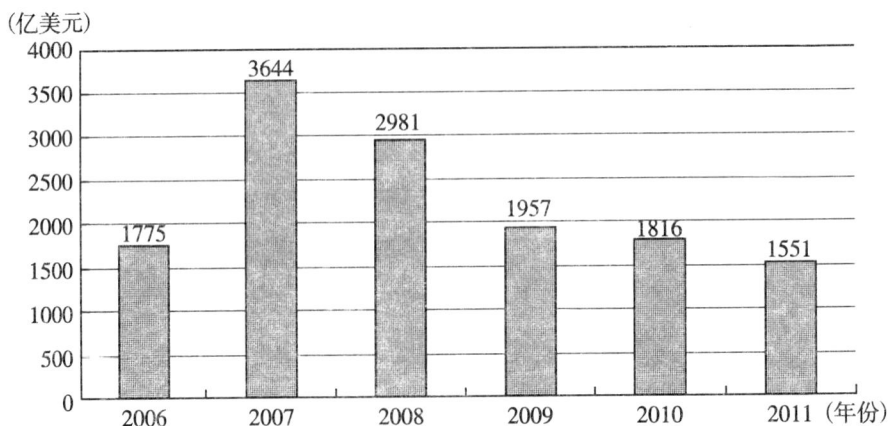

图 2.31　进出口差额规模变动
资料来源：《2011 年统计公报》和相关年份《中国统计年鉴》。

受全球经济复苏放缓影响，全年进出口增速高开低走态势较为明显，其中进口增速由1月份的51.6%震荡回落到12月份的11.8%，出口增速由1月份的37.6%回落到12月份的13.4%。四个季度规模以上工业出口交货值增速分别为20.9%、17.6%、17.1%和12%。

2.5.2　技术密集型产品出口比重下降，进口结构与经济结构协调性增强

受国际市场需求增长放缓的影响，技术密集型产品出口增速显著下降，劳动密集型产品出口增长基本稳定。2011年，轻工、机械、电子行业出口交货值较2010年分别增长15.8%、20.7%和14%，分别回落8.6、8.6和11.3个百分点。纺织行业较2010年增长15.3%，回落1.3个百分点。机电产品占出口总额比重57.2%，较2010年下降2个百分点。高技术产品占出口总额的比重为28.9%，较2010年下降2.3个百分点。以机电产品为主的资金、技术密集型产品和以纺织服装为主的劳动密集型产品的出口比重适度调整，出口结构多元化的总体趋势没有改变。如图2.32所示。

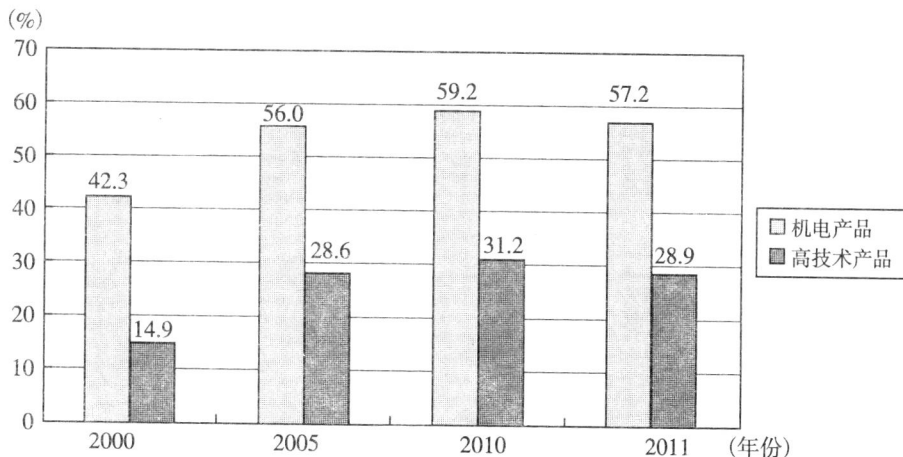

图2.32　机电产品和高技术产品出口比重

资料来源：《2011年统计公报》和相关年份《中国统计年鉴》。

进口结构与经济结构调整的协调性进一步增强。2011年，原油、铁矿砂、纸浆、天然橡胶等产品进口数量都不同程度增长，缓解了国内能源、资源的紧缺状况。受加工贸易型外商投资企业出口下降的影响，机电产品和高技术产品进口大幅下降，增速分别较2010年下降20.3和21.0个百分点。但

受国内消费水平和装备水平提升的拉动，汽车、高端数控机床等先进技术设备的进口仍然保持强劲增长势头。

欧美市场疲弱，他们与新兴经济体贸易快速增长，市场结构更趋多元化。2011 年，我国与南非、俄罗斯、巴西和东盟的双边贸易增速分别高于整体增速 54.2、20.2、12 和 1.4 个百分点。但欧盟和美国两大出口市场表现不佳，对美国和欧盟的出口分别仅增长 14.4% 和 14.5%，对这两大贸易伙伴出口减速是导致总体出口增速回落的主要原因。

贸易主体结构变动带动贸易方式结构优化。2011 年，外商投资企业进出口增速下滑最为明显，其进出口占比为 51.1%，较上年降低 2.8 个百分点；民营企业占比 28%，较 2010 年提高 2.8 个百分点；国有企业占比 20.9%，与 2010 年基本持平。以从事加工贸易业务为主的外商投资企业的贸易颓势直接影响了我国贸易方式的变化。2011 年，加工贸易进出口增速显著低于一般贸易，贸易方式结构有所改善。加工贸易增长 12.7%，占比 35.9%，下降 3 个百分点。一般贸易进出口增长 29.2%，占比 52.8%，提高 2.7 个百分点。如表 2.3 所示。

表 2.3　2011 年我国进出口结构的变化

指　标	金额（亿美元）		较上年增长（%）		增速变化（百分点）	
货物进出口总额	36421		22.5		−12.2	
	出口	进口	出口	进口	出口	进口
（出口、进口）额	18986	17435	20.3	24.9	−11.0	−13.8
其中：一般贸易	9171	10075	27.3	31.0	−8.7	−13.7
加工贸易	8354	4698	12.9	12.5	−13.3	−17.0
其中：机电产品	10856	7533	16.3	14.1	−14.6	−20.3
高新技术产品	5488	4630	11.5	12.2	−19.2	−21.0
其中：国有企业	2672	4934	14.1	27.1	−8.6	−7.2
外商投资企业	9953	8648	15.4	17.4	−12.9	−17.9
其他企业	6360	3852	32.2	42.9	−10.0	−13.7

资料来源：《2011 年统计公报》。

2.5.3　国际贸易竞争力进一步增强，结构性隐忧值得关注

全球贸易份额稳步提升，国际贸易竞争力进一步增强。根据世界贸易组

织统计，从贸易额看，2011年我国货物出口额占全球比重为10.4%，与2010年持平，连续三年居全球之首；进口额占全球比重为9.5%，比2010年提高了0.4个百分点，连续三年全球第二。从贸易量看，2011年我国货物贸易出口量增长9.3%，全球第二，高出全球增速4.3个百分点；进口量增长9.7%，全球第一，高出全球增速4.8个百分点。

出口产品质量明显提高，出口企业成本消化能力增强。据统计，2011年，美国消费品安全委员会对中国商品召回次数较2010年下降12.6%，欧盟对中国商品风险通报次数下降28%。外贸增长呈现由价格和数量协调拉动的积极变化。在调结构等政策措施的引导下，企业通过培育自主品牌、增加附加值等方式提高出口价格，消化成本能力增强，议价能力得到提高。2011年出口商品价格平均上涨10%，高于2010年7.2个百分点。

部分商品出现价升量跌现象，劳动密集型产品在国际市场的价格优势有所削弱。据纺织工业协会统计，2011年，纺织品服装出口的数量指数和价格指数分别为93.8%和128.02%，出口数量实际为负增长。其中，服装数量指数和价格指数分别为89.7%和131.9%，出口量明显萎缩。这表明，出口量对出口额增长的贡献为负，价格上涨成为推动纺织品服装出口增长的主因。如果考虑到汇率和国内要素成本上升等因素，出口量下降一定程度上反映了我国纺织服装等劳动密集型产品的出口价格优势开始弱化。

资源和能源性产品贸易条件恶化。受国内重化工业化加速和消费升级的双重拉动，加之外商投资企业对进口渠道的控制，资源和能源性产品的进口价格和进口额持续快速增长。2011年，铁矿砂、原油、纸浆进口额增速分别高达40.9%、45.3%和35.3%（见表2.4）。这不仅不利于国家的资源和能源安全，而且存在加剧国内企业生产成本、形成成本推动型通货膨胀的风险。

表2.4　2011年主要商品进口数量、金额及增长速度

商品名称	数量（万吨）	较上年增长（%）	金额（亿美元）	比上年增长(%)
铁矿砂及其精矿	68608	10.9	1124	40.9
氧化铝	188	−56.4	8	−48.1
煤	18240	10.8	209	23.6
原油	25378	6.0	1967	45.3
成品油	4060	10.1	327	45.5

商品名称	数量（万吨）	较上年增长（%）	金额（亿美元）	比上年增长（%）
初级形状的塑料	2304	-3.7	472	8.3
纸浆	1445	27.1	119	35.3
钢材	1558	-5.2	216	7.3
未锻造的铜及铜材	407	-5.1	368	12.0

资料来源：海关统计。

2.6　可持续发展

中国工业生产能源利用效率继续提升，环境保护效果有所增强。"十二五"期间，中国工业将面临更加严峻的节能减排形势，资源节约和环境保护要求将进一步提高，必须通过技术进步、结构调整和发展方式转型共同促进工业的可持续发展。

2.6.1　能源利用效率继续提升

工业单位增加值能耗继续下降，但能源使用效率进一步提升空间有限。2010年，按当年价格计算，全部工业万元增加值能耗1.44吨标准煤，较2009年下降11.36%，"十一五"期间累计下降33.95%；工业在国民经济能源消费保持较高比重，工业和制造业占全部能源消费总量的71.12%和58.01%（见图2.33）。"十二五"期间，工业能源使用效率进一步提升的空间有限。一方面，部分高耗能产品的单位产品能耗已经接近国际先进水平，部分龙头企业甚至已经超过国际先进水平，单耗随技术进步下降的空间已经不大；另一方面，我国还处在工业转型升级的不可逾越的重化工业发展阶段，市场对能源、原材料等高耗能行业的刚性需求增加了工业能耗水平。2011年，重工业用电占工业用电比重虽有较大幅度下降，但仍占到83%左右，工业全行业完成同比降低4%的节能目标比较困难，预计完成额为3%~3.5%。

高耗能行业产值比重略微反弹，能源使用效率有待进一步提高。2010年，规模以上石油加工、炼焦及核燃料加工业、化学原料及化学制品制造业、非金属矿物制品业、黑色金属冶炼及压延加工业、有色金属冶炼及压延加工业、电力、热力的生产和供应业六大高耗能工业产值占全部规模以上工

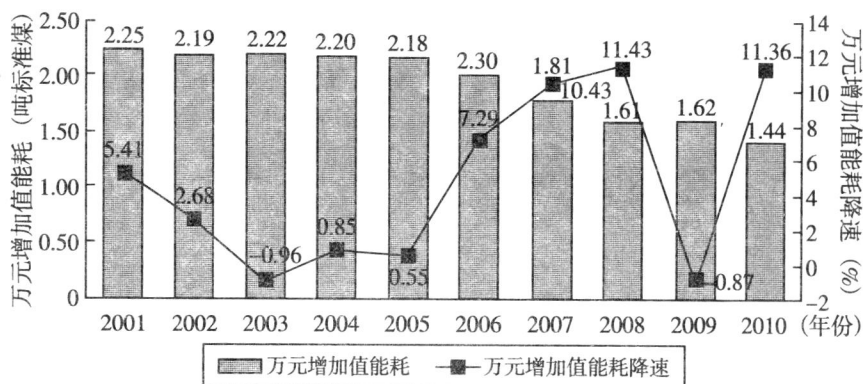

图 2.33　2001~2010 年工业万元增加值能耗和降速

业比重为 32.88%，较 2009 年上升了 0.07 个百分点。从 2005 年以来的总体趋势看，六大高耗能行业产值比重先升后降，2009 年较 2005 年下降 0.87 个百分点；同期，六大高耗能行业耗能占全部工业耗能的比重提高了 1.34 个百分点（见图 2.34）。这说明，2005~2009 年，六大高耗能行业产值比重有所下降，产业政策对高耗能行业产能过快增长有所遏制，但是高耗能行业本身能源使用效率提升速度低于工业平均。

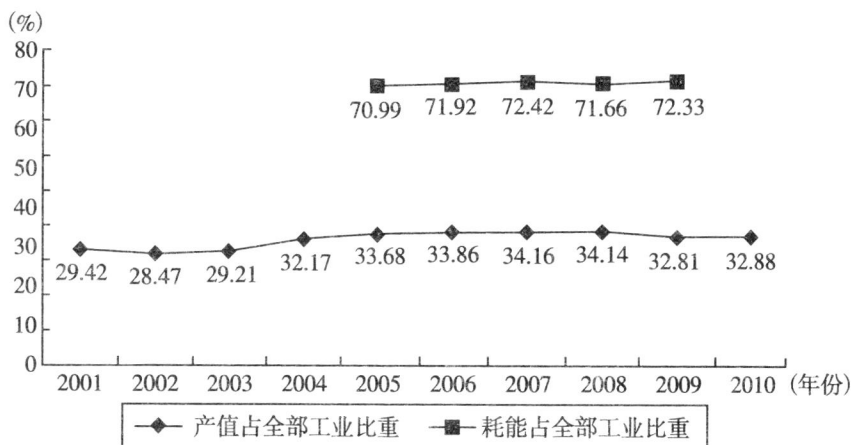

图 2.34　2001~2010 年规模以上六大高耗能工业行业产值和耗能比重

　　我国尚处于工业化的中期，重化工业化是现阶段的基本特征，高耗能基础工业产能增长在短期内不会减缓。2011 年，六大高耗能行业完成投资 4.1 万亿元，比 2010 年增长 18.3%，增幅较 2010 年提高 3.7 个百分点，投资的加大将进一步拉动高耗能行业的产能扩张。2011 年 1~10 月，化工、建材、黑色金属冶炼、有色金属冶炼四大重点行业用电量较 2010 年增长 12.8%，高于全社会用电量 11.9% 和第二产业用电 12.2% 的增幅。"十二五"时期，要加快高耗能行业淘汰落后产能，发挥规模效应，推广节能生产技术，不断提高能源使用效率，保障工业节能总体目标的实现。

2.6.2　环境保护效果有所增强

工业废物排放减少，初次治理效果显著。从工业废物排放的绝对量看，2010 年，工业二氧化硫、工业烟尘、工业粉尘和工业固体废物排放量分别比"十五"末的 2005 年减少 275.05 万吨、305.66 万吨、419.16 万吨和 1216.79 万吨。从工业废物初次治理效果看，2010 年，工业废水排放达标率、工业二氧化硫排放去除率、工业烟尘去除率和工业粉尘去除率分别为 95.3%、66.0%、98.61% 和 95.9%，较 2009 年分别提高 0.9、6.8、4.4 和 1.6 个百分点，较"十五"末的 2005 年分别提高 3.9、32.5、3.0 和 8.3 个百分点；工业固体废物排放率为 0.2%，较 2009 年下降 0.1 个百分点，较"十五"末的 2005 年下降 1.0 个百分点。如图 2.35 所示。

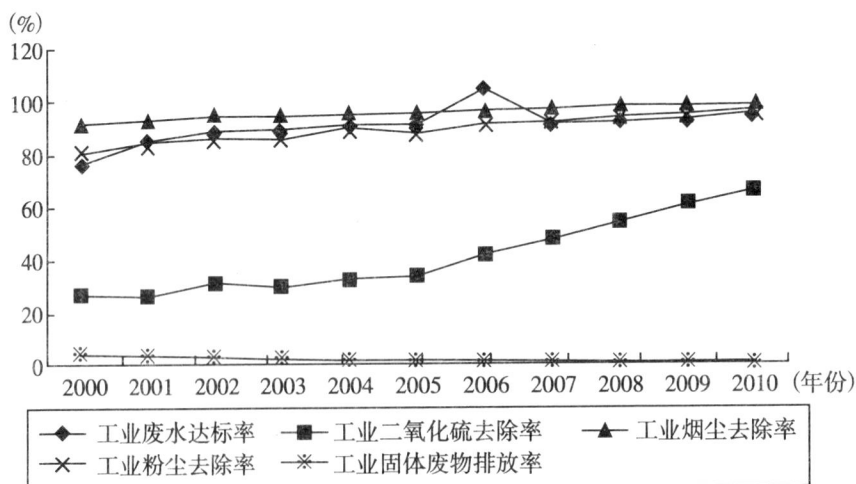

图 2.35　2000~2010 年工业废物一次治理情况

工业废物综合利用呈现良好发展态势。2010 年，中国工业废物综合利用率为 67.1%，虽然较 2009 年略有下降，但与"十五"末的 2005 年比较，提高了 9.8 个百分点；工业"三废"综合利用产品产值达到 1778.5 亿元，较 2009 年提高 170.3 亿元，是"十五"末 2005 年产值的 2.35 倍。如图 2.36 所示。

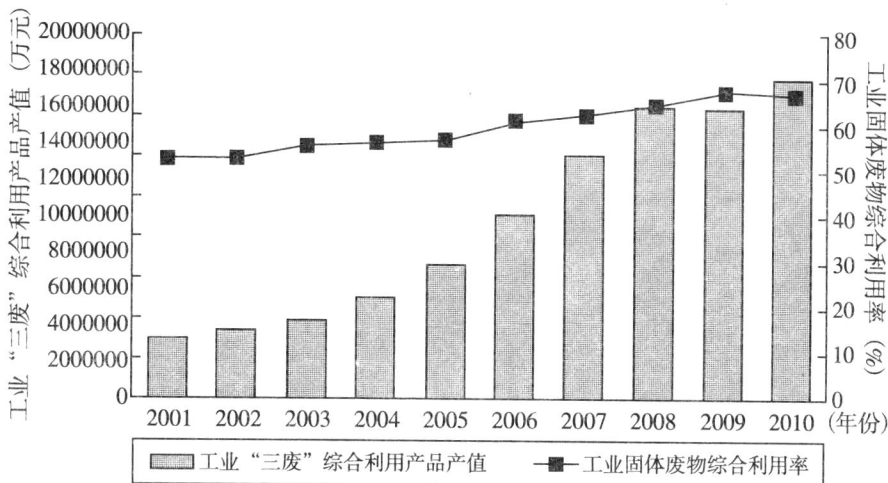

图 2.36　2001~2010 年工业废物综合利用情况

2.7　结构

中国工业重型化趋势进一步深化，原材料工业和装备工业比重大、增长快，劳动密集型行业比重进一步提高，技术密集型行业比重有所回升，地区发展差距进一步缩小。

2.7.1　重工业比重进一步提高，轻重工业增速差距缩小

自"十一五"以来，重工业产值占规模以上全部工业比重虽有所波动但一直维持在 70% 以上，"十一五"的平均值比"十五"平均值增加了 7.38 个百分点。2010 年，在规模以上工业中，轻工业增长 13.6%，重工业增长 16.5%，重工业增长继续领先于轻工业增长，重工业比重较 2009 年提高 0.81 个百分点，工业结构的重型化趋势有所加强。2011 年，规模以上重工业增加值增速继续快于轻工业，但轻重工业增加值增速差距有所缩小，较 2010 年收窄 1.6 个百分点。如图 2.37 所示。

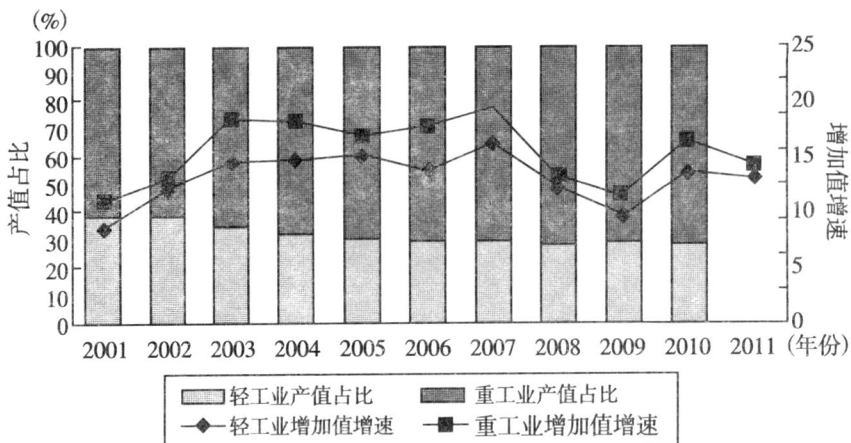

图 2.37　2001~2011 年规模以上轻重工业产值结构和增加值增速

2.7.2　原材料工业和装备工业比重大、增长快

目前，在中国规模以上工业中，产值比重较大的行业有农副食品加工业，纺织业，石油加工炼焦及核燃料加工业，化学原料及化学制品制造业，非金属矿物制品业，黑色金属冶炼及压延加工业，有色金属冶炼及压延加工业，通用设备制造业，交通运输设备制造业，电气机械及器材制造业，通信设备计算机及其他电子设备制造业和电力、热力的生产和供应业。2010 年，这 12 个行业产值占全部规模以上工业的比重达到 69.00%，"十一五"的平均比重达到 69.37%。

"十一五"期间，在规模以上工业中，比重上升较快的行业有煤炭开采和洗选业，黑色金属矿采选业，黑色金属冶炼及压延加工业，有色金属冶炼及压延加工业，通用设备制造业，电器机械及器材制造业，电力、热力的生产和供应业。与"十五"时期比较，"十一五"这 7 个行业占工业的平均比重合计提高了 4.95 个百分点，对工业增长的贡献程度增大。2010 年，煤炭开采和选洗业、黑色金属矿采选业、石油加工、炼焦及核燃料加工业、化学原料及化学制品制造业、有色金属冶炼及压延加工业、交通运输设备制造业 6 个行业产值增长较快，占全部规模以上工业比重合计提高 1.33 个百分点。

2.7.3 劳动密集型行业比重大，技术密集型行业比重回升

劳动密集型行业产值、利润比重大。2010 年，劳动密集型行业的产值和利润总额占整个规模以上工业的比重分别达到 66.74% 和 70.29%（见图 2.38、图 2.39），可见，劳动密集型行业仍是中国工业的主体。2010 年，资本密集型行业的产值比重比 2005 年下降了 3.52 个百分点，利润总额的比重则下降超过 18.56 个百分点。工业要素结构的变化表明，丰富的劳动力资源仍然是中国工业发展最重要的比较优势。

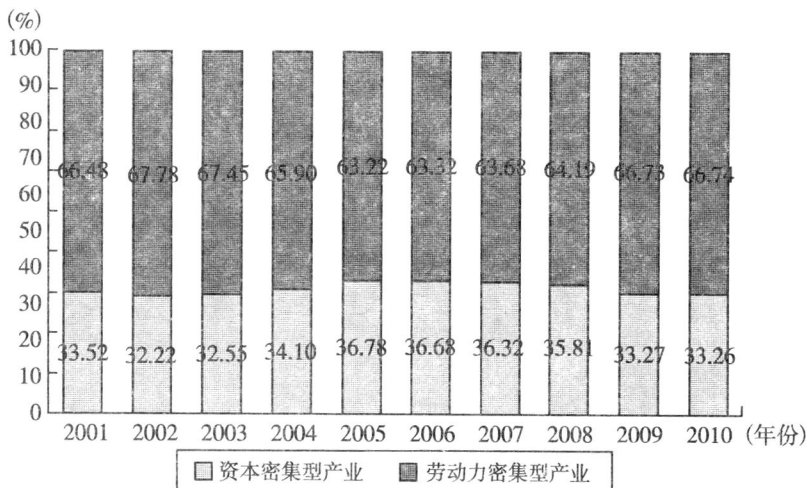

图 2.38 2001~2010 年规模以上劳动密集型、资本密集型行业产值结构①

工业结构技术集约化趋势有所增强。自"十一五"以来，中国技术密集型行业的比重先上升后下降再回升，2007 年达到最高值，2008 年和 2009 年均有不同程度的下降，2010 年有所回升，技术密集型行业产值占工业总产值的比重"十一五"平均比"十五"平均提高近 2 个百分点。总体上看，技术密

---

① 通过采用固定资产原值与从业人员数量的比值这个指标可以区分各个工业行业资本或劳动力的密集程度。这里，我们使用 2010 年规模以上工业企业的数据进行计算，并采用两分法把该比值大于全部工业平均水平的石油和天然气开采业，其他采矿业，烟草制品业，造纸及纸制品业，石油加工、炼焦及核燃料加工业，化学原料及化学制品制造业，化学纤维制造业，黑色金属冶炼及压延加工业，有色金属冶炼及压延加工业，电力、热力的生产和供应业，燃气生产和供应业，水的生产和供应业 12 个行业界定为资本密集型行业；反之，其余 27 个行业界定为劳动密集型行业。

集型行业受国际金融危机的影响正在消退，其产值占工业总产值的比重总体
上呈上升趋势。

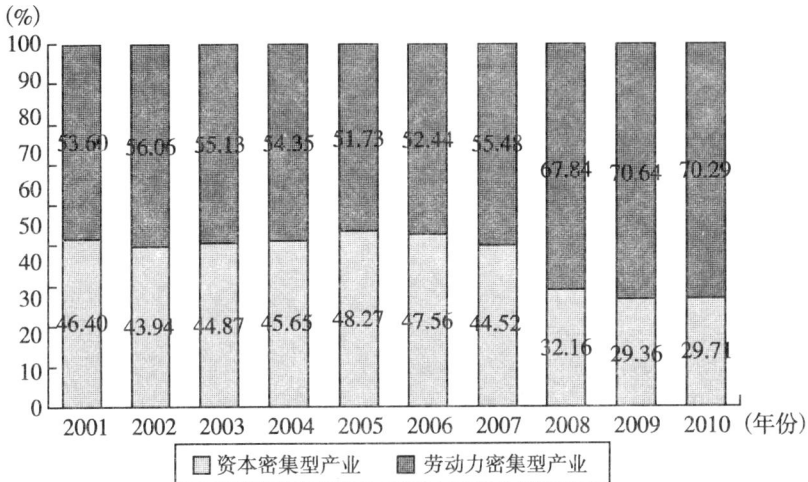

图 2.39　2001~2010 年中国劳动密集型、资本密集型行业利润结构

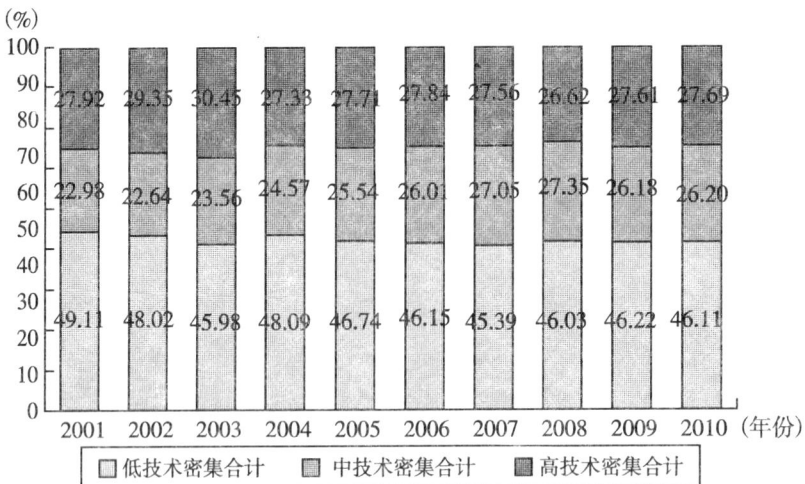

图 2.40　2001~2010 年规模以上不同技术密集程度行业产值结构①

———————————

① 按照 R&D 经费占主营业务收入的比重这个指标，可以将大于工业平均水平的行业划分为技术
密集型行业；反之，则为非技术密集型行业。进一步，可以将 R&D 经费占主营业务收入比重高于
0.6% 的工业平均值，但低于等于 1.0% 的行业划分为中技术密集型行业，而比重高于 1.0% 的行业划分
为高技术密集型行业。

2.7.4 中、西部地区发展速度加快，地区差距有所缩小

从产值规模看，2010年，东、中、西部地区规模以上工业产值比重分别为 69.54%、19.59% 和 10.87%，分别较 2005 年下降 2.90、提高 2.86 和 0.04 个百分点。从增加值增速看，自 2010 年 10 月开始，中、西部地区规模以上增加值增速与东部地区差距逐渐扩大。2011 年，西部地区规模以上工业增加值增幅较 2010 年提高了 1.3 个百分点。从资产结构看，2010 年，东、中、西部地区规模以上工业资产合计比重分别为 61.80%、20.43% 和 17.77%，分别较 2005 年下降 3.32、提高 1.10 和 2.21 个百分点。2011 年，中、西部地区工业投资增速分别较东部高 13.9 和 9.4 个百分点，中、西部地区资产结构进一步提高。如图 2.41 所示。

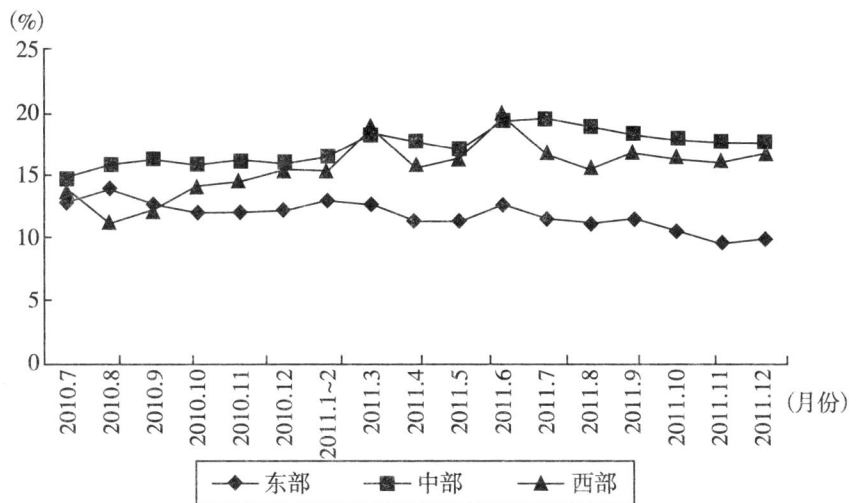

图 2.41 2010 年 7 月~2011 年 12 月东、中、西部地区规模以上工业增加值增速

（执笔人：贺俊、黄阳华、江飞涛、邓洲）

3 重点行业发展

3.1 原材料工业

2011 年，原材料工业保持平稳较快增长态势，出口逐渐恢复，淘汰落后有序推进，节能减排取得新进展，技术进步成效明显，结构调整步伐加快，为国民经济平稳较快发展做出了重要贡献。

3.1.1 行业发展特点

3.1.1.1 原材料工业总体状况

总体保持平稳较快增长。2011 年，原材料工业增加值比 2010 年增长 12.6%，比 2010 年回落 0.3 个百分点，分别比同期工业增加值增速、重工业增加值增速低 1.3 和 1.7 个百分点。进入下半年，特别是四季度以来，受固定资产投资增速放缓、需求下降等因素影响，原材料工业增长势头放缓。如图 3.1 所示。

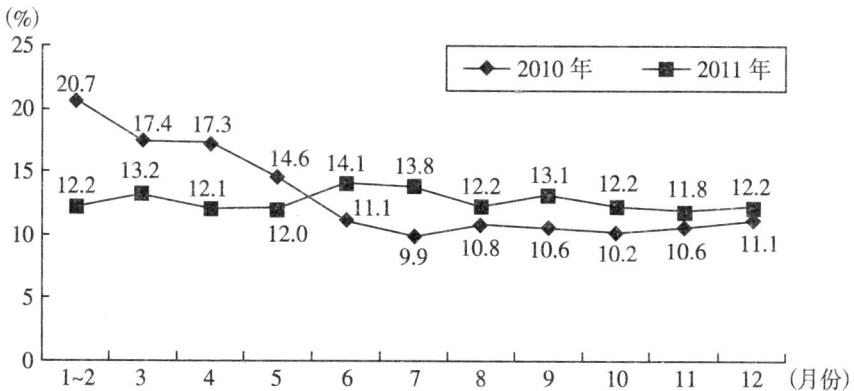

图 3.1 2010 年以来原材料工业增加值分月增速

资料来源：国家统计局。

生产成本大幅攀升。2011 年，有色金属材料类价格比 2010 年上涨 12.1%，燃料动力类价格比 2010 年上涨 10.8%，黑色金属材料类价格比 2010 年上涨 9.4%，化工原料类价格比 2010 年上涨 10.4%。由于下游需求增长有限，成本上涨很难通过涨价完全消化，企业生产经营压力加大。

行业经济效益明显分化。2011 年，石油加工、炼焦及核燃料加工业销售利润率为 0.2%，比 2010 年大幅下降近 3 个百分点；黑色金属冶炼及压延加工业销售利润率为 2.6%，与 2010 年基本持平；化学原料及化学制品制造业、有色金属冶炼及压延加工业销售利润率分别为 6.6% 和 4.5%，较 2010 年分别上升约 0.5 和 0.6 个百分点；非金属矿物制品业销售利润率为 8.2%，比 2010 年提高近 1 个百分点。

固定资产投资加快增长。2011 年，原材料工业完成投资额 29304 亿元，比 2010 年增长 28.0%，比 2010 年提高约 9 个百分点。其中，化学原料及化学制品制造业、非金属矿物制品业、黑色金属冶炼及压延加工业、有色金属冶炼及压延加工业投资增速分别为 26.4%、31.8%、14.6% 和 36.4%，增幅分别比 2010 年提高 12.1、4.7、6.5 和 3.7 个百分点。

3.1.1.2 钢铁

生产保持增长，增速回落。2011 年，钢铁工业增加值比 2010 年增长 9.7%，比 2010 年回落 1.9 个百分点；粗钢、成品钢材产量分别为 6.83 亿吨和 8.81 亿吨，比 2010 年分别增长 8.9% 和 12.3%，增速比 2010 年分别回落 0.4 和 2.4 个百分点。如图 3.2 所示。

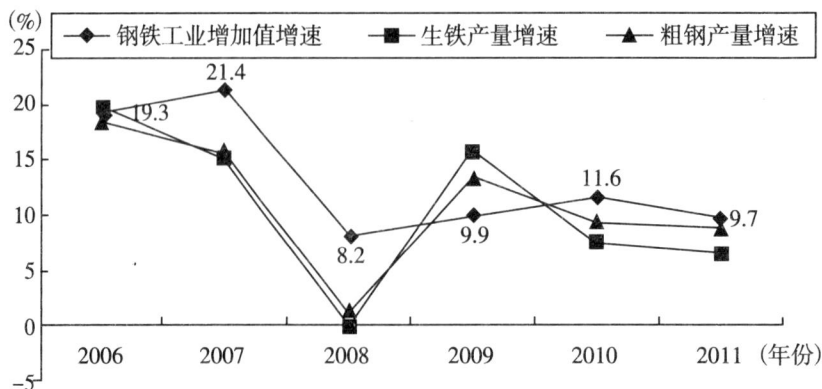

图 3.2　钢铁工业增加值与主要产品产量增速

资料来源：国家统计局。

产品出口较快增长，结构继续优化。全年出口钢材 4888 万吨，比 2010 年增长 14.9%；进口钢材 1558 万吨，下降 5.2%；钢材、钢坯合计折合粗钢净出口 3479 万吨，比 2010 年增加 750 万吨，增长 27.5%。无缝钢管、特厚板、冷轧薄板（带）、镀层板、彩涂板和电工钢等中高端板管材合计出口金额占钢材出口总金额的 43.3%，比 2010 年提高 3.7 个百分点。

淘汰落后持续推进，节能减排取得了新进展。2011 年，共淘汰落后炼铁产能 3122 万吨，炼钢产能 2794 万吨。重点统计钢铁企业综合能耗为 601.7 千克标准煤，比 2010 年下降 0.82%；吨钢耗新水 3.88 立方米，下降 5.02%；COD 排放 2.67 万吨，下降 11.44%。

兼并重组积极推进，集中度小幅提高。2011 年，马钢重组长江钢铁，安钢用"渐进式股权融合"方式重组凤宝特钢、新普钢铁、亚新钢铁三大民营钢铁公司，太钢集团采用同样方式重组山西襄汾星原钢铁公司，沙钢集团推进跨地区跨行业联合重组，江苏兴鑫钢铁、镔鑫特钢、鸿泰钢铁、龙江钢铁和新三洲特钢五家民营钢铁公司重组为江苏沿海钢铁集团，鞍钢重组福建三钢方案获批。兼并重组促进行业集中度继续提升。2011 年，钢铁工业集中度 CR4、CR10 分别为 29.0% 和 49.2%，较 2010 年分别上升 1.2 和 0.6 个百分点。

固定资产投资较快增长，钢铁产能继续扩张。2011 年，全国城镇钢铁工业完成固定资产投资 3860 亿元，比 2010 年增长 14.1%，增速较 2011 年提高了 8.5 个百分点；行业较高的投资水平直接导致产能快速扩张，2011 年末粗钢产能达到约 8.5 亿吨。

经济效益仍处于较低水平。2011 年，钢铁工业销售利润率、成本费用率分别为 2.60% 和 2.69%，与 2010 年基本持平，远低于危机爆发前的水平。

专栏 3-1　《钢铁工业"十二五"发展规划》发布

2011 年 10 月，工业和信息化部印发《钢铁工业"十二五"发展规划》（以下简称《规划》），引导钢铁工业结构调整、转型升级。与以往的钢铁工业规划相比，《规划》更加强调发挥市场基础性作用，突出规划宏观指导的原则性、方向性。

《规划》明确提出"十二五"期间钢铁工业发展的主要目标："十二五"末，钢铁工业结构调整取得明显进展，基本形成比较合理的生产力布局，资源保障程度显著提高，钢铁总量和品种质量基本满足国民经济发展需求，重点统计钢铁企业节能环保达到国际先进水平，部分企业具备较强的国际市场竞争力和影响力，初步实现钢铁工业由大到强的转变。

《规划》指出，为实现以上目标，钢铁工业发展需要重点关注的领域和任务是加快产品升级、深入推进节能减排、强化技术创新和技术改造、淘汰落后生产能力、优化产业布局、增强资源保障能力、加快兼并重组、加强钢铁产业链延伸和协同、进一步提高国际化水平。

《规划》进一步指出，政策措施方面需完善行业管理体系，营造公平竞争的市场环境，加强行业标准化工作，加强政策宏观引导，促进国际交流合作，推动两化深度融合，健全规划实施机制。

3.1.1.3　有色金属

增加值平稳增长，冶炼产品产量增幅放缓。2011 年，有色金属工业增加值比 2010 年增长 13.6%，比 2010 年增长了 0.4 个百分点；十种金属产量达到 3424.3 万吨，比 2010 年增长 10.7%，增速下降 6.7 个百分点。其中，精炼铜 520 万吨，比 2010 年增长 14.6%；原铝 1806 万吨，比 2010 年增长 11.5%；铅 465 万吨，比 2010 年增长 10.7%；锌 522 万吨，比 2010 年增长 1.1%。如图 3.3 所示。

进出口贸易额创历史新高，出口额快速增长。2011 年，我国有色金属进出口贸易总额创历史新高，达到 1607 亿美元，比 2010 年增长 28%。其中，进口额 1175 亿美元，比 2010 年增长 21%；出口额 432 亿美元，比 2010 年增长 52.7%。

技术进步取得进展，节能降耗成效显著。2011 年，围绕企业节能减排，重点开发的"新型阴极结构铝电解节能技术"开始大规模推广，铝锭综合交流电耗降到 13913 千瓦时/吨，比 2010 年同期下降 83 千瓦时/吨，节电 15 亿千瓦时。成功开发悬浮铜冶炼和液态高铅渣直接还原新工艺，其关键技术指标超过国外先进水平。积极推行能效对标管理等措施，铜、铝等主要产品单

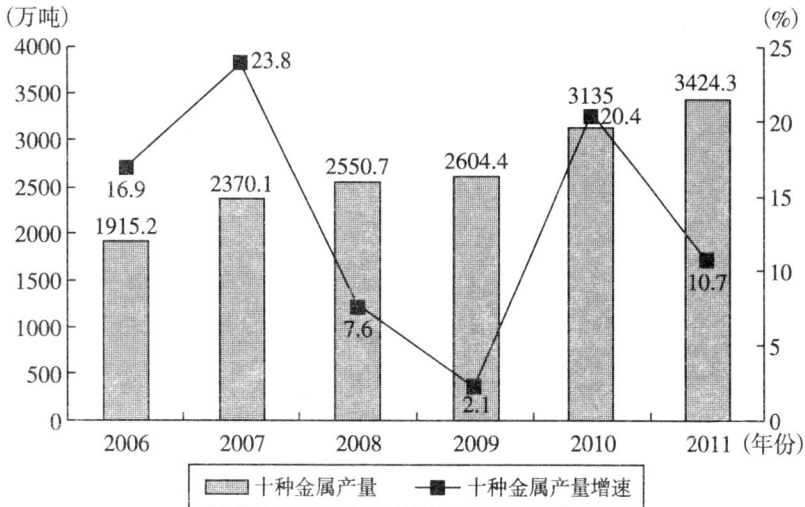

图 3.3 十种有色金属产量和增速

资料来源：国家统计局。

位能耗达到世界先进水平。半导体用 8 英寸硅抛光片实现了规模化生产，数控加工设备用硬质合金刀具产品质量显著提高，高性能铜合金管材和高精度铜、铝合金板带装备水平达国际先进水平。

稀土行业管理不断加强，产业优势显现。钨、钼、锡、锑、铟、锗、镓以及离子型稀土等都是我国的优势资源，2011 年 5 月，国务院发布了《关于促进稀土行业持续健康发展的若干意见》。由于稀土开采秩序改进，环保治理加强，价格理性回归，资源优势正逐渐转变为产业优势。

固定资产投资快速增长，向西部转移态势明显。2011 年，有色金属冶炼及压延加工业完成投资总额 3861 亿元，比 2010 年增长 36.4%。西部 12 个省区有色金属工业完成固定资产投资比 2010 年增长 42.9%，占全国有色金属工业完成固定资产投资的比重为 43.1%。

有色金属行业利润率持续上升，经济效益改善。2011 年，有色金属冶炼及压延加工业销售利润率为 4.5%，比 2010 年提高 0.6 个百分点；成本费用利润率为 4.8%，比 2010 年提高近 0.8 个百分点。

专栏3-2　国务院发布《关于促进稀土行业持续健康发展的若干意见》

2011年5月，国务院发布《关于促进稀土行业持续健康发展的若干意见》（以下简称《意见》），要求对稀土资源实施更为严格的保护性开采政策和生态环境保护标准，大幅提高稀土资源税征收标准，严格控制初级产品出口。《意见》要求用1~2年时间，建立起规范有序的稀土资源开发、冶炼分离和市场流通秩序，资源无序开采、生态环境恶化、生产盲目扩张和出口走私猖獗的状况得到有效遏制；基本形成以大型企业为主导的稀土行业格局，南方离子型稀土行业排名前三位的企业集团产业集中度达到80%以上。

《意见》要求建立稀土战略储备体系。统筹规划南方离子型稀土和北方轻稀土资源的开采，划定一批国家规划矿区作为战略资源储备地。对列入国家储备的资源地，由当地政府负责监管和保护，未经国家批准不得开采。中央财政对实施资源、产品储备的地区和企业给予补贴。

《意见》要求依法开展稀土专项整治，环境保护部要立即对稀土开采及冶炼分离企业开展环境保护专项整治行动。海关总署要会同商务部等有关部门立即开展稀土出口秩序专项整治行动，依法严惩伪报、瞒报品名，以及分批次、多口岸以"货样广告品"、"快件"等方式非法出口和走私稀土行为。

3.1.1.4　石油与化学

工业增加值与主要产品产量稳步增长。2011年，石油加工、炼焦与核燃料加工业增加值比2010年增长7.6%，化学工业增加值比2010年增长15.5%；原油加工量4.48亿吨，增长4.9%；成品油产量2.67亿吨，增长5.9%；化肥总产量（折纯，下同）6027.2万吨，增长12.1%；农药原药产量（折100%）264.8万吨，增长21.4%；乙烯产量1527.5万吨，增长7.4%；硫酸产量7416.8万吨，增长12.2%；烧碱产量2466.2万吨，增长15.2%；纯碱产量2303.2万吨，增长13.4%；合成树脂4798.3万吨，增长9.3%；轮胎外胎产量8.32亿条，增长8.5%。如图3.4所示。

(%)

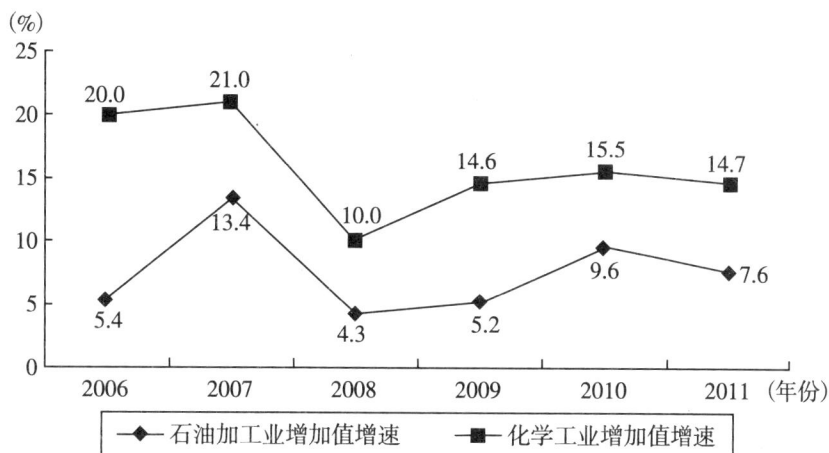

图3.4　石油加工与化学工业增加值增速

资料来源：国家统计局。

原油进口增速放缓，化工产品出口仍保持快速增长。2011年，我国进口原油2.54亿吨，比2010年增长6.0%，增速下降11.5个百分点；化学工业及相关工业产品出口总值970.9亿美元，比2010年增长29.5%，仍保持快速增长态势。

节能减排成效显著。2011年上半年，石油和化工行业能源消费总量约2.5亿吨标准煤，比2010年增长6%；化学工业能源消费总量约1.4亿吨标准煤，增长7%。全行业万元产值耗标准煤0.48吨，比2010年下降17.1%；化学工业万元产值耗标准煤0.50吨，比2010年下降16%。重点产品综合能耗持续下降。

技术进步成果显著，产品结构进一步优化。2011年，石油和化学工业在科技创新领域取得重大突破。精密塑料注射成型装备实现国产化并跃居国际先进水平；千吨级芳纶产业化项目成功投产并稳定运行；饲料级DL-蛋氨酸、高端聚氨酯原料（HDI）实现国产化。化学工业产品结构进一步优化，专用化学品利润占化学工业利润总额的比重达到31.5%，较2010年提高1.5个百分点；合成材料占比16%，较上年同期上升约1个百分点；有机化学原料占比13.5%，较2010年上升0.7个百分点。

固定资产投资较快增长，中西部地区发展提速。2011年，石油和化学工业完成固定资产投资1.43万亿元，增长23.4%。其中油气开采业固定资产投资2720.35亿元，增长12.2%；石油加工业固定资产投资1472亿元，增长

14.7%；化学工业固定资产投资 9601.26 亿元，增长 28.1%。中西部地区投资比 2010 年分别增长 34%和 24.1%，快于东部地区增速 17.2 和 7.3 个百分点，比 2010 年分别提高 26.7 个和 16.3 个百分点；中西部地区投资占行业比重达51.8%，较 2010 年提高 2.5 个百分点。

石油加工效益明显下降，化学工业效益相对平稳。2011 年，石油加工、炼焦及核燃料加工业利润总额 73.3 亿元，比 2010 年下降了 950.9 亿元，降幅高达 92.8%，销售利润率为 0.2%，较 2010 年下降 3 个百分点；化学工业利润总额 3978.2 亿元，比 2010 年增长 32.1%，销售利润率为 6.59%，比2010 年略有提高。

专栏 3-3　原油、天然气等资源税从价定率

2011 年 9 月，《国务院关于修改〈中华人民共和国资源税暂行条例〉的决定》（以下简称《决定》）颁布。《决定》在现有资源税从量定额计征基础上增加从价定率的计征办法，调整原油、天然气等品目资源税税率。《决定》明确，原油、天然气的资源税税率定为销售额的 5%~10%；煤炭和稀土资源税维持从量计征方式。该征税措施的调整于 2011 年 11 月 1 日施行。

此次资源税改革的核心之一是将征税方式从过去的从量定额征收改为从价定率征收。按照我国现行的资源税征收办法，目前原油税额度为每吨 8~30 元，而天然气税则为每千立方米 2~15 元。过低的征收标准导致资源浪费严重，也影响我国经济发展方式转变。而从价计征意味着今后部分产品资源税征税将不仅和开采量挂钩，还和资源产品的价格挂钩，确保了资源的合理开发和节约使用，有利于经济结构调整，也有利于增加地方财政收入。

3.1.1.5　建筑材料

产值产量快速增长。2011 年，建筑材料工业增加值增长 28%，增速较2010 年回落 2 个百分点。水泥生产 20.9 亿吨，比 2010 年增长 11.7%；平板玻璃生产 7.9 亿重量箱，比 2010 年增长 14%；卫生陶瓷生产 2.0 亿件，比2010 年增长 18.6%；玻璃纤维生产 372.2 万吨，比 2010 年增长 20.0%。如图

3.5 所示。

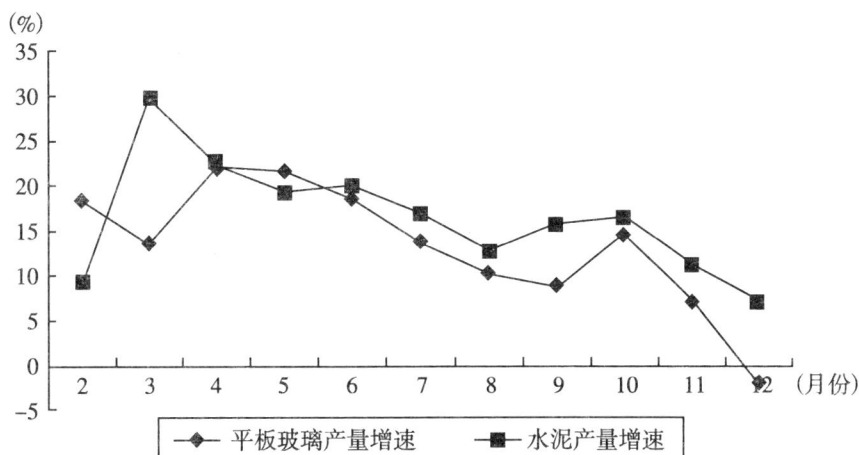

图 3.5　2011 年水泥、平板玻璃月度产量及增速
注：2 月数据为 1~2 月累计增速。
资料来源：国家统计局。

　　进出口同步增长。2011 年，建材工业产品进出口总额 411 亿美元，比
2010 年增长 30.2%。其中，进口额 169 亿美元，比 2010 年增长 38.3%；出口
额 242 亿美元，比 2010 年增长 25.1%，特种玻璃、玻璃纤维、建筑陶瓷、石
材制品等较高附加值产品出口增加。

　　集中度提高，产能结构优化。2011 年，前十家企业水泥产量达 5.53 亿
吨，占水泥总产量的 26.5%，比 2010 年提高 1.2 个百分点。前 20 家企业的
熟料产量约 6.35 亿吨，占熟料总产量的 53%，比 2010 年提高 8 个百分点。
全年生产新型干法熟料 11.28 亿吨，比 2010 年增长 16.7%，新型干法比重达
86.3%，比 2010 年提高 4.9 个百分点。

　　节能减排稳步推进。新型干法生产线 65% 以上配套建成余热发电装置。
水泥窑脱硝技术开始在生产线试验示范，利用水泥窑无害化最终协同处置城
市生活垃圾、污泥和固体废弃物的示范线陆续投入试运行。

　　固定资产投资快速增长，投资结构优化。2011 年，建材工业固定资产投
资完成 9578 亿元，比 2010 年增长 31.9%，增速比 2010 年提高 8 个百分点。
其中，水泥制造业下降 8.3%，水泥制品、玻纤增强塑料制品、防水材料、
石材等新兴建材产品增速明显高于行业平均值。

行业总体经济效益进一步提高，但部分细分行业经济效益下降。2011年，建材行业实现销售收入 33780 亿元，比 2010 年增长 38.5%；实现利润总额 2798 亿元，比 2010 年增长 45.3%；销售利润率为 8.3%，比 2010 年提高0.4 个百分点。其中，水泥工业实现利润 1020 亿元，比 2010 年增长 67%，销售利润率 11.2%，比 2010 年提高 2.1 个百分点；玻璃行业实现利润 388 亿元，比 2010 年下降 4.2%，利润率比 2010 年下降约 1.7 个百分点。

专栏 3-4　《建材工业"十二五"发展规划》发布

2011 年 11 月，工业和信息化部《建材工业"十二五"发展规划》（以下简称《规划》）以及《水泥工业"十二五"发展规划》、《平板玻璃工业"十二五"发展规划》、《建筑卫生陶瓷工业"十二五"发展规划》、《新型建筑材料工业"十二五"发展规划》、《非金属矿工业"十二五"发展规划》5 个子规划。

《规划》确立了建材工业"十二五"时期发展目标，明确了行业发展的三大重点任务（优化产业结构、推进节能减排、加快技术进步）和六大重点工程（节能减排工程、协同处置示范工程、产能优化工程、绿色建筑材料发展工程、无机非金属新材料培育工程、示范基地创建工程），并提出六项保障措施（强化规划指导、创新行业管理、完善产业政策、加强质量管理、加大资源保护和推进国际合作）。

3.1.2　问题与挑战

3.1.2.1　市场需求增长放缓，结构调整压力加大

2011 年，固定资产投资增速明显放缓，剔除价格因素影响后全年比2010 年增长 16.1%，比 2010 年下降 4 个百分点，其中三季度和四季度实际增速更是分别低至 15.6% 和 14.3%。受此影响，钢铁、平板玻璃、电解铝、焦炭等行业供需矛盾凸显，经济效益水平显著下降。"十二五"期间，随着经济增长方式的转变，投资增速进而原材料工业品市场需求增速可能明显放缓，依靠规模扩张的粗放式增长方式将难以为继，结构调整压力将不断加大。

　　3.1.2.2　资源环境约束进一步强化，节能减排压力继续加大

　　原材料工业是高耗能、高排放的资源性行业。我国原油、铁矿石、铝土矿、铜矿等进口依存度均超过 50%，未来一段时期对进口资源的依赖度可能还会进一步提高。钢铁、建材等高耗能行业单位产品能耗比国际先进水平高 10%~20%；水体化学需氧量指标、大气中二氧化硫等主要污染物排放量居高不下，二氧化碳排放总量持续上升。《工业转型升级规划（2011~2015 年）》中明确提出，较"十一五"末，2015 年单位工业增加值二氧化碳排放量减少 21% 以上，工业化学需氧量和二氧化硫排放总量分别减少 10%，工业氨氮和氮氧化物排放总量减少 15%。原材料工业发展面临刚性的资源环境约束和日益加大的节能减排压力。

　　3.1.2.3　兼并重组步伐需加快，淘汰落后仍需大力推进

　　2011 年，钢铁工业生产集中度 CR10 为 49.2%，与 2010 年相比仅提高 0.6 个百分点，离"十二五"规划 60% 的目标仍有相当差距，兼并重组步伐需进一步加快。受局部地区需求增长和等量或减量置换落后产能政策落实机制滞后的叠加影响，水泥、平板玻璃行业落后产能置换较慢。"十二五"时期，我国仍需淘汰 7000 万吨炼铁、2.5 亿吨以上水泥、600 万吨铁合金、4000 万吨焦炭的落后生产能力，淘汰落后产能的任务仍然艰巨。

　　3.1.2.4　发展新材料产业迫切性凸显，且面临诸多挑战

　　我国原材料工业规模巨大，资源、能源、环境等约束日益强化，迫切需要大力发展新材料产业，加快推进材料工业转型升级，培育新的增长点。我国新材料产业总体发展水平仍与发达国家有较大差距，产业发展面临一些亟待解决的问题，主要表现在：新材料自主开发能力薄弱；大型材料企业创新动力不强；关键新材料保障能力不足；产、学、研、用相互脱节；产业链条短；新材料推广应用困难；产业发展模式不完善。

（执笔人：江飞涛）

3.2　机械装备工业

　　经历了"十五"和"十一五"连续十年的高速增长后，我国机械装备工

业的发展进入了一个新阶段。面对复杂多变的国际、国内形势，机械装备行业总体上保持了平稳较快增长，为实现"十二五"规划目标奠定了扎实的基础。但与"十一五"高速增长的态势相比，主要经济指标增速出现回落，凸显了行业加快结构升级的紧迫性。

3.2.1　行业发展特点

3.2.1.1　机械装备工业总体状况

增速明显回落。全年装备制造业增加值较 2010 年增长 15.1%，回落 6 个百分点。其中，一季度增长 17.8%，二、三、四季度分别回落到 14.5%、13.9% 和 13.2%，11、12 月份增速回落至 13.2% 和 11.9%。分行业看，通用设备制造业、电气机械及器材制造业、仪器仪表及文化办公设备增加值较 2010 年分别增长 17.4%、14.5% 和 16.3%，增速较 2010 年分别回落 4.3、4.2 和 3.3 个百分点；专用设备制造业增长 19.8%，较 2010 年减缓 0.8 个百分点；交通运输设备制造业增长 12%，较 2010 年回落 10.4 个百分点。

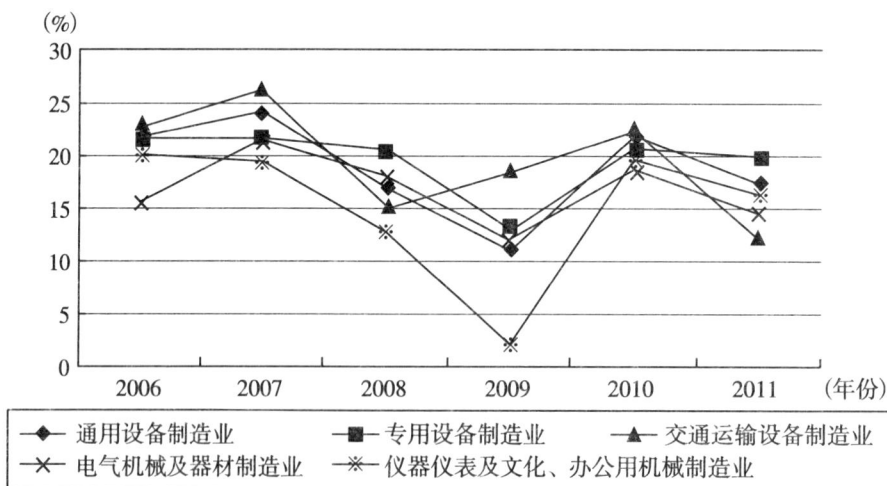

图 3.6　主要机械装备工业增加值增速

盈利能力下降，亏损面扩大。2011 年实现利润总额 12013 亿元，较 2010 年增长 21.1%，下降 34.5 个百分点。主营业务收入利润率为 7.3%，较 2010 年下降 0.2 个百分点。企业亏损面为 8.4%，较 2010 年同期上升 1.8 个百分点；亏损企业亏损额较 2010 年大幅增长 73.8%。

出口快速增长。据海关统计，2011 年，机械工业累计实现进出口总额 6312 亿美元，较 2010 年增长 22.8%，回落 13.6 个百分点。累计实现贸易顺差 123.5 亿美元，较 2010 年增加 92.1 亿美元。2011 年 1~11 月，向印度、巴西、俄罗斯、南非四个新兴经济体的出口增长 41.1%，大大高于向欧盟、美国、日本发达经济体出口增长 20.2% 的水平。民营企业和国有企业出口较 2010 年分别增长 35.0% 和 17.8%。一般贸易和加工贸易出口较 2010 年分别增长 33.8% 和 13.6%。

固定资产投资强劲增长。2011 年，累计完成固定资产投资 27846 亿元，较 2010 年增长 37.5%，增幅较 2010 年提高 7.1 个百分点。在全国固定资产投资增速回落的背景下，机械工业投资仍保持了强劲的增长势头。

产品结构调整取得积极进展。2011 年，以水电、核电、风电为代表的清洁能源设备加快发展，在发电设备总产量中所占的比重较 2010 年提高 2 个百分点。变压器中的大型电力变压器增速高于变压器总体增速。天然气长输管线加压站压缩机、变频装置和管线阀门等一批重大装备研制成功。高端液压件、高性能压力传感器、核电站用石墨密封件、超高压绝缘套管、大型发电机用无取向矽钢片和抗撕裂钢板、大型变压器用取向矽钢片、大型电站锻件等关键基础零部件和材料的自主创新取得重要进展。

3.2.1.2　工程机械

行业整体保持平稳增长态势，但部分产品产量出现负增长或增速放缓。2011 年，工程机械行业累计完成工业总产值 5968.9 亿元，较 2010 年增长 35.7%；实现销售产值 5792.3 亿元，较 2010 年增长 34.6%。多数产品产量保持增长，混凝土机械和内燃叉车增速分别达到 30.0% 及 31.3%。但部分产品产量负增长或增速下降。压实机、水泥专用设备产量分别为 5.9 万台和 85.3 万台，较 2010 年分别下降 29.2% 和 23.6%。挖掘机 19.5 万台，增长 8.4%，增速大幅回落 60.4 个百分点。装载机 25.2 万台，增长 15.2%，较 2010 年回落 29.9 个百分点。

出口快速增长，进出口额再创历史新高。2011 年，我国工程机械进出口贸易额为 249.6 亿美元，较 2010 年增长 33.2%。其中进口金额 90.5 亿美元，较 2010 年增长 7.7%；出口金额 159.1 亿美元，较 2010 年增长 53.8%；贸易顺差 68.6 亿美元，较 2010 年增加 49.2 亿美元。进、出口额分别超过 2008 年历史最高水平的 50.4% 和 18.5%。

重点行业产业组织结构不断优化。2011 年，最大 7 家工程机械企业销售收入占全行业的份额由 2010 年的 44.7% 提高到 52% 左右。挖掘机行业国产品牌市场份额达到 40.1%，以三一重工、山重建机、玉柴和厦工为代表的国产品牌市场份额快速提升，其中，三一重工市场份额达到 11.6%，首次超过小松（中国）成为国内最大的挖掘机品牌。装载机行业市场份额进一步向优势企业集中，CR4 达到 67.9%，较 2010 年提高 2.2 个百分点。推土机行业"一家独大"的格局略有变化，山推股份的市场份额小幅下降到 62.3%，中联、柳工等企业的市场份额略有上升。

3.2.1.3　机床工具

产销增速仍高位运行，但增速放缓。2011 年，机床工具行业完成工业总产值 6606.5 亿元，较 2010 年增长 32.1%；产品销售产值 6424.9 亿元，较 2010 年增长 31.1%；产品销售率达到 97.3%，较 2010 年同期降低 0.8 个百分点。在细分行业中，金切机床行业完成工业总产值 1542.9 亿元，较 2010 年增长 23.1%；金切机床产量及其中数控机床产量，分别较 2010 年增长 15.1% 和 20.6%。成形机床行业完成工业总产值 587.3 亿元，较 2010 年增长 36.0%；成形机床产量及其中数控机床产量，分别较 2010 年增长 0.9% 和 13.0%，如图 3.7 所示。

产品结构进一步优化。国产金属加工机床的数控化率不断提升。2011 年，产量数控化率较 2010 年提高 1.8 个百分点，产值数控化率较 2010 年提高 2.2 个百分点。一批中高档机床工具服务于汽车、航空航天、船舶、能源等重点领域，甚至还为国外高端用户提供了成套装备。

产品附加值提升。国内金属加工机床产值增速大大高于产量增速，金属加工机床平均单价较 2010 年增长 15.3%，其中成形机床平均单价较 2010 年增长 35.9%。

出口稳定增长。2011 年，机床工具出口 89.0 亿美元，较 2010 年增长 26.4%，出口额创近年来新高。私人企业、外资企业和国有企业出口金额占比分别为 44.9%、26.8% 和 15.6%，三者增速分别为 39.4%、30.6% 和 6.4%。数控装置、机床夹具、机床零部件的出口主要依靠外商独资企业，其占比均超过 40% 以上。金切和成形机床、刀具、磨料磨具、木工机床等的出口主体为私人企业，其占比均超过 40% 以上，其中成形机床占比达到 60.1%。从市场结构看，美国仍为第一大出口国，印度、巴西、俄罗斯等新兴市场增长迅速。

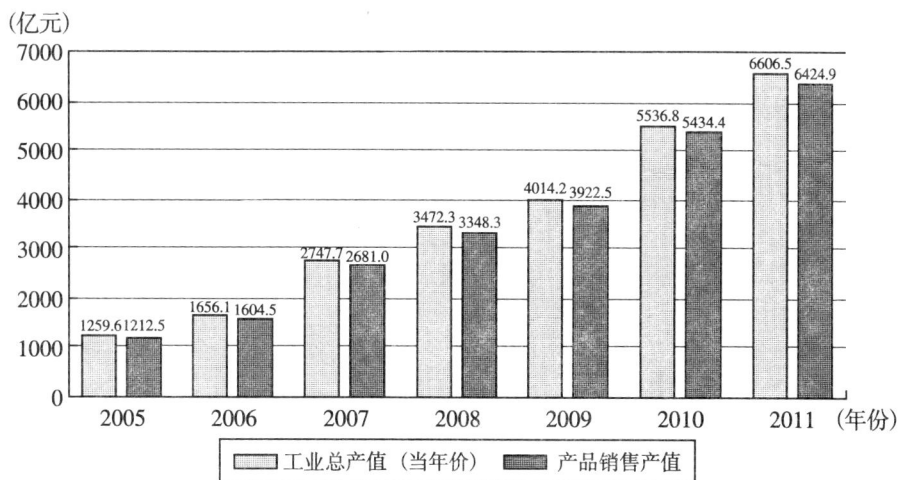

图 3.7 机床工具工业规模变动
资料来源：《中国机械工业年鉴》相关年份。

进口快速增长，对国内企业形成较大冲击。2011 年，机床工具产品进口仍高速增长，较 2010 年增长 29.3%。金属加工机床进口额 132.4 亿美元，较 2010 年增长 40.6%。其中数控机床 111.1 亿美元，较 2010 年增长 42.1%。国内市场需求结构升级加速，用户对中高端产品的需求明显增加，拉动进口产品价格上涨，金属加工机床进口平均单价较 2010 年上涨 33.2%。金属加工机床进口主要来源地分别是日本、德国、中国台湾地区，占进口总额的 79.5%。

国内企业市场占有率略有下降。2011 年，受进口冲击，国产机床市场占有率为 66.1%，较 2010 年下降 0.8 个百分点。数控机床市场占有率为 56.6%，较 2010 年降低 0.1 个百分点。国产中高端产品在技术水平、产业化、适应市场能力、整体服务等诸多方面仍不能完全满足国内市场需求。

固定资产投资快速增长。2011 年，机床工具行业累计固定资产完成投资额 2214.5 亿元，较 2010 年增长 54.7%。其中设备工具购置额较 2010 年增长 54.0%。

专栏 3-5　《机械基础件、基础制造工艺和基础材料产业"十二五"发展规划》

2011 年 11 月，工业和信息化部印发《机械基础件、基础制造工艺和基础材料产业"十二五"发展规划》（以下简称《规划》）。规划提出，要通过 5 年时间的努力，使我国"机械基础件、基础制造工艺及基础材料"产业创新能力明显增强，加工制造水平显著提高，能基本满足重大装备的发展需要，产业发展严重滞后的局面得到改观。

《规划》指出，尽管近年来我国装备制造业水平大幅提升，大型成套装备能基本满足国民经济建设的需要，但高端"三基"产品却跟不上主机发展的要求，高端主机的迅猛发展与配套"三基"产品供应不足的矛盾凸显，已成为制约我国重大装备和高端装备发展的瓶颈。"十二五"时期是实现由装备制造大国向装备制造强国转变的重要战略机遇期，发展"三基"产业、提升产品水平、增强配套能力十分关键。

《规划》提出，要围绕重大装备和高端装备发展的配套需求，以产品突破为主攻方向，密切产需合作，加强基础技术研究，加速创新能力建设，着力推进产品质量、可靠性和寿命的升级，加大先进技术推广应用和产业化力度，营造有利于"三基"产业向高端发展的环境，提升"三基"产业整体水平和国际竞争力，为实现装备制造业由大变强奠定坚实基础。

《规划》提出，未来将通过加强自主创新、优化产业结构、建设研发和服务平台、加大技术改造、加强行业管理、推进"两化融合"和实施"机械基础件和基础制造工艺双提升工程"七大措施，来提升"三基"产业整体水平，增强产业持续发展能力。力争到 2020 年，形成与主机协同发展的产业格局，创新能力和国际竞争力处于国际先进水平，部分领域国际领先。

3.2.1.4　汽车工业

产销增速大幅回落。2011 年，汽车产销量分别为 1841.9 万辆和 1850.5

万辆，分别增长0.8%和2.5%，较2010年分别大幅回落31.6和29.9个百分点，增速创13年来新低。如图3.8所示。

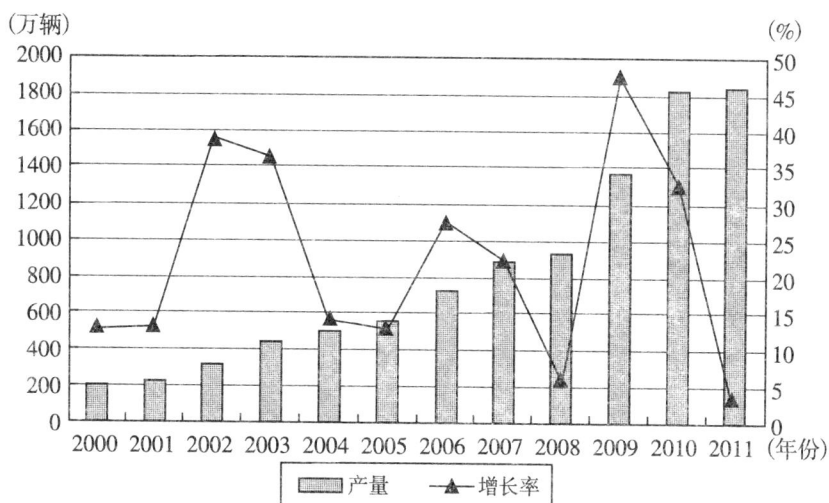

图3.8　汽车工业生产规模变动
资料来源：《汽车工业年鉴》各年和汽车工业协会统计信息网。

乘用车稳定增长。2011年，乘用车产销均超过1400万辆，分别完成1448.5万辆和1447.2万辆，较2010年分别增长4.2%和5.2%，均高于行业总体增长水平。其中SUV和MPV增长明显，高于乘用车总体增长速度。SUV产销完成160.3万辆和159.4万辆，较2010年分别增长19.8%和20.2%；MPV产销完成50.6万辆和49.8万辆，较2010年分别增长12.2%和11.7%。

商用车降幅较大，货车市场低迷，客车产销两旺。2011年，商用车产销分别完成393.4万辆和403.3万辆，较2010年分别下降9.9%和6.3%。客车产销量分别为48.3万辆和48.8万辆，较2010年分别增长7.9%和10.1%。货车产销量分别为265.4万辆和270.2万辆，较2010年分别下降7.0%和4.6%。

新能源汽车产销较快增长。2011年，汽车整车企业生产新能源汽车8368辆，其中纯电动汽车5655辆、混合动力汽车2713辆；销售新能源汽车8159辆，其中纯电动汽车5579辆、混合动力汽车2580辆。新能源汽车产销量较上年均有较大幅度的提高。

国内企业越来越重视开发国际市场，汽车出口创历史新高，连续两年高速增长。2011 年，汽车出口 81.4 万辆，较 2010 年增加 26.9 万辆，较 2010 年增长 49.5%，创历史新高，对汽车销量增长贡献度达到 60.8%。

自主品牌乘用车份额小幅下降。2011 年，自主品牌乘用车共销售 611.2 万辆，较 2010 年下降 2.6%，占乘用车销售总量 42.2%，占有率较 2010 年下降 3.4 个百分点。自主品牌轿车共销售 294.6 万辆，较 2010 年增长 0.5%，占轿车销售总量的 29.1%，较 2010 年下降 1.8 个百分点。如图 3.9 所示。

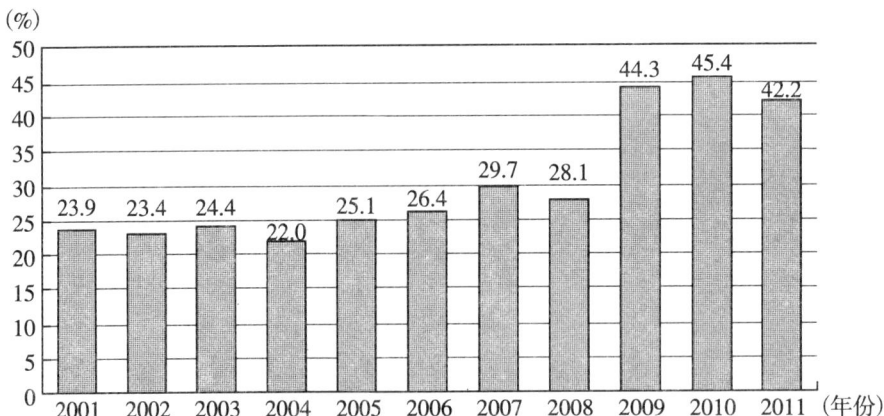

图 3.9　中国乘用车市场自主品牌市场占有率
资料来源：《中国机械工业年鉴》相关年份。

重点企业集团市场份额上升，行业集中度进一步提高。2011 年，汽车产量前十名的企业集团分别为上汽、东风、一汽、长安、北汽、广汽、奇瑞、华晨、长城和江淮，产量合计 1602.39 万辆，占行业总量的 87.0%，较 2010 年提高 0.9 个百分点。

3.2.1.5　船舶工业

工业产值和完工量继续增长。2011 年，全国规模以上船舶工业企业 1536 家，完成工业总产值 7775 亿元，较 2010 年增长 22.2%，增幅下降 3.0 个百分点。其中，船舶制造业 5983 亿元，较 2010 年增长 22.5%，增幅下降 1.4 个百分点；船舶配套业 909 亿元，较 2010 年增长 30.7%，增幅提高 5.2 个百分点；船舶修理及拆船业 811 亿元，较 2010 年增长 13.6%，增幅下降 17.3 个百分点。全年全国造船完工量 7665 万载重吨，较 2010 年增长 16.9%，其中出口船舶占总量的 81.6%。

　　船舶新承接订单持续萎缩，手持订单明显减少。新承接船舶订单量3622万载重吨，较2010年下降51.9%，其中出口船舶占总量的76.4%。截至2011年12月底，手持船舶订单量14991万载重吨，比2010年底手持订单下降23.5%，其中出口船舶占总量的83.9%。按载重吨计，我国2011年造船完工量、新接订单量、手持订单量分别占世界市场份额的45.1%、52.2%、43.3%，如图3.10所示。

（万载重吨）

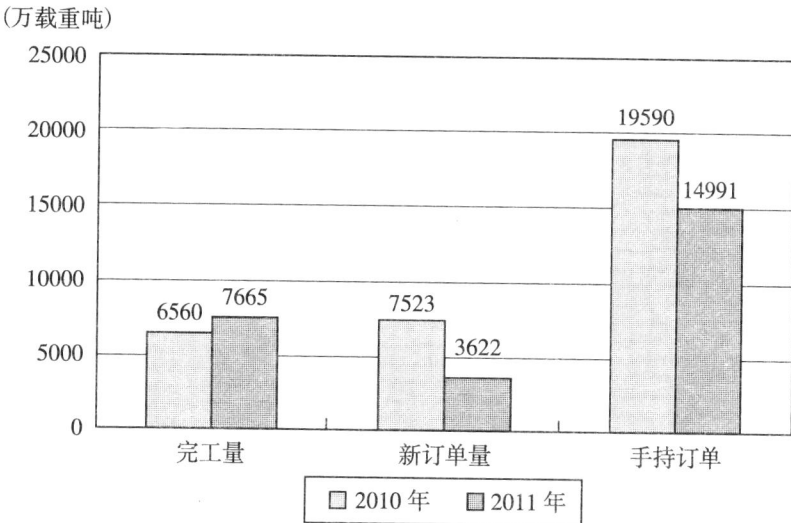

图3.10　近两年我国船舶工业三项指标

资料来源：工信部。

　　船舶出口增长。全国规模以上船舶工业企业完成出口交货值3196亿元，较2010年增长13.4%。其中，船舶制造业2741亿元，较2010年增长14.5%；船舶配套业100亿元，较2010年增长10.4%；船舶修理及拆船业308亿元，较2010年增长6.2%。船舶产品出口到175个国家和地区，亚洲和欧洲仍是出口的主要市场，其中出口亚洲的金额大约占到一半。

表3.1　2011年世界造船三项指标及三大造船国市场份额

指标/国家		世界	韩国	日本	中国
2011年造船完工量	万载重吨	17002	5291	3182	7665
	占比（%）	100.0	31.1	18.7	45.1
	万修正总吨	5100	1598	894	2141
	占比（%）	100.0	31.3	17.5	42.0

续表

指标/国家		世界	韩国	日本	中国
2011年新接订单量	万载重吨	6942	2656	289	3622
	占比（%）	100.0	38.3	4.2	52.2
	万修正总吨	3045	1237	149	1305
	占比（%）	100.0	40.6	4.9	42.9
2011年底手持订单量	万载重吨	34610	11070	5315	14991
	占比（%）	100.0	32.0	15.4	43.3
	万修正总吨	11588	3485	1401	4816
	占比（%）	100.0	30.1	12.1	41.6

资料来源：克拉克松研究公司。

经济效益平稳增长。2011年1~11月，规模以上船舶工业企业实现主营业务收入6221亿元，较2010年增长24.9%。其中，船舶制造业4732亿元，较2010年增长25.6%；船舶配套业761亿元，较2010年增长30.1%；船舶修理及拆船业663亿元，较2010年增长16.3%。规模以上船舶工业企业实现利润总额481亿元，较2010年增长25.5%。其中，船舶制造业402亿元，较2010年增长28.4%，占全行业利润的83.6%；船舶配套业43亿元，较2010年增长16.5%，占全行业利润的8.9%；船舶修理及拆船业33亿元，较2010年增长14.9%，占全行业利润的6.9%。

优势企业快速扩张。造船产量超过100万载重吨的企业突破22家，比2010年增加3家，前10家企业造船完工量3654万载重吨，占全国总量的47.7%。

兼并重组加快步伐。江南造船和长兴重工顺利整合，扬子江船业全资收购了江苏中舟海洋工程有限公司和江苏鑫福船厂40%的股权，浙江欧华全资收购德兴船舶公司，中航技收购了山东威海船厂70%的股权，熔盛重工收购安徽全柴集团，中国南车与广西玉柴合资成立南车玉柴四川发动机股份有限公司。国内造船企业还通过收购海外品牌企业、设计公司等提高创新能力和研发水平。潍柴集团收购欧洲最大的豪华游艇制造企业法拉帝，扬子江船业收购并控股新加坡船舶及海工设计公司CSMT，中交股份收购海工设计公司F&G，韩通重工收购德国设计公司，惠生重工收购休斯敦海工设计公司。

3.2.2 问题与挑战

3.2.2.1 市场需求疲软，凸显产能过剩

市场需求疲弱导致库存增加。2011 年，机械行业产成品库存率基本处于 20% 左右的高位，远远高于 2010 年 10% 左右的水平。企业订单增速明显下降。2011 年底，累计订货较 2010 年增幅为 6% 左右，远低于 2010 年 30% 以上的水平。订单不足使产能过剩问题凸显。由于供大于求，全年机械产品价格指数呈下滑趋势，总体徘徊在 101% 左右，且下半年月度环比价格指数始终低于 100%，部分产品价格指数低于 2010 年同期水平。风力发电机组等前期产能迅速扩张的产品，其价格指数回落幅度更加明显。

3.2.2.2 资金成本上升，经营压力增大

由于货币政策调整，资本市场流动性收紧，企业资金回收困难，融资成本攀升。2011 年，全行业全年累计应收账款规模达到 2.2 万亿元，较 2010 年增长 22.0%。由于资金回收难，企业流动性压力增大，对短期融资的需求猛增。2011 年下半年，企业短期借款较 2010 年增速超过 40%。企业资金使用成本大幅上涨，企业财务费用增速持续处于 30% 左右的高位。利息支出持续攀升，同比增速由年初的 30% 左右上涨至年底的 47.1%，成为推升企业财务费用增长的主要因素。

3.2.2.3 成套装备出口能力低，对外贸易大而不强

出口机械产品主要以单机出口为主，机组、生产线或工程项目成套出口数量少、价格低。2011 年，机械工业进口使用外汇高达 3094 亿美元，较 2010 年增长 21.2%，在内需增长趋缓的背景下，进口增长仍如此强劲，表明国内供给能力尚不能满足国内企业对中高端装备的需求。

（执笔人：贺俊）

3.3 消费品工业

2011 年，消费品工业保持平稳较快增长；规模以上企业整体经济效益良好，吸纳就业人数保持增长；行业出口增速减缓，内需拉动作用明显；企业

兼并重组活跃，产业集中度有所提高；行业技术改造步伐加快，节能减排顺利推进。2011年，消费品工业的健康发展为国民经济平稳较快发展做出了重要贡献，实现了"十二五"的良好开局。

3.3.1　行业发展特点

3.3.1.1　消费品工业总体状况

总体保持平稳较快增长，增速略有回落。全年消费品工业增加值较2010年增长14.1%，回落1.2个百分点，但仍比同期工业增加值增速高出0.2个百分点。各行业工业增加值均实现较快增长，轻工、纺织行业分别增长15%和10.7%，医药行业增长17.8%，烟草行业增长12.5%。

经济效益有所改善，增长质量总体向好。消费品工业利润总额较2010年增长29.3%，高出全国工业3.9个百分点。其中，纺织工业累计实现利润总额2956.42亿元，较2010年增长25.9%；医药制造业累计实现利润总额达1494.3亿元，较2010年增长23.5%；食品制造业企业累计实现利润总额达1100.86亿元，较2010年增长49.25%。

内需拉动作用明显，出口增速有所放缓。2011年，消费品工业内销产值达19.7万亿元，较2010年增长30.5%，比2010年加快0.4个百分点。出口较2010年增长15.7%，回落6.1个百分点。在外需不振的情况下，内需市场对消费品生产拉动作用明显，如图3.11所示。

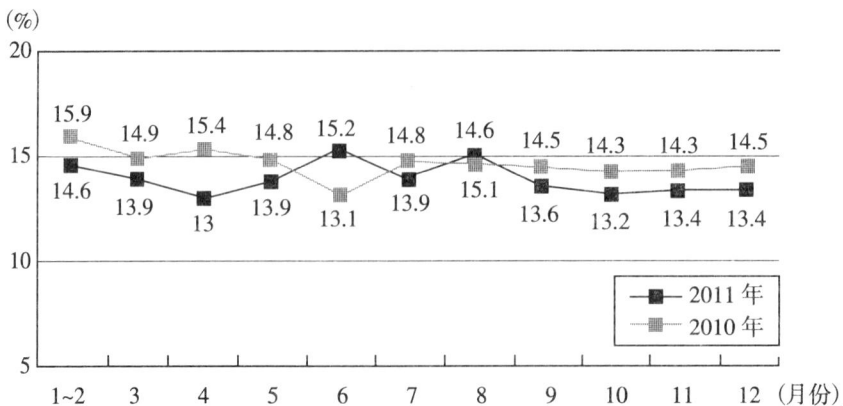

图3.11　2010年与2011年消费品工业增加值分月增速对比

资料来源：国家统计局。

就业持续增长，"就业稳定器"作用显现。全年规模以上消费品工业企业用工人数占全部工业的比重达 38.2%，新增就业 261.7 万人，比 2010 年增加 19.2 万人。消费品工业"就业稳定器"作用显现。

3.3.1.2 纺织工业

生产保持平稳增长，主要产品产量增速回落。2011 年，全国 3.6 万户规模以上纺织企业实现工业总产值 54786.5 亿元；规模以上纺织企业工业增加值较上年增长 10.7%。纱线生产 2894.47 万吨，较 2010 年增长 12.43%；布生产 619.827 亿米，较 2010 年增长 11.61%；化学纤维生产 3362 万吨，较 2010 年增长 13.87%；服装生产 254 亿件，较 2010 年增长 8.14%。与 2011 年一季度末相比较，全年规模以上纺织企业工业总产值增速下降 4.78 个百分点，化纤产量增速下降 4.08 个百分点，纱产量增速下降 0.11 个百分点，布产量增速下降 7.81 个百分点，服装产量增速下降 6.47 个百分点（如图 3.12 所示）。

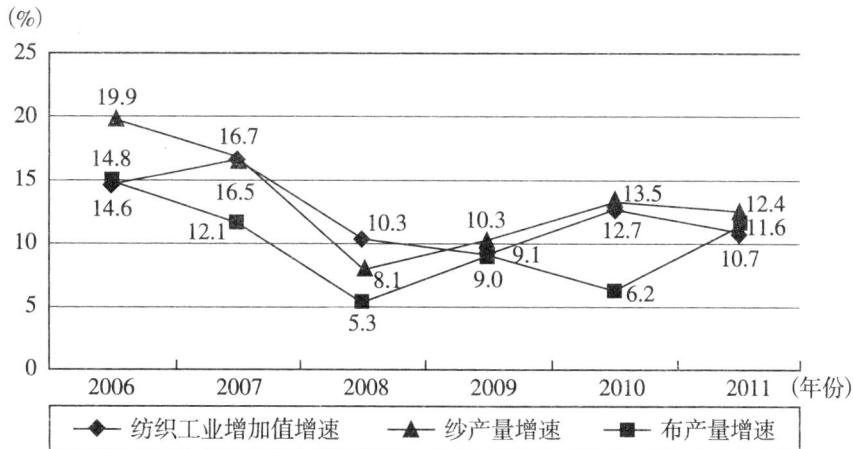

图 3.12 规模以上纺织企业工业增加值增速与主要产品产量增速
资料来源：国家统计局。

全年出口金额平稳增长，但数量接近"零增长"。根据海关统计数据，2011 年，我国共出口纺织品服装 2541.23 亿美元，同比增长 19.87%。其中，纺织品出口额达 1009.03 亿美元，较 2010 年增长 22.27%；服装出口额达 1532.2 亿美元，较 2010 年增长 18.34%。受第四季度增速明显下降的影响，纺织品服装增速较前三季度分别下降 3 和 5 个百分点。2011 年，我国纺织品服装出口价格同比提高 19.29%，对出口总额增长的拉动作用达到 98%。剔除价格因素后，2011 年，我国纺织品服装出口数量同比仅增长 0.49%，其中服装出口数量同比下降 0.22%，这表明国际市场终端需求情况并不乐观。

内需保持稳定增长，内销规模继续扩大。2011 年，全国社会消费品零售总额达 181226 亿元，较 2010 年增长 17.1%。其中服装鞋帽针纺织品类的限额以上零售额为 7955 亿元，较 2010 年增长 24.2%，显著高于社会消费品零售总额增速。规模以上纺织企业内销产值占销售总产值的比重达 82.9%，较 2010 年提高 1.71 个百分点，这表明内需市场对中国纺织工业运行的支撑作用继续巩固。

固定资产投资保持较快增长，产业转移趋势明显。受国内市场消费需求上升的影响，纺织工业固定资产投资保持较快增长。500 万元以上固定资产投资项目累计实际完成投资总额 6799.06 亿元，较 2010 年增长 36.33%，增速较 2010 年上升了 6.2 个百分点。纺织工业投资增速高出同期全国制造业31.8% 的增长水平 4.53 个百分点，纺织工业投资占制造业的比重为 6.63%，比 2010 年提高了 1.21 个百分点。从分地区结构来看，中西部地区投资增速均显著高于全行业投资平均水平，显示出中国纺织工业向中西部地区投资转移的趋势仍在加强。

行业总体实现盈利，利润增速前高后低。2011 年，纺织行业销售产值53601.7 亿元，同比增长 26.9%。累计实现利润总额 2954.42 亿元，较 2010年增长 25.9%，增速较第三季度下降 6.6 个百分点，较上半年回落 15.4 个百分点，较同期全国工业高出 1.5 个百分点。

3.3.1.3　医药工业

工业总产值保持高速增长，产业规模继续扩张。2011 年，全国规模以上医药制造业企业累计完成工业总产值 15707 亿元，较 2010 年增长 33.78%，增速创 10 年来新高，较 2010 年同期提高了约 9.5 个百分点，较"十一五"期间年均增长率提高了 10.3 个百分点。医药行业全年工业增加值较上年增长 17.8%，比 2010 年同期加快 2.9 个百分点，比前三季度加快 0.4 个百分点。全国中成药的累计产量为 238.54 万吨，比 2010 年增长 33.96%，增速提高了 12.33 个百分点。化学原料药的产量增速继续保持高位，累计产量为 289.87 万吨，比 2010 年增长了 23.33%，增速提高 9.35 个百分点（如图 3.13 所示）。

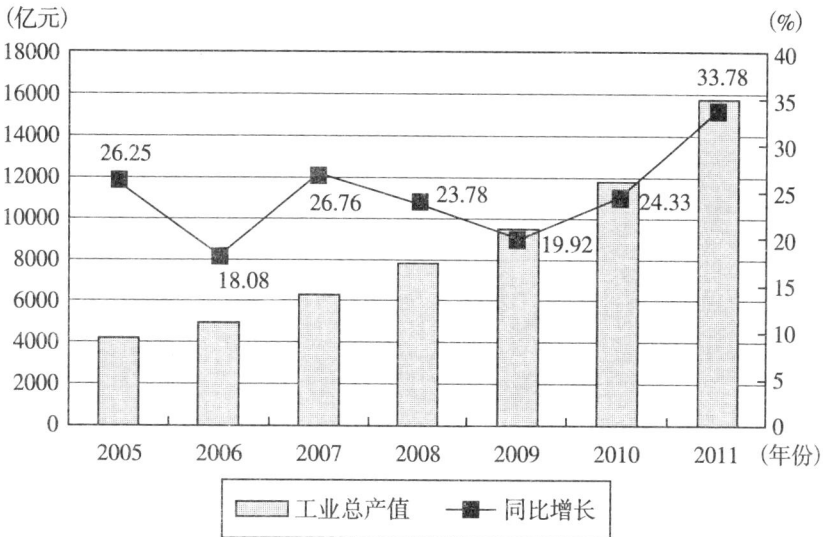

图 3.13　医药行业工业总产值增速

资料来源：国家统计局。

　　产品出口增长趋缓，出口产品结构有所优化。2011 年，医药行业累计实现出口额 118.33 亿美元，较 2010 年增长 10.6%，增速较 2010 年回落 13.4 个百分点。全行业完成出口交货值 1439.5 亿元，较 2010 年增长 16.97%，较 2010 年回落 2.63 个百分点。化学原料药及制剂出口增长乏力。前者实现出口交货值 528.2 亿元，较 2010 年增长 12.19%，占全行业出口交货值的 36.69%；后者完成出口交货值 123.3 亿元，较 2010 年增长 15.57%，占全行业出口交货值的 8.56%；中成药和生物药品出口虽然仍然占比不高，但增幅较大。其中，中成药出口交货值 51.6 亿元，较 2010 年增长 20.29%；生物药品出口交货值 190.2 亿元，较 2010 年增长 20.36%。这种情况表明，具备中国特色的中成药以及高技术含量的生物药品在出口药品中的比重呈上升趋势，出口产品结构有所优化（如图 3.14 所示）。

　　成本压力增大，利润增速回落。2011 年，全国医药工业实现销售总产值达到 15025.09 亿元，较 2010 年增长了 29.33%。医药制造业累计销售收入达

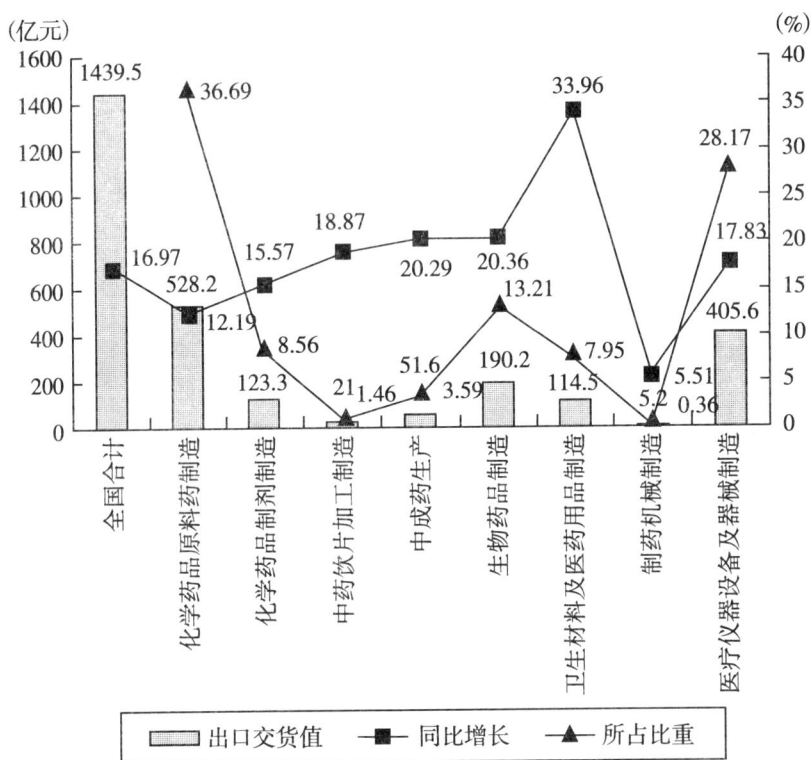

图 3.14　医药行业产品出口结构及各子行业出口增速

资料来源：国家海关总署。

14522 亿元，较 2010 年增长 29.37%，增速处于历史较高位；累计利润总额达 1494.3 亿元，同比增长 23.50%，低于工业企业 25.3% 的增速，全年利润增速前低后高，利润总额增速一直低于当期销售收入增速。盈利能力方面，2011 年，医药制造业毛利率为 28.90%，位于历史较低水平。12 月单月，医药制造业毛利率为 31.97%，比 11 月上升 4.73 个百分点，为 2011 年内单月毛利率的最高水平。税前利润率为 10.29%，较前 11 个月上升 0.39 个百分点。

固定资产投资快速增长。医药行业全年累计完成固定资产投资总额 2615.36 亿元，同比增长 45.5%，增速较 2010 年加快 12.0 个百分点。其中，化学原料药产业固定资产投资共计 478.7 亿元，同比增长 62%；医药行业固定资产投资额占全国固定资产投资额的比重为 0.87%，占比较 2010 年提高 0.07 个百分点。

企业兼并重组活跃，产业整合步伐加快。2011年，医药行业企业收购兼并和联合重组活动活跃。中国生物技术集团公司、上海医药工业研究院并入中国医药集团，华润集团重组北京医药集团等项目顺利实施，一批企业通过并购重组迅速扩大规模，实现了产业链整合和业务布局调整，提升了市场竞争力。

东部产业集聚明显，中西部发展加速。2011年，中国制药企业共计6154家。制药工业的区域分布较为集中，企业数量最多的前10个省份共占全国制药企业总数的64.40%。其中江苏省企业数量最多，共735家，占全国制药企业的11.94%，山东省、浙江省、广东省、河南省紧随其后。拥有全国最多制药企业的5个省份，在工业销售产值、主营业务收入以及利润总额方面同样占据全国前五名。2011年，全国制药工业销售产值较2010年增长29.33%，15个省、市、自治区增速高于全国平均水平。其中，内蒙古自治区工业销售产值较2010年增长56.77%，紧接其后的是吉林省、安徽省、四川省和辽宁省，这四省的同比增长都超过了40%。

3.3.1.4　食品工业

生产强劲增长，产品销售同步上涨。2011年，全国规模以上食品工业企业31735家，实现总产值78078.32亿元，较2010年增长31.6%，高出全国工业总产值增速3.7个百分点，占全国工业总产值比重9.1%。全国规模以上食品工业企业增加值较2010年增长15.0%，高出全国工业1.1个百分点。主要食品产量快速增长。在29类列入工业统计食品中，有15类食品产量增长速度超过20%，26类增长超过10%，出现全面增长局面。食品销售市场总体呈现繁荣、稳定的局面。食品工业实现销售产值76540.2亿元，较2010年增长31.6%，产品销售率98.03%，比2010年提高0.1个百分点。如图3.15所示。

进出口贸易保持快速增长。2011年，食品工业完成进出口总额780.7亿美元，较2010年增长28.9%。其中，出口额424.1亿美元，较2010年增长26%；进口额356.6亿美元，较2010年增长32.5%。全年实现贸易顺差67.5亿美元。

固定资产投资呈现出强劲增长态势。2011年，完成固定资产投资9790.4

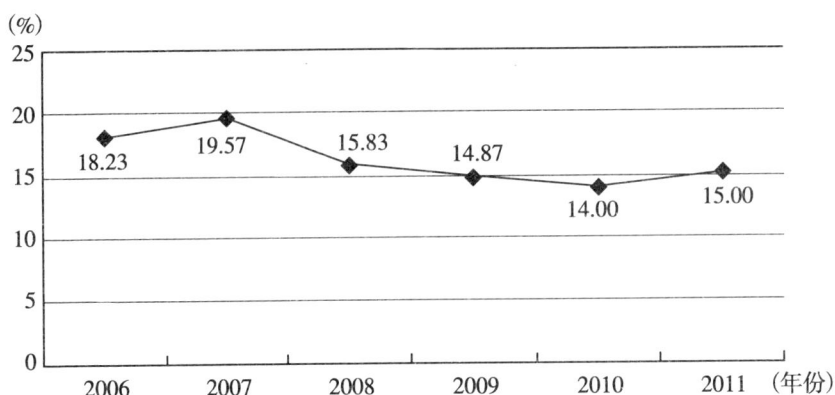

图 3.15　食品行业工业增加值增速

资料来源：国家统计局。

亿元，是"十一五"末的 1.4 倍，是"十五"末的 5.3 倍，增速高出全国投资增速 13.7 个百分点，高出全国制造业投资增速 5.7 个百分点。食品工业投资占食品工业总产值比重为 12.5%，比"十一五"末提高 1.1 个百分点，比"十五"末提高 3.5 个百分点。

行业经济效益有所提高。2011 年，中国规模以上食品制造业企业实现主营业务收入达 13975 亿元，较 2010 年增长 32.90%；实现利润总额达 1100.86 亿元，较 2010 年增长 49.25%。规模以上食品工业企业主营业务收入利润率 6.87%，比 2010 年提高 0.31 个百分点，高出全国工业平均水平 0.73 个百分点。

企业平均规模增大，行业组织结构不断优化。2011 年，全国规模以上食品企业数量减少，但产值同比增长 31.6%，企业平均规模增大。一批数百亿元级的大型骨干企业，通过资源整合，兼并重组，其核心竞争力、辐射带动能力进一步得到增强。2011 年，大型食品工业企业有 255 家，占食品工业企业家数的 0.8%；实现工业总产值 13752.3 亿元，占全行业的 17.6%；大中型企业共 3576 家，实现总产值 37179.3 亿元，占比 47.6%。

产业转移继续推进，区域结构不断优化。2011 年，东部、中部、西部、东北地区食品工业总产值在全国食品工业总产值中的比例分别为：42.8：24.5:19.6：13.1，2010 年同期为：45.1：22.9：19.4：12.6。东部所占份额明显下降，其他地区份额相对上升。东部、中部、西部、东北地区间，食品企业个数比例为：42.1∶26.8∶18.6∶12.6；销售产值比例为：43.1∶24.5∶19.3∶13.1。总体呈现出东部占比下降，中部、西部占比上升的态势。中部省份快速发展，其中湖北、安徽、山西、江西4个省份食品工业总产值增长速度超过四成。

3.3.2　问题与挑战

3.3.2.1　粗放型发展方式未得到根本扭转，自主创新能力较为薄弱

消费品行业大部分企业生产规模小、利润率低，由此导致企业创新投入不足，企业创新能力的提高受到限制。在低附加值、低品牌度的生产模式主导下，消费品行业增长方式仍然较为粗放。要转变当前消费品行业粗放型发展方式，必须调整和优化产业结构和产品结构，不断提升消费品的技术含量，提升劳动力素质，逐步走出"贴牌生产"、"代工生产"的困境，研发制造环保型、知识型、智能型的中高附加值消费品，促进中国消费品可持续发展。

3.3.2.2　融资约束以及综合成本上升加剧中小企业运营困难

2011年，央行货币政策在有效抑制流动性过剩的同时，也加大了企业资金压力，中小企业获取银行贷款难度加大。央行三次加息推动了企业融资成本不断上升，中小企业获取银行贷款的综合成本上升幅度较大。同时，原材料和劳动力成本的不断上涨，大大压缩了企业利润空间。尤其是一些资金链吃紧的中小企业，陷入运营困境。通过金融制度创新缓解企业融资约束，通过产业重组、产业转移等手段优化消费品行业产业结构和产业布局，是化解中小企业经营困境的根本途径。

3.3.2.3　贸易壁垒日益增多，消费品出口遭遇严重挑战

自国际金融危机以来，欧美国家为保护本国产业，促进本国就业，不断增加和翻新进口限制措施和贸易壁垒，贸易保护主义复燃。2011年，针对中国消费品出口的技术贸易壁垒、绿色贸易壁垒和反倾销等非关税壁垒层出不穷，加之人民币不断升值，中国消费品贸易遭遇严重挑战，消费品产业发展受到较大影响。除了政府方面要完善协调机制、积极参与标准化工作、加强双边认证以外，企业也要重视各种隐匿性贸易壁垒，加大技术研发力度，尽

可能生产符合目标国技术标准和环境标准的产品。

3.3.2.4 食品、药品安全事件频发，公共监管体系亟待完善

2011年，食品、药品安全事件仍然频频发生，知名品牌火腿肠含"瘦肉精"、地沟油流向餐桌、食品饮料中检出塑化剂、知名乳品含致癌物、大米镉超标等问题和事件相继曝光，不断挑战着消费者的底线，也对产业发展造成了消极影响。人们对食品、药品进行严格监管的呼声越来越高。显然，堵漏式的治理方式已经难以从根本上解决食品、药品安全问题。当前，需要多管齐下，从深层次上优化产业结构，提高产业进入门槛，严格标准制定工作。同时，进行产业链治理和监督，明确责任环节，加强专项治理，狠抓落实，充分发挥社会监督的作用，切实保障食品、药品安全，促进产业健康发展。

（执笔人：刘建丽）

3.4 电子信息产业

2011年，中国电子信息产业总体规模保持稳步快速增长，主要电子信息产品产量持续占据全球第一位置，在全国工业中的支柱地位和带动作用更加明显。企业经济效益出现较大波动，产业结构调整不断深化，科技创新成果十分显著，迎来了规模、质量同步提升的"十二五"良好开局。

3.4.1 行业发展特点

3.4.1.1 电子信息产业总体状况

产业规模稳步增长，全球产业大国地位不断凸显。2011年，中国电子信息产业实现销售收入9.3万亿元，比2010年增幅超过20%。其中，规模以上电子信息制造业实现销售产值75445亿元，比2010年增长21.1%，彩电、手机、计算机等主要电子产品产量占全球出货量的比重分别达到48.8%、70.6%和90.6%，均名列世界第一；软件业收入占全球软件企业收入的比重超过15%。

软硬件比例趋于合理，行业产品结构不断改善。2011年，我国电子信息产业中软件业收入比重接近20%，与2010年的17.5%相比有明显提高，与

"十五"末的9.2%相比有大幅提升。在制造业中，电子元器件和电子材料行业收入比重达到36.7%，比2010年提高1.2个百分点；在细分行业中，液晶电视机、笔记本电脑等高端产品比重不断提高，分别占彩电行业和微型计算机行业的76.7%和74.5%。在软件业中，服务化趋势明显，信息技术咨询服务、数据处理和运营服务实现的业务收入所占比重分别达到10.1%和10.4%，比2010年提高0.7和1.1个百分点。如图3.16所示。

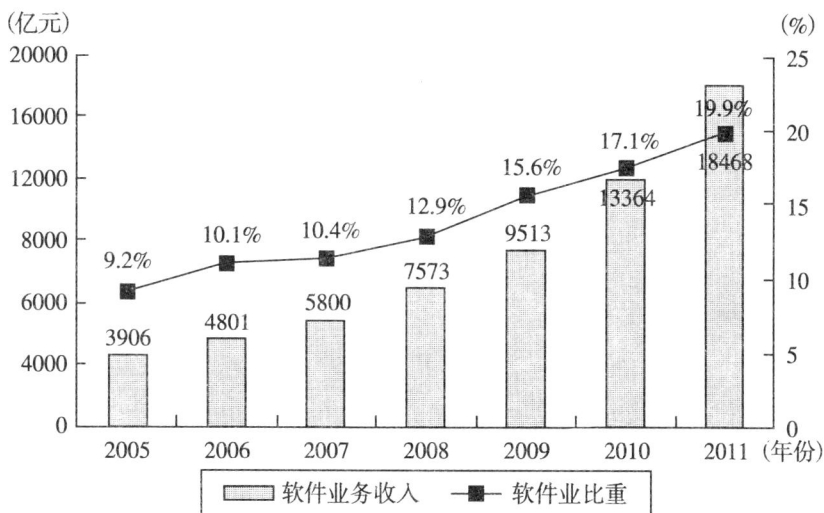

图3.16　电子信息产业软硬件结构变化情况

投资保持快速增长。2011年1~11月，电子信息产业500万元以上项目完成固定资产投资8183亿元，比2010年增长56%，高于工业固定资产投资增速29.2个百分点。其中，电池行业完成投资达1505亿元，占全行业投资比重18.4%，同比增长111.7%，成为电子信息产业中投资最密集、增长最快的领域。

科研创新成果显著。截至2011年底，全国信息技术领域专利申请总量达到136.4万件，占工业行业专利申请量的35.7%，同比增长20.2%，专利申请总量和新增量在工业各行业中均居于首位。

外贸增速逐步趋稳。2011年，电子信息产品进出口增速呈前高后低态势，全年进出口总额达到11292.3亿美元，比2010年增长11.5%，占全国外贸总额的31.0%。其中，出口6612.0亿美元，比2010年增长11.9%，增速比 2010 年同期下滑 17.4 个百分点，占全国外贸出口额的 34.8%；进口 4680.3 亿美元，同比增长 11.0%，增速比 2010 年同期下滑 23.0 个百分点，占全国外贸进口额的 26.8%。

3.4.1.2 电子信息制造业

产业规模稳步增长，在工业中占据领先地位。2011 年，中国电子信息制造业延续了上一年的增长态势，全年累计增加值增速达到 15.9%。规模以上电子信息制造业增加值、投资增速分别高于工业平均水平 2.0 和近 20 个百分点，行业收入、利润占全国工业比重分别达到 8.9% 和 6.1%，电子制造业在整体工业中的领先和支柱作用日益凸显。如图 3.17 和图 3.18 所示。

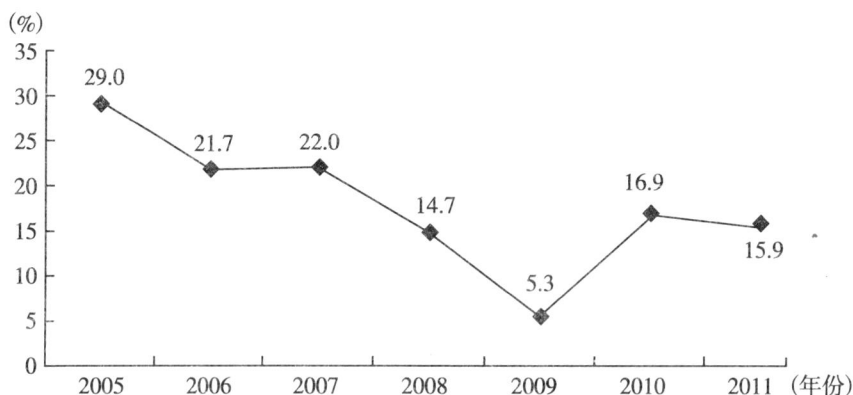

图 3.17　规模以上电子信息制造业增加值增速变化情况

资料来源：工业和信息化部。

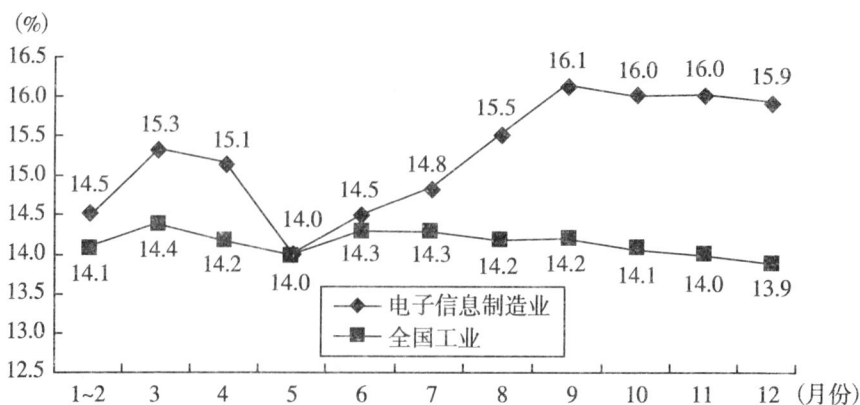

图 3.18　2011 年电子信息制造业与全国工业增加值累计增速对比

资料来源：工业和信息化部。

经济效益波动明显，亏损企业大幅增加。2011 年，规模以上电子信息制造业实现主营业务收入 74909 亿元，同比增长 17.1%；实现利润总额 3300 亿元，同比增长 16.8%。行业销售利润率为 4.4%，与 2010 年基本持平；2011 年有 6 个月份的利润呈下降态势，波动较为明显。行业主营业务成本占主营业务收入的比重达到 88.7%，比 2010 年提高 0.6 个百分点。行业中亏损企业 2497 个，同比增长 36.7%，企业亏损面达 16.6%；亏损企业亏损额同比增长 52.9%。由此可见，电子信息制造业依然处于波动调整阶段，行业内企业两极分化现象日益明显。

内资企业快速发展，本土企业实力增强。2011 年，规模以上电子信息制造业中内资企业销售产值、出口交货值增速分别达到 31.1% 和 16.4%，高于行业平均水平 10.0 和 2.5 个百分点。内资企业经营水平不断提高，销售利润率达到 6.6%，高于行业平均水平 2.2 个百分点。

产业转移步伐加快，区域结构持续优化。2011 年，中、西部地区规模以上电子信息制造业销售产值较 2010 年增长 63.1% 和 74.3%，高出全国平均水平 42 和 53.2 个百分点；中、西部地区出口交货值较 2010 年增长均超过 110%。东部地区电子制造业销售产值和出口交货值较 2010 年分别增长 15.9% 和 9.1%，低于全国平均水平 5.2 和 4.8 个百分点，占全国的比重（84.6% 和 91.5%）比 2010 年分别下降 3.8 和 4.0 个百分点。

内销市场稳步增长，产业对外依存度下降。2011 年，规模以上电子信息制造业实现内销产值 34165 亿元，同比增长 31.0%，比行业销售产值增速和出口交货值增速高 9.9 和 17.1 个百分点。电子信息制造业对外依存度（54.7%）比 2010 年下降 3.5 个百分点。

专栏 3-6　《电子信息制造业"十二五"发展规划》发布

"十二五"期间既是我国电子信息制造业发展的战略机遇期，也是产业增强核心竞争力、由大变强的攻坚时期。为落实《工业转型升级规划（2011~2015 年）》提出的"增强电子信息制造业核心竞争力"要求，电子信息制造业"十二五"期间需要达到更高的发展水平。

首先，"十二五"期间我国规模以上电子信息制造业销售收入年均增速保持在10%左右，2015年超过10万亿元；工业增加值年均增长超过12%；电子信息制造业中的战略性新兴领域销售收入年均增长25%。显著增强骨干企业核心竞争力及自主品牌市场影响力，形成五到八家销售收入过千亿元的大型骨干企业，努力培育销售收入过5000亿元的大企业。

其次，百强企业研发投入占销售收入比重超过5%；信息技术领域发明专利申请累计总量达到130万件左右；在集成电路、新型显示器件、关键元器件、重要电子材料及电子专用设备仪器等领域突破一批核心关键技术。

工信部还分别发布数字电视与数字家庭产业、电子基础材料和关键元器件、电子专用设备仪器三个细分产业的"十二五"规划。

未来五年，数字电视产业销售收入保持平稳较快增长，数字家庭应用规模不断扩大，力争在"十二五"末成为全球最大的数字电视整机和关键件开发、生产基地，主要产品产量和质量水平位居世界前列。到2015年，以数字电视和数字家庭为主的视听产业销售产值比2010年翻番，达到2万亿元，出口额达到1000亿美元，工业增加值率达到25%。

"十二五"期间，我国电子材料年均增长率8%，到2015年销售收入达2500亿元；电子元件年均增长10%，到2015年销售收入超18000亿元，其中化学与物理电源行业销售收入达4000亿元，印制电路行业实现销售收入1700亿元；电子器件年均增长25%，达到1800亿元，其中平板显示器件产业年均增长超过30%，销售收入达到1500亿元，规模占全球比重由当前的5%提升到20%以上。同时，国内平板显示生产技术达到国际先进水平，形成2~3个年销售收入在300亿元以上的龙头企业，全面支撑我国彩电产业转型和升级。

"十二五"时期，我国电子专用设备产业将实现17%的年均增长速度，其中骨干企业年均增长20%，到2015年实现销售收入400亿元；电子仪器产业年均增长速度达15%，到2015年实现销售收入达到1800亿元。

资料来源：刘兴龙：《电子信息制造业"十二五"发展规划》，《中国证券报》，2012-2-25。

3.4.1.3　软件业

产业规模迅速扩张。2011年，中国软件产业实现业务收入超过1.85万亿元，比 2010 年增长 32.4%，超过"十一五"期间平均增速 4.4 个百分点，超过同期电子信息制造业增速 10 个百分点以上，实现了"十二五"软件产业的良好开局。如图 3.19 所示。

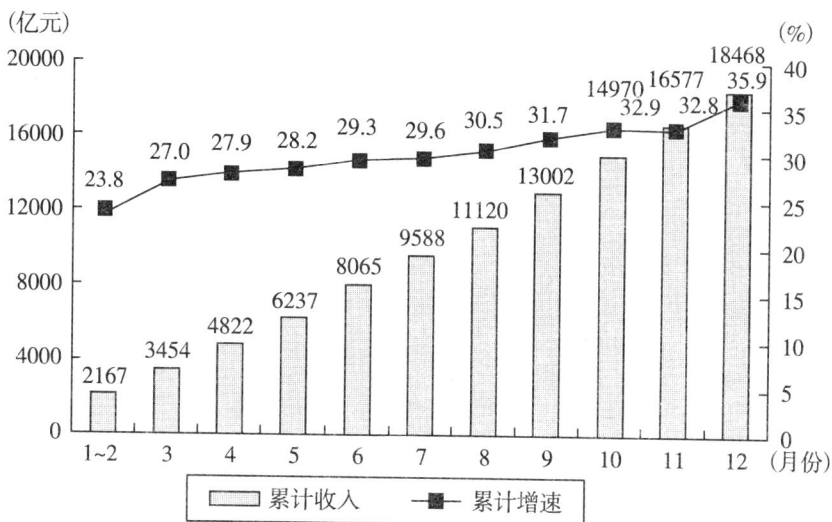

图 3.19　2011 年软件业务收入情况

资料来源：工业和信息化部。

新兴信息技术服务增势突出。2011 年，信息技术咨询服务、数据处理和运营服务分别实现业务收入 1864 亿元和 3028 亿元，比 2010 年增长 42.7% 和 42.2%，增速高于全行业 10.4 和 10.1 个百分点，两者占比达到 26.5%。嵌入式系统软件实现收入 2805 亿元，比 2010 年增长 30.9%，增速高于 2010 年 15.8 个百分点。软件产品、信息系统集成服务和 IC 设计增长较为平稳，分别实现收入 6158 亿元、3921 亿元和 691 亿元，比 2010 年分别增长 28.5%、28.4% 和 33%。

企业经济效益和运行态势良好。2011 年，百家软件骨干企业累计完成软件业务收入 3423 亿元，比 2010 年增长 15%，占全国软件业务收入的 18.6%。如果除去大型通信类软件企业业务调整的影响因素，其他企业的软件业务收入比 2010 年增长 25%，利润比 2010 年增长 22%。百家软件骨干企业全年研发经费投入达 461 亿元，比 2010 年增长 13%，占收入总额的 13.5%；从业人员平均人数超过 50 万人，比 2010 年增长 24%；订单金额呈增长态势的企业接近九成，企业对未来预期较为良好。

中心城市成为软件产业主要聚集地。2011 年，全国 4 个直辖市和 15 个副省级城市实现软件业务收入 15008 亿元，比 2010 年增长 34%，增速快于全国平均水平 1.7 个百分点，占全国软件业务收入的 81%。软件业务规模超过 500 亿元的城市达到 10 个，中心城市成为软件产业发展的主要聚集地。东部省市继续领先全国发展，共完成软件业务收入 15656 亿元，比 2010 年增长 31.7%，占全国比重达 84.8%，江苏、福建和山东等省的增速均超过 35%。

软件出口增速明显放缓，但外包服务实现稳步发展。2011 年，软件业实现出口 304 亿美元，较 2010 年增长 18.5%，增速较 2010 年降低 18 个百分点。其中，嵌入式系统软件出口持续低迷，较 2010 年仅增长 7.6%，拉低行业出口增速 7 个百分点；外包服务出口保持较快增长，实现出口收入 59 亿美元，较 2010 年增长 40.3%，高于软件出口增速 21.8 个百分点。

专栏 3-7　《软件和信息服务业"十二五"发展规划》公布

《软件和信息服务业"十二五"发展规划》（以下简称《规划》）称，"十一五"时期，我国软件和信息技术服务业持续快速发展，年均增速达 28.3%，产业规模不断扩大，创新能力显著增强，产业集聚日益明显，国际化水平持续提高，人才队伍不断壮大，对国民经济和社会发展的支撑作用进一步增强，已具备再上新台阶的坚实基础。"十二五"时期，是全球软件和信息技术服务业转型的关键时期。新一代信息技术和通信技术加快融合，云计算、物联网、移动互联网等蓬勃发展，信息通信技术的应用渗透到经济和社会生活各个领域，将培育众多新的产业增长点。软件和信息技术服务产业格局面临重大调整，为后发国家实现追赶和跨越带来更多机会。

一、2015 年业务收入突破 4 万亿产生 3 到 5 个千亿级企业

《规划》明确，在产业规模方面，到 2015 年，业务收入突破 4 万亿元，占信息产业比重达到 25%，年均增长 24.5% 以上，软件出口达到 600 亿美元。信息技术服务收入超过 2.5 万亿元，占软件和信息技术服务业总收入比

重超过 60%。

在技术创新方面，基本形成以企业为主体的产业创新体系，软件业务收入前百家企业的研发投入超过业务收入的 10%。拥有自主知识产权的基础软件、业务支撑工具和核心技术取得重大突破，自主发展能力显著提升。技术水平和产业化能力进一步提高，具备主要应用领域安全可靠解决方案的提供和实施能力。基本形成软件和信息技术服务标准体系，各类技术和服务的标准、规范得到普遍推广。

在应用推广方面，初步建立安全可靠软件应用推广体系，推动安全可靠的基础软件进入自我良性发展阶段。操作系统、数据库、中间件、办公软件等基础软件的成熟度、可靠性、安全性全面提升，与整机和应用系统的集成应用能力、系统协同运行水平和综合服务保障水平得到显著提高，基于安全可靠关键软硬件的产业生态链基本形成，在国民经济重要领域得到规模化应用推广，对国家信息安全的保障能力得到实质性提高。

在产业组织方面，培育一批具有国际竞争力的龙头企业，扶持一批具有创新活力的中小企业，打造一批著名软件产品和服务品牌。到 2015 年，培育 10 家以上且年收入超过 100 亿元的软件企业，产生 3~5 个千亿级企业。

在人才建设方面，调整和优化人才队伍结构，创新人才培养模式，拓宽人才引进渠道，营造有利于优秀人才脱颖而出的成长环境，着力培养一批高端领军人才，形成结构合理、满足产业发展需求的高素质人才队伍。到 2015 年，从业人员超过 600 万人。

在区域布局方面，产业集聚度进一步提高，创建若干中国软件名城、软件和信息服务业示范基地，形成充分利用区域资源优势、能够发挥区域协同效应的产业发展格局，有力支撑城市经济社会转型和可持续发展。到 2015 年，形成 10 个以上且产业收入超过千亿元的城市，培育 2~3 个产业收入超过 5 千亿元的产业集聚区。

二、"云计算创新发展工程"位于八大重大工程之列

根据《规划》，基础软件、工业软件与行业解决方案、嵌入式软件、信息安全软件与服务、信息系统集成服务、信息技术咨询服务、数字内容加工处理、服务外包、新兴信息技术服务、集成电路（IC）设计被确定为"十二

五"期间十大发展重点。

"云计算创新发展工程"跻身八大重大工程之列。《规划》表示，结合国民经济和社会发展重大需求，开展云计算服务创新发展试点示范。以加快我国云计算服务产业化为主线，坚持以服务创新拉动技术创新，以示范应用带动能力提升，推动云计算服务模式发展。以重点领域应用示范和产业化项目为牵引，发展一批面向智慧城市、智能交通、医疗卫生、教育科普、文化资源、生产制造、中小企业等领域的云计算服务示范应用，在整合计算资源、创新服务模式、保障信息安全、促进节能减排等方面推广典型经验，形成一批满足重点领域需求的安全可靠关键技术和产品，初步建立较为完整的技术支撑体系。制定一批重要的标准规范，建立健全产业公共服务体系，形成产业链较为健全、相关服务国际竞争力明显提升的云计算产业发展格局。

资料来源：中国产业信息网，2012-4-10。

3.4.2　问题与挑战

3.4.2.1　核心技术缺失阻碍行业发展

尽管中国电子信息制造业规模处于国际领先地位，但企业自主创新能力不强、核心技术缺失，这仍然是制约行业发展的主要障碍，并且已经威胁到产业安全。中国电子信息产业的发展严重依赖引进外国技术，产业总体技术自给率不足 20%，尤其在核心技术和关键环节上落后于国际先进水平 5~10 年。产业链中的重要环节，包括基础软件、高端芯片、专用设备、测试仪器、关键工艺等基本上不为本土企业所掌控，核心技术受制于人，产业难以自主可控。与此同时，中国企业与大型跨国公司相比，研发投入相对不足，使得中国企业陷入"投入不足—产业链低端锁定—无利或微利—低研发投入"的恶性循环。从研发投入占企业主营收入的比例来看，近十年，全国电子信息百强企业平均仅为 4% 左右，而相比之下，同期，英特尔、微软等企业约为 15%，差距十分悬殊。只有加大研发投入力度，掌握核心技术的自主知识产权，才能使中国电子信息产业摆脱在核心领域受制于人的被动局面。

3.4.2.2 行业利润空间不断被压缩

随着劳动力、原材料、能源、土地等要素成本的攀升，国际市场的持续低迷，以及人民币对美元的稳步升值，使中国电子信息制造企业的利润空间不断受到"双向"挤压，原本以低成本实现快速扩张的发展模式受到冲击。2011 年，中国规模以上电子信息制造业主营业务成本比 2010 年增长 19.6%，尽管增速比 2010 年的 28% 有所回落，但企业仍然面临越来越大的成本上升压力。与此同时，由于被锁定在产业价值链的中低端，电子信息产业的平均利润率一直处于较低水平。代表中国电子信息产业发展最高水平的全国电子信息百强企业，虽然主营业务收入合计从 2001 年的 4980 亿元迅速扩大到 2010 年的 15354 亿元，但平均利润率始终在 4% 左右。中国电子信息产业的平均利润率仅为 2% 左右，与英特尔公司高达 20% 的利润率形成鲜明对比。2011 年，中国规模以上电子信息制造业亏损企业个数比 2010 年增长 36.7%，亏损企业亏损额比 2010 年增长 52.9%。从中国经济社会发展的趋势来看，要素成本的上升几乎是刚性的、不可逆转的。在日益加剧的成本压力之下，一些电子信息制造企业开始向越南、缅甸、印度等制造成本更低的东南亚国家转移，中国电子信息产业可能会面临"空心化"的危险。解决这一问题的根本在于，加强自主创新能力，加快向高附加值的产业价值链中高端转移。

3.4.2.3 外需不振考验产业内生增长能力

中国电子信息制造业对外依存度较高，近年来始终维持在 50% 以上的水平。同时，中国电子信息产品出口集中度较高，主要面对美国、日本、英国、荷兰、德国、韩国等国家以及中国台湾、中国香港等地区，出口前 10 位贸易伙伴的出口额占总量比重保持在 70% 以上，美国、德国、英国等美欧主要国家和地区的出口额占总量比重达到近 1/3。自 2011 年以来，欧美发达国家经济复苏进程缓慢，市场需求疲软，对中国电子信息产品出口带来较为严重的负面影响。从长期来看，中国电子信息产业赖以实现高速增长的外需市场将逐渐萎缩，增长势头难以延续。而国内尚未形成有效的产业内生增长机制，内需消费仍未成为带动产业增长的主要驱动力。如何调整贸易伙伴结构，减轻出口下滑带来的不利影响，并努力扩大国内市场需求，增强产业内生增长能力，将是中国电子信息产业所面临的一项重大考验。

3.4.2.4　全球产业变革带动国际竞争加剧

全球电子信息产业正处于结构调整和技术进步的深刻变革期。目前，新一代信息技术集成化、融合化、多样化演进趋势日益突出，技术和产品升级换代速度快，新兴增长点多且拉动性大。这突出体现在产业创新进程的加快：集成电路进入纳米时代；多核 CPU 成为竞争制高点；物联网、传感网正在形成新兴战略产业；云计算、普适终端加快推进；基于三网融合的数字智能终端产品开始面世。与此同时，国际贸易保护主义抬头，技术壁垒加剧，竞争层次和竞争力度不断提高，以知识产权和标准为主要形态的壁垒性竞争手段增多。跨国公司凭借市场垄断地位以及深厚的技术和资本积累，围绕产业新兴增长点扩张业务领域、设置技术壁垒、提升市场竞争门槛，给后发国家的企业进入国际市场带来了空前的竞争压力。由于电子信息产业本身具有技术密集、资金密集的特性，企业之间的差异会随着发展进程而逐渐扩大，产业发展的"马太效应"已逐步显现。在这种情况下，中国电子信息产业面临的国际竞争越来越激烈。如何积极有效地应对新兴领域的新兴垄断势力，是中国电子信息产业在较长一段时期内将要面临的挑战，否则将会一直依附于发达国家，无法突破"跟随发展"模式。

（执笔人：王欣）

3.5　工业相关服务业

2011 年，国务院印发了《工业转型升级规划（2011~2015 年）》，提出按照"市场化、专业化、社会化、国际化"的方向大力发展面向工业生产的现代服务业，不断提升对工业转型升级的服务支撑能力，重点推进工业设计及研发服务、制造业物流服务、信息服务及外包、节能环保和安全生产服务以及制造服务化的发展。国务院办公厅印发了《关于加快发展高技术服务业的指导意见》，提出重点发展研发设计服务、知识产权服务、检验检测服务、科技成果转化服务、信息技术服务、数字内容服务、电子商务服务、生物技术服务等领域。有关部委也陆续发布了一系列工业相关服务业的规划和政策，有效地推进了工业相关服务业又好又快发展。

3.5.1　工业设计服务业

3.5.1.1　产业规模稳步扩大

工业设计服务业快速发展，产业集聚发展的特征突出。截至 2010 年底，北京有各类设计机构 2 万多家，从业人员 20 万人以上，总产值约 1000 亿元。其中，北京 DRC 工业设计创意产业基地共吸纳入驻企业 170 余家，实现销售收入 21.6 亿元。深圳市各类工业设计机构近 5000 家，在职专业工业设计师及从业人员超过 6 万人，2010 年度工业设计产值近 20 亿元，2011 年设计产值增速超过 25%。

3.5.1.2　载体建设进展明显

一大批工业设计服务业载体开始形成。2011 年 1 月，上海国际工业设计中心正式开园，中国工业设计博物馆正式开馆，上海国际创新材料馆正式开工建设；武汉硚口区投资 8 亿元建设武汉市第一家以工业设计为主的生态型文化创意产业园。2011 年 7 月，北京大兴经济技术开发区中国（大兴）工业设计产业基地开工建设，着力构建"一区五园"空间布局。2011 年 10 月，宁波和丰创意广场正式开园，来自宁波、北京、广东、台湾地区及国际上的几十家企业进驻。北京积极筹备建设具备"设计+展示+交易"综合平台功能的中国设计交易市场。

3.5.1.3　服务范围进一步延伸

2011 年，获得中国创意设计红星奖的 240 件产品，服务的行业涉及交通运输、信息技术、数码娱乐、医疗器械、家居用品等几十个行业。同时，工业设计逐步由为工业企业服务扩大到为金融、商业、旅游、保险、娱乐等第三产业服务。

3.5.2　物流服务业

物流业的政策扶持力度进一步加大，行业发展环境不断完善。《国务院办公厅关于促进物流业健康发展政策措施的意见》提出要切实减轻物流企业税收负担、加大对物流业的土地政策支持力度、促进物流车辆便利通行、加快物流管理体制改革、鼓励整合物流设施资源、推进物流技术创新和应用、加大对物流业的投入、优先发展农产品物流业等措施。

3.5.2.1　社会物流总额增幅回落

2011 年，全国社会物流总额 158.4 万亿元，较 2010 年增长 12.3%，增速下降 2.7 个百分点（见图 3.20）。其中，工业品物流总额为 143.6 万亿元，较 2010 年增长 13.1%；进口货物物流总额 11.2 万亿元，较 2010 年增长 4.3%；农产品和再生资源物流总额为 2.6 万亿元和 0.6 万亿元，较 2010 年分别增长 4.5% 和 20.4%。[①]

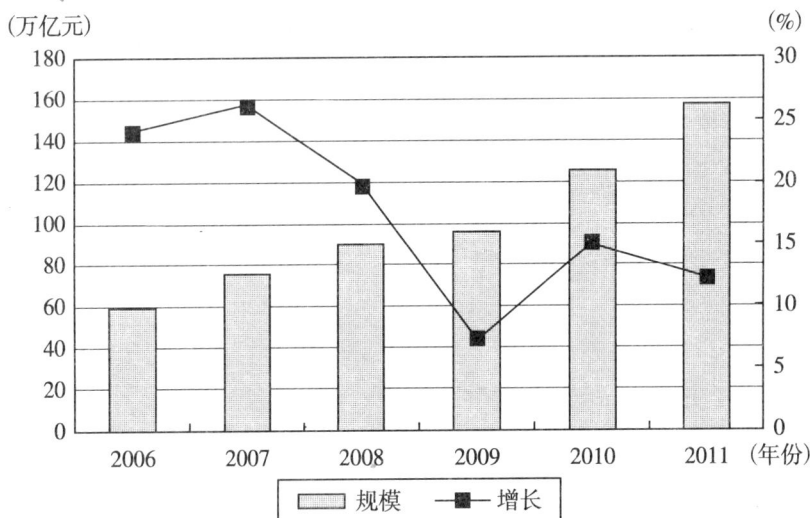

图 3.20　中国物流总额变动情况（2006~2011 年）
资料来源：中国物流与采购联合会。

3.5.2.2　物流总费用占 GDP 的比重保持稳定

2011 年，全国社会物流总费用为 8.4 万亿元，较 2010 年增长 18.5%；社会物流总费用与 GDP 的比率为 17.8%，与 2010 年持平。其中，运输费用为 4.4 万亿元，较 2010 年增长 15.9%，占社会物流总费用的比重为 52.8%；保管费用为 2.9 万亿元，较 2010 年增长 22.6%，占社会物流总费用的比重为 35%；管理费用为 1 万亿元，占社会物流总费用的比重为 12.2%。

---

① 中国物流与采购联合会。

3.5.2.3　物流业增加值增幅趋缓，基础设施投资增速放慢

2011 年，全国物流业创造增加值 3.2 万亿元，较 2010 年增长 13.9%，占 GDP 的比重为 6.8%，与 2010 年基本持平。物流业固定资产增速持续回落，2011 年物流业固定资产投资完成 3.2 万亿元，同比增长 7.8%，较 2010 年回落 11.6 个百分点，其中，交通运输业完成投资额 2.2 万亿元，较 2010 年下降 2.2%。如图 3.21 所示。

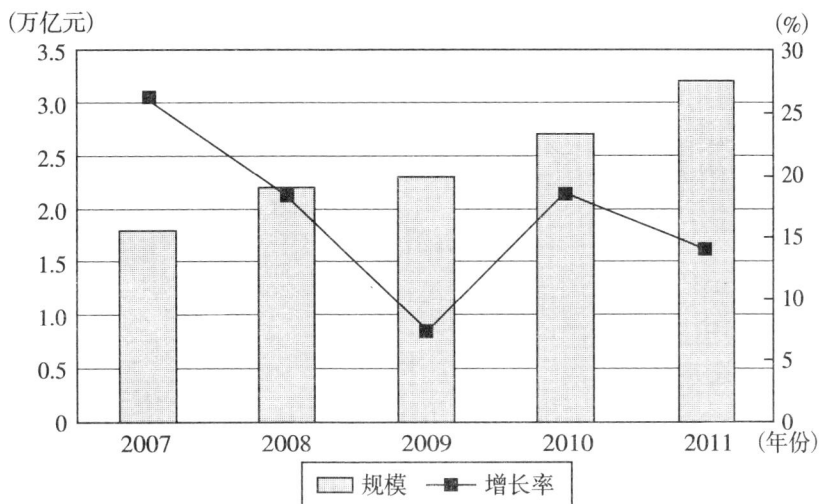

图 3.21　中国物流业增加值变动情况（2007~2011 年）
资料来源：中国物流与采购联合会。

3.5.2.4　物流企业核心群体稳步增强，市场集中度进一步提高

2011 年，14 家物流企业被中国物流与采购联合会评定为 5A 级物流企业，截至 2011 年 11 月，获得中国物流与采购联合会 5A 级认定的企业累计达到 98 家，A 级物流企业达到 1506 家。市场集中度进一步提高，2011 年，中国物流企业前 50 强主营业务收入达到 7274 亿元，较 2010 年增长 17.5%，其中排名第一的物流企业主营业务收入达到 1615.9 亿元，第 50 名为 18.8 亿元，较 2010 年提高 3.4 亿元；主营业务收入超过百亿的物流企业达到 15 家。

3.5.2.5　物流基础设施持续改善

道路、港口、园区等物流基础设施持续改善。2011 年，铁路运营里程达到 9.9 万公里，较 2010 年增长 0.8 万公里，高速公路运营里程达到 8.5 万公里，较 2010 年新增 1.1 万公里；2011 年，新扩建泊位 642 个，其中万吨级

泊位 99 个，改善内河航道里程 1019 公里。2011 年，中国物流与采购联合会新认定 5 家物流园区为中国物流示范基地，13 家物流园区（企业）为中国物流实验基地。

3.5.2.6 物流货运能力平稳增长

2011 年，货物运输总量达到 368.5 亿吨，较 2010 年增长 13.7%；货物运输周转量 159014.1 亿吨公里，较 2010 年增长 12.1%。其中，铁路货物运输总量为 39.3 亿吨，货物运输周转量 29465.8 亿吨公里；民航货物运输总量 552.8 万吨，货物运输周转量 171.7 亿吨公里。如表 3.2 所示。

表 3.2　2011 年各种运输方式完成货物运输量及其增长速度

指标	货物运输总量		货物运输周转量	
	规模	增长（%）	规模（亿吨公里）	增长（%）
总计	368.5（亿吨）	13.7	159014.1	12.1
铁路	39.3（亿吨）	8.0	29465.8	6.6
公路	281.3（亿吨）	14.9	51333.2	18.3
水运	42.3（亿吨）	11.7	75196.2	9.9
管道	5.4（万吨）	9.0	2847.2	29.6
民航	552.8（万吨）	−1.8	171.7	−40

资料来源：国家统计局。

专栏 3-8　2011 年度物流业重大事件回顾

《中华人民共和国国民经济和社会发展第十二个五年规划纲要》发布，提出加快建立社会化、专业化、信息化的现代物流服务体系，大力发展第三方物流。优化物流业发展的区域布局，支持物流园区等物流功能集聚区有序发展。推广现代物流管理，提高物流智能化和标准化水平。

《国务院办公厅关于促进物流业健康发展政策措施的意见》发布，提出要切实减轻物流企业税收负担、加大对物流业的土地政策支持力度、促进物流车辆便利通行、加快物流管理体制改革、鼓励整合物流设施资源、推进物流技术创新和应用、加大对物流业的投入、优先发展农产品物流业等措施。

商务部办公厅、财政部办公厅联合印发《关于 2011 年开展农产品现代流通综合试点有关问题的通知》，决定在江苏、浙江、安徽、江西、河南、湖南、四川、陕西等省开展农产品现代流通综合试点，探索建立完善高效率、低成本、低损耗、安全通畅的农产品现代流通体系。

财政部　国家税务总局发布《关于在上海市开展交通运输业和部分现代服务业营业税改征增值税试点的通知》。

交通运输部等五部门联合发布《关于开展收费公路专项清理工作的通知》，启动公路收费专项清理工作。

商务部、发展改革委、供销总社联合印发了《商贸物流发展专项规划》，提出要建立高效通畅、协调配套、绿色环保的现代商贸物流服务体系，形成城市配送、城际配送、农村配送有效衔接、国内外市场相互贯通的商贸物流网络。

工业和信息化部印发了《物联网"十二五"发展规划》，提出要重点支持物联网在工业、农业、流通业等领域的应用示范，以及智能物流、智能交通等的建设。

国家邮政局发布了《邮政业发展"十二五"规划》，提出要优化邮政和快递服务网络布局，提供高效便捷优质的服务等。

3.5.3　电子商务服务业

随着《2006~2020年国家信息化发展战略》、《国务院办公厅关于加快电子商务发展的若干意见》、《电子商务"十二五"发展规划》等一系列规划和政策的出台和实施，电子商务服务业的政策环境不断完善，电子商务市场快速发展。

3.5.3.1　电子商务市场蓬勃发展

2011年中国电子商务交易总额5.88万亿元，较2010年增长29.2%，占国内生产总值比重为12.5%。电子商务服务业收入达到1200亿元，第三方支付交易规模达到21610亿元，连续5年增速接近或者超过100%。全国网络购物用户达到1.19亿人，网络应用使用率达到37.8%。

3.5.3.2　B2B市场平稳快速增长

B2B市场继续保持快速增长的态势。2011年，全国B2B电子商务交易额达到4.9万亿元，较2010年增长29%，是2007年的2.2倍，如图3.22所示。

（万亿元）

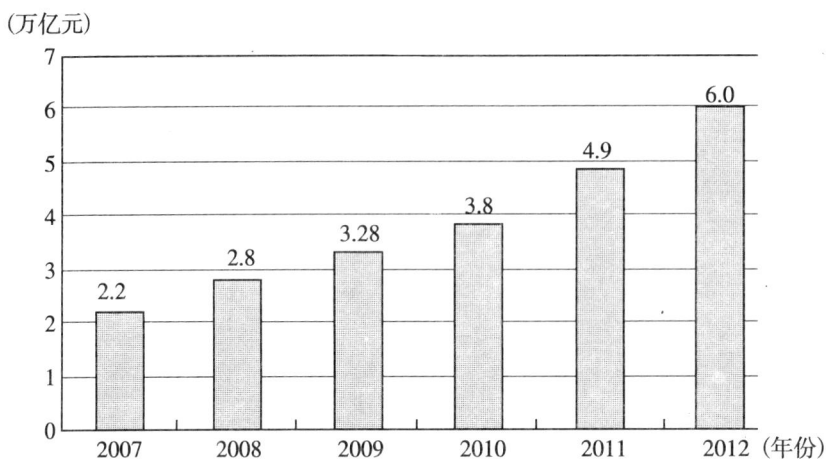

图 3.22　中国 B2B 市场交易规模

资料来源：中国电子商务研究中心。

中小企业电子商务需求增长成为推动 B2B 电子商务市场发展的主要因素。截至 2011 年，中国 B2B 电子商务服务企业达 10500 家，较 2010 年增长 14%（如图 3.23 所示）。B2B 电子商务企业营业收入达到 130 亿，较 2010 年增长 36%。

（家）

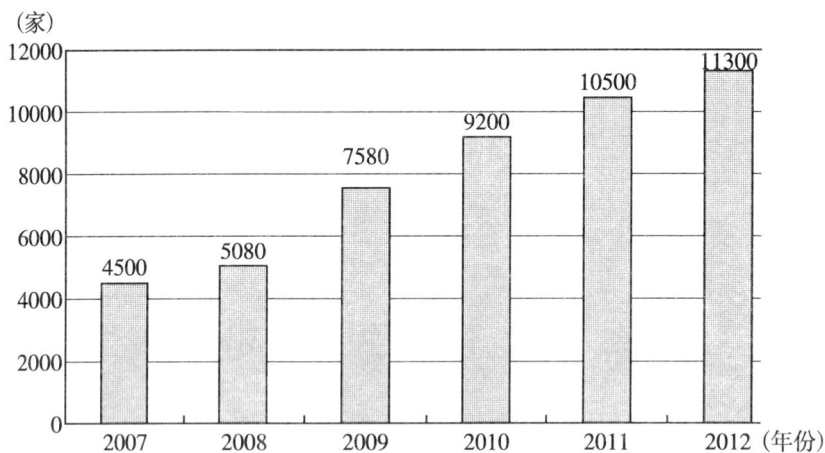

图 3.23　中国 B2B 企业规模

资料来源：中国电子商务研究中心。

随着个人互联网快速普及和商业互联网的快速发展，互联网对于中小企业的价值不断提升，电子商务在中小企业中快速推广应用。2011 年，中国使用第三方电子商务平台的中小企业用户规模（包括同一企业在不通平台上注

册单不包括在同一平台上重复注册）突破 1600 万，为 2007 年的 2 倍，如图
3.24 所示。

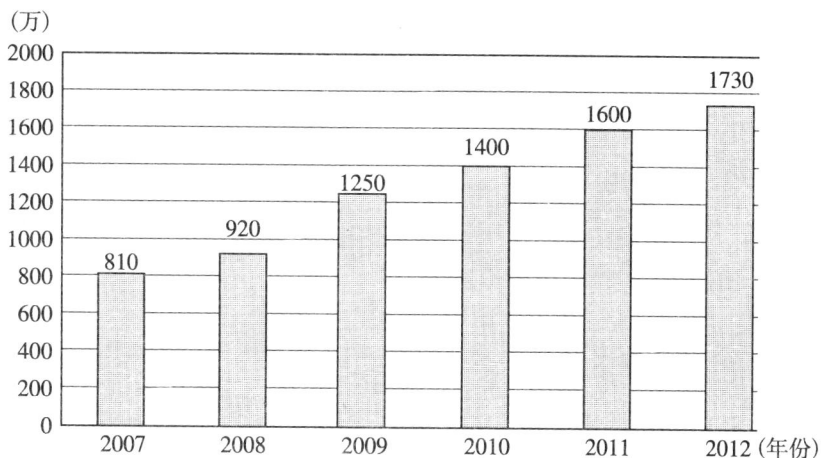

图 3.24　中国 B2B 注册企业规模
资料来源：中国电子商务研究中心。

电子商务的主要应用领域为服装鞋帽、纺织化纤、数码家电、机械设
备、化工材料等行业，其中服装鞋帽占到 10% 以上，如图 3.25 所示。

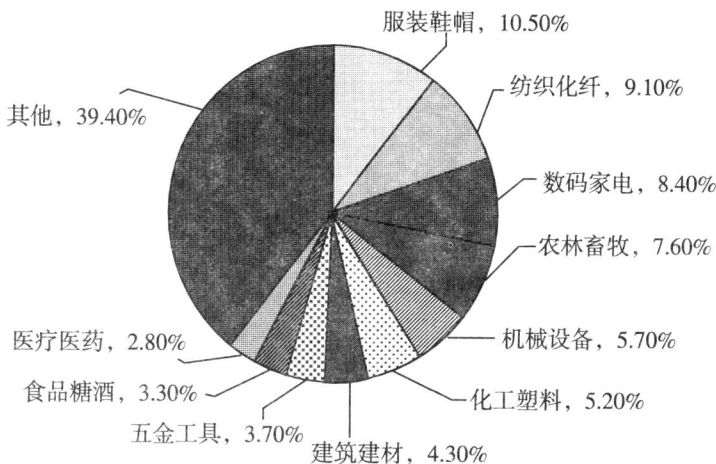

图 3.25　中国电子商务企业的行业分布
资料来源：中国电子商务研究中心。

3.5.3.3　网络零售市场规模快速增长，竞争日趋激烈

2011 年，网络零售市场交易规模达到 8019 亿元，较 2010 年增长 56% 左

右。电子商务企业数量达到 20750 户，接近 2008 年的 4 倍。网络零售用户规模达到 2.03 亿，较 2010 年增长 28.5%，如表 3.3 所示。

表 3.3　2011 年中国网络零售市场发展情况

年份	网络零售市场交易规模（亿元）	电子商务企业数量（户）	零售用户规模（亿）
2008	1300	5460	0.79
2009	2600	9962	1.21
2010	5141	15800	1.58
2011	8019	20750	2.03

资料来源：中国电子商务研究中心。

行业竞争日趋激烈。2011 年，有 8 家 B2C 电子商务企业倒闭或暂时关闭，其中有 1 家转型为 O2O（Online To Offline，线上到线下）。2011 年 7 月，中国团购网站数量一度攀升至 5188 家。随着激烈的市场竞争和整合，到 2011 年 12 月底，企业数量降至 3909 家，如图 3.26 所示。

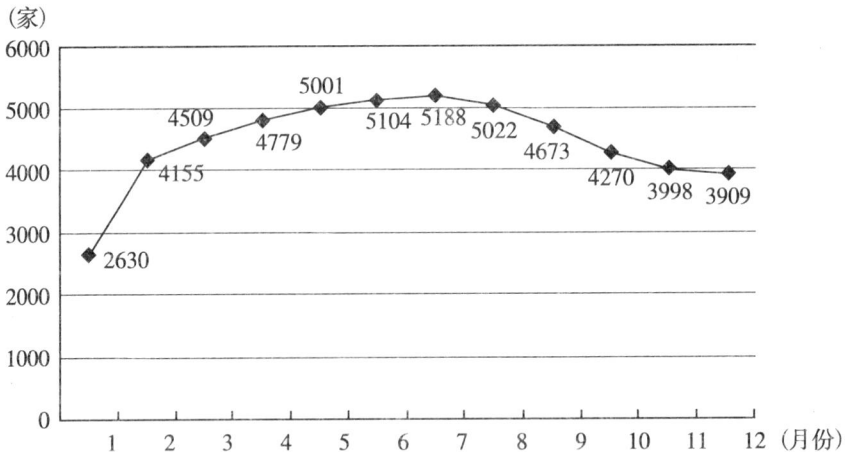

图 3.26　2011 年团购网站数量变化

资料来源：中国电子商务研究中心。

3.5.3.4　网络安全问题仍然严重，服务质量有待提升

2011 年上半年，遇到过病毒或木马攻击的网民为 2.17 亿人，占网民的 44.7%；有过账户或密码被盗经历的网民达到 1.21 亿人，占网民的 24.9%；2011 年下半年有 3880 多万的网民在网上遇到消费欺诈。2011 年，网络购物投诉不断增加，主要是货到迟缓、退款以及售后服务等方面，如图 3.27 所示。

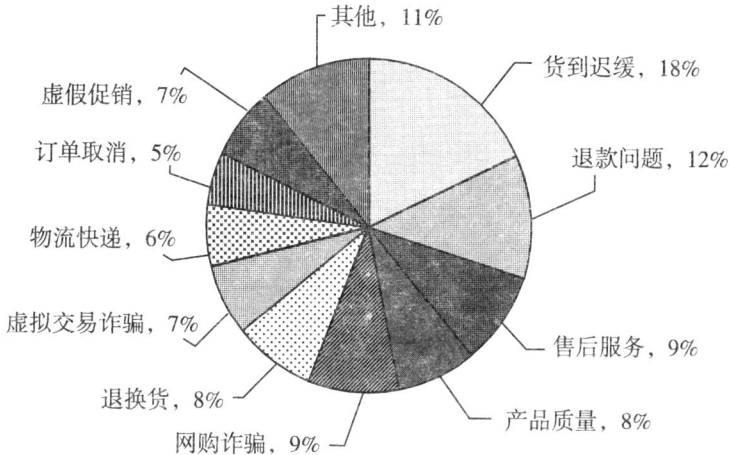

图 3.27　网络购物投诉类型分布图

资料来源：中国电子商务研究中心。

3.5.4　节能环保服务业

2011 年，国务院印发了《"十二五"节能减排综合性工作方案的通知》，明确了"十二五"节能减排的目标、重点领域和政策；环境保护部出台了《关于环保系统进一步推动环保产业发展的指导意见》，国务院办公厅转发发展改革委等部门《关于加快推进合同能源管理促进节能服务产业发展意见的通知》和《关于促进节能服务产业发展增值税营业税和企业所得税政策问题的通知》。在这些政策的激励下，节能环保服务业逐渐从单一的工程技术与咨询服务向决策、管理、金融等综合性、全方位的智力型服务发展，结构调整明显加快，技术进步和自主创新能力不断增强。

3.5.4.1　节能服务业快速增长，节能效果显现

截至 2011 年底，全国从事节能服务业务的公司数量近 3900 家，其中 1719 家为备案节能服务企业，实施过合同能源管理项目的节能服务公司 1472 家。节能服务业行业从业人员达到 37.8 万人，较 2010 年增长 116%。2011 年，节能服务业总产值达到 1250.26 亿元，较 2010 年增长 49.5%，较 2006 年增长 15 倍左右，如图 3.28 所示。

2011 年，合同能源管理项目投资额达到 412.43 亿元，较 2010 年增长 43.4%。合同能源管理节能效果明显，2011 年实现节能量 1648.39 万吨标准

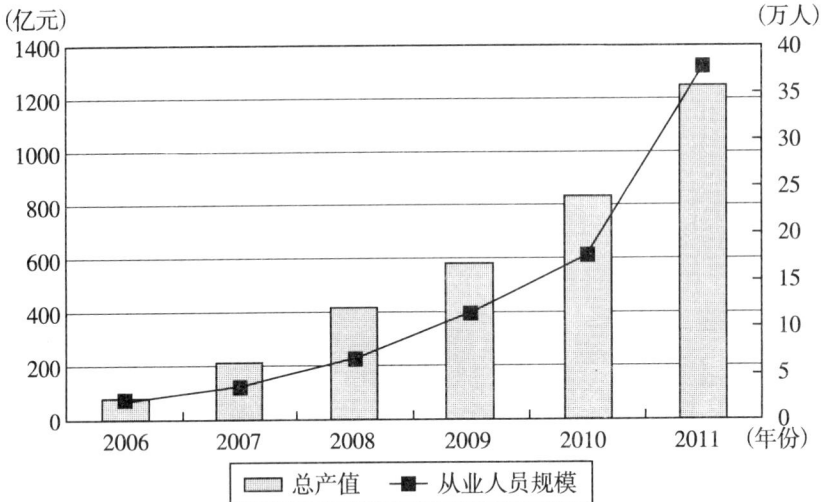

图 3.28 节能服务业发展状况（2006~2011 年）

资料来源：中国节能协会节能服务产业委员会。

煤，如图 3.29 所示。

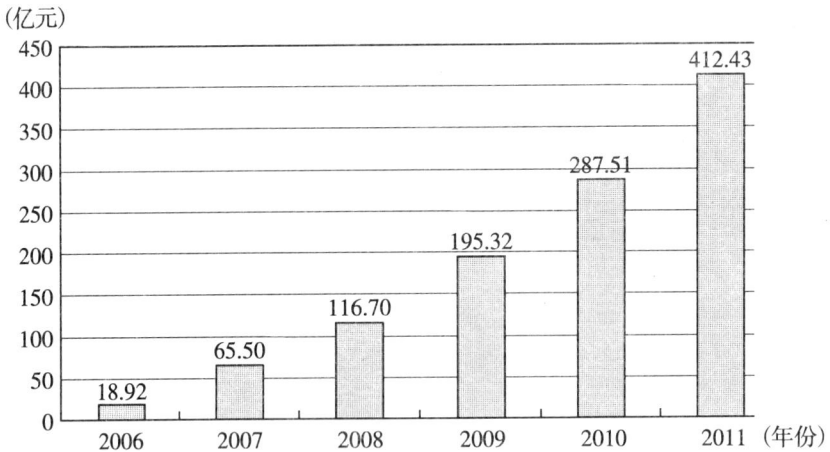

图 3.29 合同能源管理项目投资额（2006~2011 年）

资料来源：中国节能协会节能服务产业委员会。

3.5.4.2 环保服务业稳步发展，环境服务技术取得明显进展

"十一五"期间，中国环境服务业年收入总额年均增长率约为 30%。2011 年，全国 31 个省市自治区新建废旧资料回收利用项目 165 个。截至 2011 年底，全国累计建成城镇污水处理厂 3135 座，污水处理能力达到 1.36 亿立方米/日。

一批环境服务技术取得突破，典型持久性有毒污染物的分析方法与生成转化机制研究、典型污染物环境化学行为、毒理效应及生态风险早期诊断方法、室温催化氧化甲醛和催化杀菌技术及其室内空气净化设备、有机固体废弃物资源化与能源化综合利用系列技术及应用、大气环境综合立体监测技术研发、系统应用及设备产业化等环境技术服务项目获国家科学技术奖。

2011 年，累计削减化学需氧量（COD）总量 1017.75 万吨，较 2010 年增加 88.48 万吨，增长 9.5%。削减氨氮总量 84.53 万吨，全国城镇污水处理厂累计处理污水 393.13 亿立方米，较 2010 年增长 13.1%。2010 年，全国工业固体废物综合利用量达到 161772 万吨，比 2010 年增长 16.9%；工业固体废物储存量 23918 万吨，比 2010 年增长 14.5%。

3.5.5 商务服务业

《中华人民共和国国民经济和社会发展第十二个五年（2011~2015 年）规划纲要》提出，要大力发展会计、审计、税务、工程咨询、认证认可、信用评估、经纪代理、管理咨询、市场调查等专业服务。积极发展律师、公证、司法鉴定、经济仲裁等法律服务。加快发展项目策划、并购重组、财务顾问等企业管理服务。规范发展人事代理、人才推荐、人员培训、劳务派遣等人力资源服务，促进广告、会展业健康发展。

3.5.5.1 总体发展势头良好

2011 年，全国租赁和商务服务业完成固定资产投资 3373.9 亿元，较 2010 年增长 25.3%，占全社会固定资产投资的 1.1%（见图 3.30）。2010 年，商务服务业实现营业收入 22812.4 亿元，较 2010 年增长 27.6%，是 2006 年的 1.9 倍。

3.5.5.2 产业集中度较高

2010 年，注册会计师行业总收入为 375 亿元，在 7785 家会计师事务所中，前 100 家事务所业务收入达到 231.04 亿元，占行业总收入的 61.6%；前 4 家会计师事务所的业务收入达到 94.2 亿元，占行业总收入的 25.1%。[①]

---

① 数据来源：中国注册会计师协会。

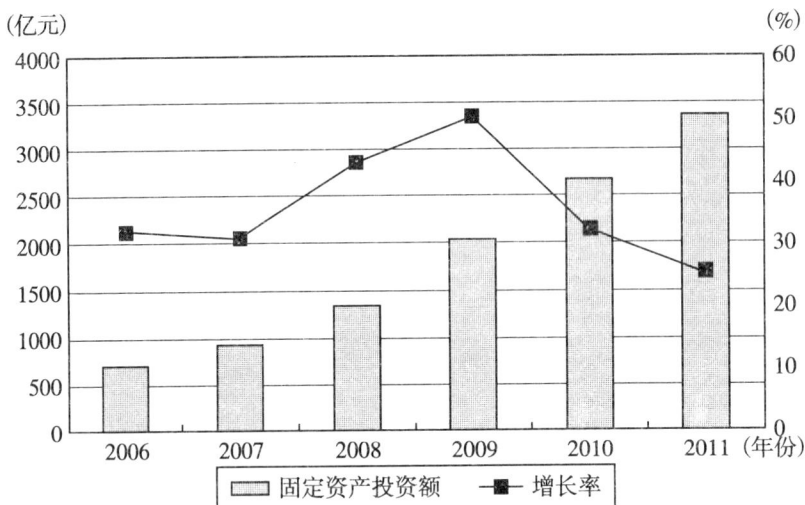

图 3.30　中国租赁和商务服务业固定资产投资情况

3.5.5.3　重点行业加快发展

2011 年，入选"中国企业 500 强"的 3 家人力资源服务企业的营业收入规模接近 1000 亿元。"2011 全球人力资源服务机构 50 强"中，有 4 家中国人力资源服务企业入选。

2011 年，中国市场广告收入突破 6693 亿元，较 2010 年增长 13%，较 2007 年增长 73%左右。其中，电台广告收入增长 28%，户外广告增长 6%。广告投放规模最大的领域是化妆品/浴室用品、商业及服务性行业、饮料、食品及药品 5 个行业，合计占广告投放市场的 56%。公交移动电视、商务楼宇 LCD 等新媒体广告增长迅速，公交移动电视增长率由 2010 年的 16%提高到 2011 年的 25%，商务楼宇 LCD 视增长率由 2010 年的 25%提高到 2011 年的 34%。如图 3.31 所示。

截至 2011 年底，全国共有会计师事务所 7976 家，注册会计师 97510 人，全国共拥有会员 253097 人。"十一五"末，中国律师从业人员达 25 万多人，律师事务所 1.7 万多家，为 2 万多个政府部门、35 万个企事业单位和社会团体担任法律顾问。

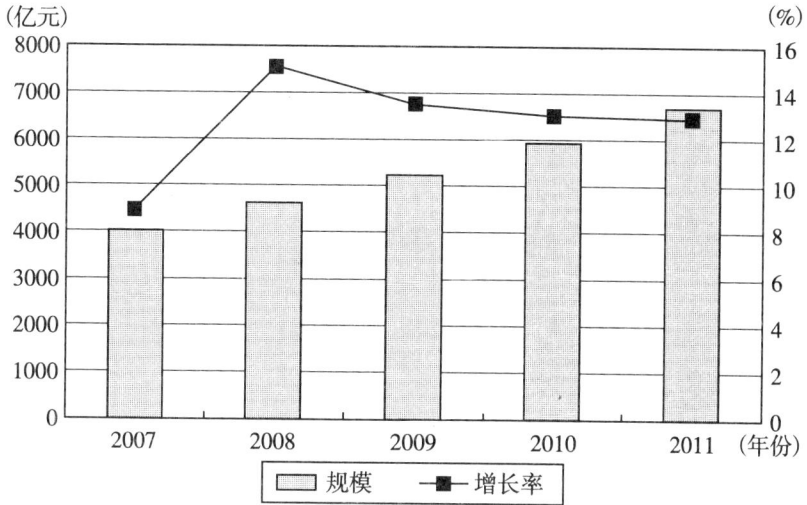

图 3.31 中国广告市场规模（2007~2011 年）

（执笔人：霍景东）

4 地区工业发展

4.1 地区工业发展指数

4.1.1 指数构建

本报告从生产效率、可持续发展水平、技术创新和工业增长四个维度构建工业发展指数。生产效率采用 Sequential–Malmquist–Luenberger（SML）生产效率指数，可持续发展选用能源效率、工业废水排放达标率和工业 SO_2 去除率指标，技术创新包括创新投入和创新产出两方面指标（见表 4.1），工业增长选用工业增加值增长率。关于地区工业发展指数构建的详细内容参见本书附录 1。

表 4.1　工业发展指数的指标体系

一级指标	二级指标	指标说明	单位
生产效率	Sequential–Malmquist–Luenberger 生产效率指数	数据包络分析（DEA）计算	
可持续发展	能源效率	工业总产值/能源消费总量	万元/吨标准煤
	工业废水排放达标率	工业废水排放达标量/工业废水排放量	%
	工业 SO_2 去除率	工业 SO_2 去除量/（工业 SO_2 排放量 + 工业 SO_2 去除量）	%
技术创新	专利申请数		件
	R&D 人员占比	R&D 人员/从业人员	%
	R&D 强度	R&D 经费/销售收入	%
	新产品销售收入占比	新产品销售收入/产品销售收入	%
工业增长	工业增加值增速		%

　　报告分别给出了环比和以 2005 年为基期的定基发展指数。指数构建步骤：首先，采用德尔菲法确定四个评估维度的基准权重，生产效率、可持续发展水平、技术创新和工业增长的权重分别为 0.30、0.15、0.30、0.25。其次，计算工业发展指数。利用第一步计算得到的行业发展指数，以 2010 年各行业的工业总产值占样本工业总产值之和的比重为行业的权重，计算工业发展指数。最后，使用因子分析法验证主观权重法和客观权重法计算的地区发展指数是否具有一致性。

　　因为数据不全和口径方面的问题，报告所分析的地区工业发展水平不包括西藏自治区和台湾省，共 30 个省（市、区）。工业发展指数指标的时间跨度为 2005~2010 年，① 数据来自历年《中国统计年鉴》、《中国工业经济统计年鉴》、《中国环境统计年鉴》、《中国科技统计年鉴》等。

4.1.2　各地区工业发展特征

　　2005~2010 年，中国各地区工业发展指数平均值持续增长。2010 年地区工业发展指数平均值为 125.2，相比于 2005 年提高 25.2。2010 年，各地区工业发展指数环比平均值为 109.5，表明中国各地区工业发展水平有较大幅度的提升，如图 4.1 所示。

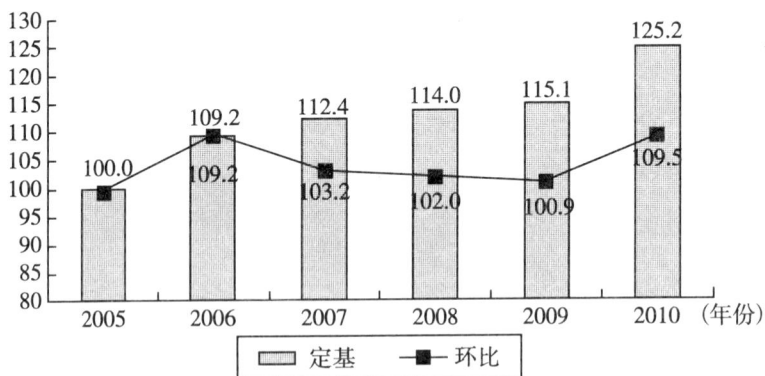

图4.1　中国各地区工业发展指数平均值（2005~2010 年）

---

　　① 除效率指标外，在评价指标中其他维度的指标都可以较为直接地使用统计数据，或者利用统计数据经过计算得到。关于生产效率指标测算，详见本书附录1。

　　从四大板块来看，2005~2010 年，东部地区、东北地区的工业发展水平提升较快，2010 年两地区的工业发展平均指数分别为 138.8 和 124.5，中部和西部地区分别为 120.1 和 115.8，落后于东部地区和东北地区。如图 4.2 所示。

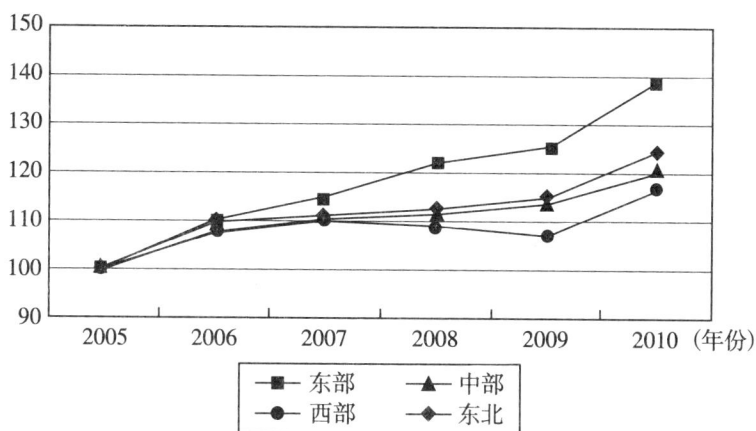

图 4.2　四大板块工业发展定基指数平均值

　　分省（市、区）来看，2010 年地区工业发展定基指数第一、第二、第三的四分位数分别是 106.1、123.9 和 138.7（见图 4.3）。根据四分位数，把全国各省（市、区）分为四组（见表 4.2）。四组均值相差较大，表明中国各地区工业发展不均衡现象突出。2005~2010 年，江苏、福建、新疆、上海、天津、北京、广东七省（市、区）的工业发展水平最高；宁夏、海南、广西、内蒙古、江西、甘肃、山西七省（区）工业发展水平最低。

　　2010 年，各地工业发展环比指数分化较大，多数地区工业发展环比指数高于 100，但仍有少数地区工业发展环比指数低于 100。2010 年度工业发展较快是新疆、青海、山西、黑龙江和福建，发展较慢的地区是内蒙古、山西、四川、宁夏、山东。如图 4.4 所示。

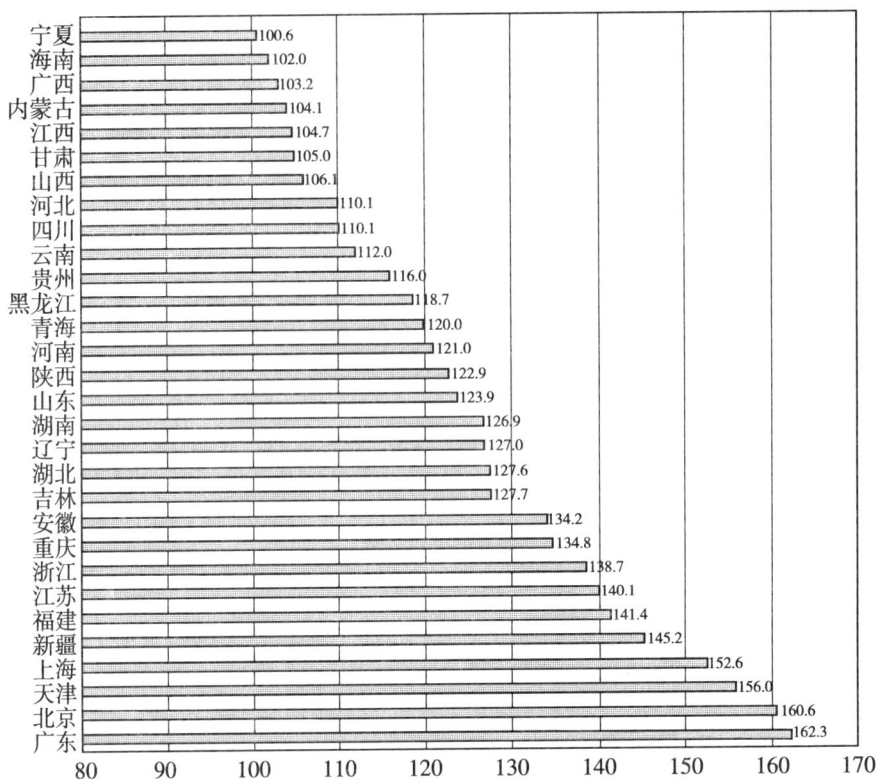

图4.3 2010年各省（市、区）地区工业发展定基指数

表4.2 2010年各省（市、区）地区工业发展定基指数分组

	第一组 [100.6, 106.1]	第二组 [110.1, 123.9]	第三组 [126.9, 138.7]	第四组 [140.1, 162.3]
省级地区	宁夏、海南、广西、内蒙古、江西、甘肃、山西	四川、河北、云南、贵州、黑龙江、青海、河南、陕西、山东	湖南、辽宁、湖北、吉林、安徽、重庆、浙江	江苏、福建、新疆、上海、天津、北京、广东
均值 （标准差）	103.3 (1.701)	117.2 (5.376)	131.0 (4.817)	151.2 (9.054)

4.2 地区工业效率

从全国平均水平来看，2006~2010年，全国工业SML生产效率指数增长明显，平均增长率为10.26%；技术进步是推动生产效率指数增长的重要原因，技术进步指数与生产效率指数高度相关，技术进步指数年均增长率为

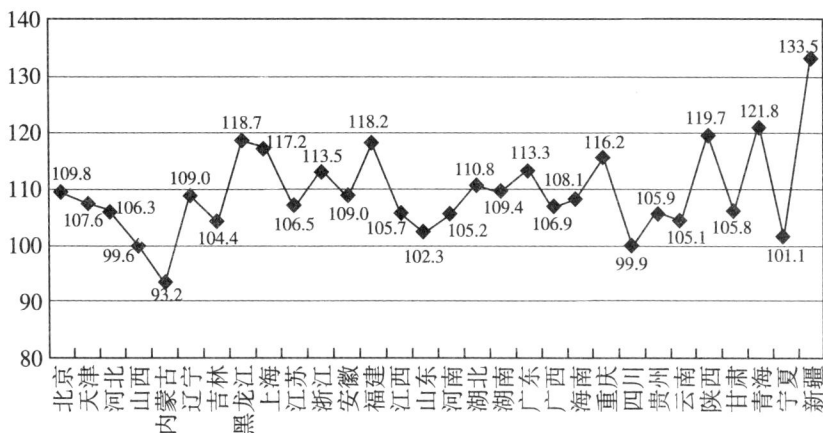

图 4.4　2010 年各省（市、区）地区工业发展环比指数

8.93%，技术效率指数变动年均增长率为 1.17%。分年度来看，2006 年和 2007 年全国工业平均生产效率增长率 14.56% 和 12.53%；2008 年和 2009 年生产效率指数增速连续放缓，增长率分别为 6.18% 和 0.1%；2010 年全国工业生产效率指数大幅上涨，增长率达到 18.01%。如图 4.5 所示。

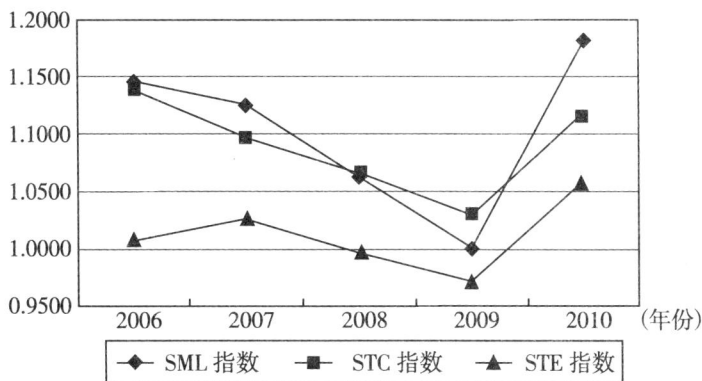

图 4.5　全国 SML 生产效率指数及其分解

专栏 4-1　对 SML 生产效率、技术进步和技术效率经济学意义的解释

全要素生产率（TFP）反映经济主体的综合投入产出效率。TFP 的计算方法分为参数法和非参数法，其中基于数据包络分析（DEA）的马氏（Malmquist）生产效率指数被广泛采用。SML 生产效率指数是对马氏生产效率指数的改进：一是将污染物等"坏"产出纳入投入产出分析，避免仅考虑

好产出时高估生产效率的情况；二是采用各期生产可能性集合的并集代替当期生产可能性集合构建前沿面，避免计算结果中出现不符合现实的技术退步的情况。生产效率指数被进一步分解为技术进步指数和技术效率指数：前者反映的是生产可能性边界的外移，通常是由技术创新、先进机器设备等"硬"因素引起，反映的是经济体的"创新"能力；技术效率反映的是在一定资源条件下得到的某些经济体最大产出与技术前沿经济体的差距，主要由制度改革、管理体制、企业结构等"软"因素引起的资源配置效率变动。

分地区来看，2006~2010 年，东部、中部、西部和东北地区的工业 SML 生产效率指数总体保持增长势头，平均增长率分别为 10.4%、8.4%、11.1% 和 10.0%，西部地区的生产效率增速最快，生产效率"追赶"效应显著；东部地区的生产效率增长率分别高于中部和东北地区 2 和 0.4 个百分点，表明"十一五"期间，中部、东北地区与东部地区的生产效率差距在扩大（见图 4.6）。SML 生产效率指数的分解情况表明，东部地区和西部地区生产效率的提升主要归因于技术进步，中部地区和东北地区生产效率的提升是技术进步和技术效率共同作用的结果。

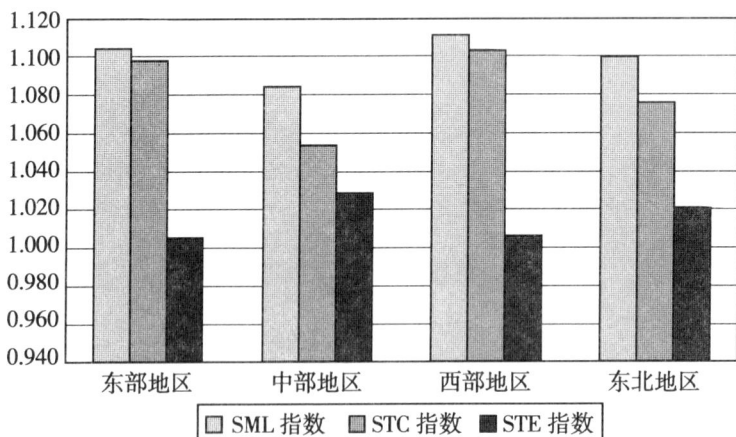

图 4.6 2006~2010 年全国四大经济区 SML 生产效率指数及分解

2006~2010 年，工业生产效率指数增长最快的是海南省，生产效率指数年均增长率为 17.8%；宁夏回族自治区和新疆维吾尔自治区紧随其后，生产效率指数年均增长率分别为 16.4% 和 16.0%。技术进步是拉动这些西部省份生产效率快速增长的重要因素。广西壮族自治区、山西省和黑龙江省三省区的工业生产效率指数增长较慢，分别为 1.3%、3.2% 和 3.4%，工业技术效率低下是导致这三个省（区）工业生产效率增长缓慢的主因。2009 年，东部、中部、西部及东北地区的 SML 生产效率指数大幅下降；2010 年，各地区生产效率指数均实现快速增长，东部、中部、西部和东北地区的 SML 生产效率指数增长率分别为 16.2%、14.9%、20.6% 和 19.6%，分别高出各地区 2006~2010 年平均水平 5.8、6.5、12.2 和 7.5 个百分点；西部地区和东北地区相对东部地区生产效率的赶超效应非常明显，如图 4.7 所示。

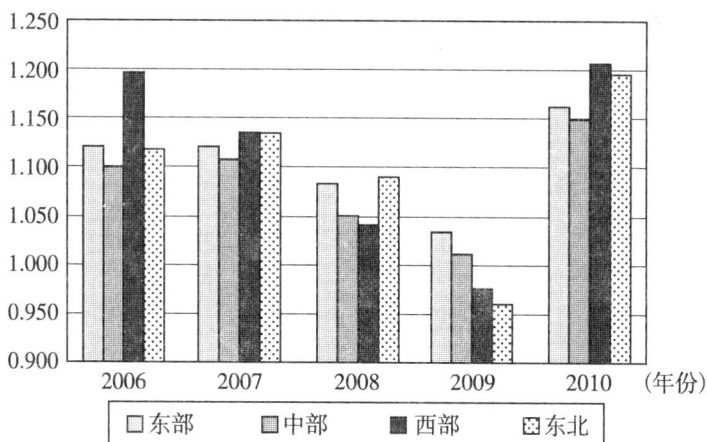

图 4.7 2006~2010 年东、中、西部和东北地区 SML 生产效率指数

按照技术进步（STC）指数是否高于全国平均值，可将样本省市区分为强创新能力组和弱创新能力两组；再按照 STE 是否高于 1.000，可将样本省市区分为强追赶能力组和弱追赶能力组。① 综合起来可将样本省市区分为四组：强创新和追赶型地区、强创新但落后地区、弱创新且落后地区和弱创新但追赶型地区，② 如表 4.3 所示。

① 对于临界值的处理：各地区技术效率、指数的平均值 1.116，可以将其视为一个"虚拟地区"。
② 这里所指的创新能力是指某省市区 2010 年技术进步指数比上年增长率高于同期全国平均水平，是各省市区自身技术进步的纵向比较，所以创新能力强是指某地区生产可能性边界相比于上一年外移，并非地区之间的创新能力的横向比较。引起技术进步的原因，可能是某地区采用了新的技术、使用了新的设备等。

表4.3 各地区创新能力和赶超能力分组表（2006~2010年）

	创新能力强	创新能力弱
追赶能力强	北京、上海、天津、重庆、辽宁、青海、海南、贵州、宁夏、新疆	江西、湖南、福建、湖北、河南、山东、安徽、陕西、吉林、内蒙古、广东、四川、江苏、河北
追赶能力弱	甘肃、西藏、云南	山西、广西、黑龙江、浙江

注："创新能力"和"追赶能力"的强弱，系根据各地区技术进步指数和技术效率指数历史比较得出。

2010年，全国各地区创新能力和赶超能力按照四个象限进行分组（见图4.8）。处于第二、第三象限的省份较少；少数省份处于组I，多数省份处于组IV，表明许多省（市、区）的创新能力较弱，追赶能力较强，如表4.4所示。

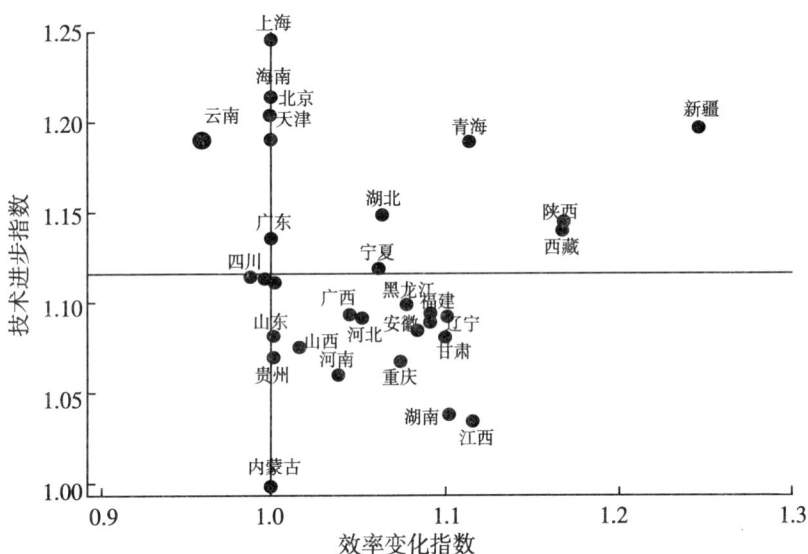

图4.8 2010年各地区创新能力和赶超能力分布

表4.4 2010年各地区创新能力和赶超能力分组表

	创新能力强	创新能力弱
赶超能力强	宁夏、广东、陕西、西藏、湖北、青海、天津、新疆、北京、海南、上海	内蒙古、江西、湖南、河南、重庆、山西、福建、山东、安徽、甘肃、河北、吉林、广西、辽宁、黑龙江、江苏
赶超能力弱	云南	贵州、浙江、四川

4.3　地区工业增长

　　各区域的增长速度总体有所提升，中部地区增长速度提升相对较快。2010 年，中部地区工业增长指数基期平均值为 118.2，东部、西部、东北地区增长指数基期平均值分别为 112.2、111.6 和 110.4。这表明，"十一五"期间，中部地区工业增长速度提升最快，东部、西部和东北地区的工业增长速度变化接近。进一步，东部地区在"十一五"前半期的工业增长速度提升较快，随后增速放缓；中部、西部和东北地区在"十一五"前四年的工业增长速度提升较快，2010 年出现明显下降。如表 4.5 所示。

表 4.5　各区域工业增长指数基值变化情况

地区	2006 年	2007 年	2008 年	2009 年	2010 年
东部	125.5	125.3	116.0	117.6	112.2
中部	132.4	136.3	128.9	130.6	118.2
西部	130.0	133.1	124.0	128.1	111.6
东北	127.8	127.1	123.1	129.7	110.4

　　从分省情况看，"十一五"期间，湖北、重庆、湖南、福建和安徽的工业增长速度提升最快，2010 年工业增长指数基期值分别为 126.6、125.1、124.1、120.9 和 119.8，在 30 个省（市、区）中列前五名；新疆、黑龙江、甘肃、山东和云南的工业增长指数基期值分别为 91.1、99.2、102.5、103.4 和 104.6，在 30 个省（市、区）中位列最后五名。与"十五"末比较，新疆和黑龙江的工业增长速度出现下滑，甘肃、山东和云南的工业增长速度提升非常乏力。如图 4.9 所示。

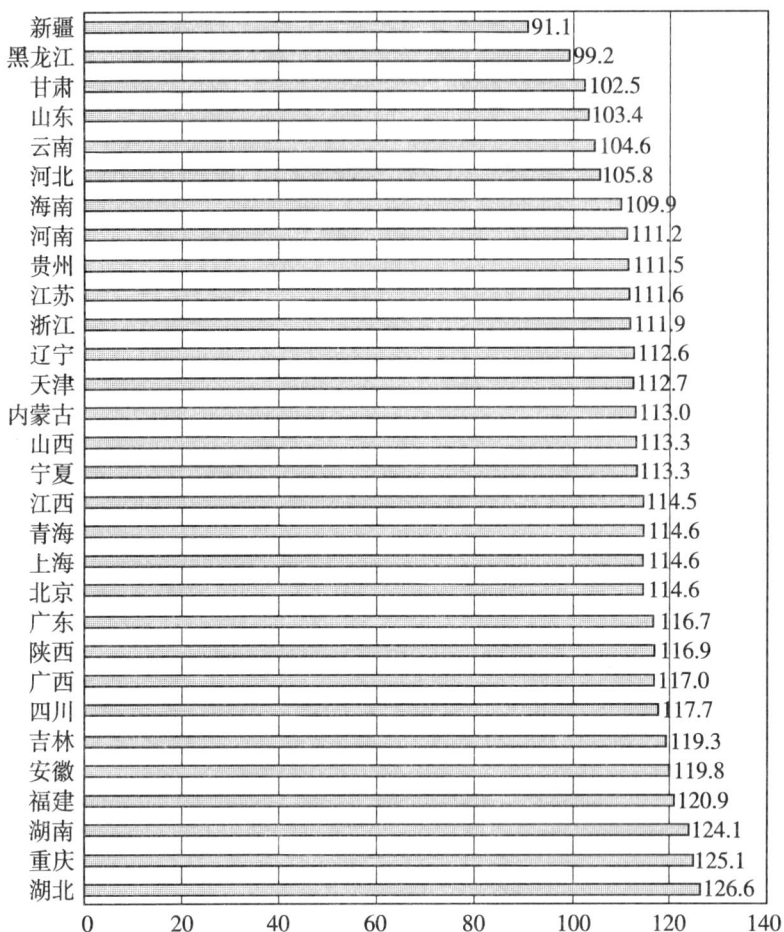

图 4.9 各省（市、区）工业增长指数

4.4 地区工业可持续发展

东部地区可持续发展水平快速提升，中、西部地区提升相对缓慢。2010年，东部地区工业基期可持续发展指数基期平均值为 182.4，东北、中部、西部地区可持续发展指数基期平均值分别为 134.8、109.4 和 109.8。这表明，"十一五"期间，东部地区工业可持续发展水平大幅提升，东北地区可持续发展水平上升较快，中部和西部地区可持续发展水平提升相对缓慢。

从分省情况来看，"十一五"期间，北京、天津、广东、上海和福建可持续发展水平提升最快，2010 年可持续发展指数基期值分别为 253.9、

251.7、230.7、218.4 和 186.2，在 30 个省（市、区）中位列前五名。内蒙古、江西、广西、山西、宁夏可持续发展指数基期值分别为 96.1、93.6、86.9、78.3 和 70.1，在 30 个省（市、区）中位列最后五名，与"十五"末比较，可持续发展水平出现一定程度的倒退，山西和宁夏是可持续发展水平倒退最厉害的省份。如图 4.10 所示。

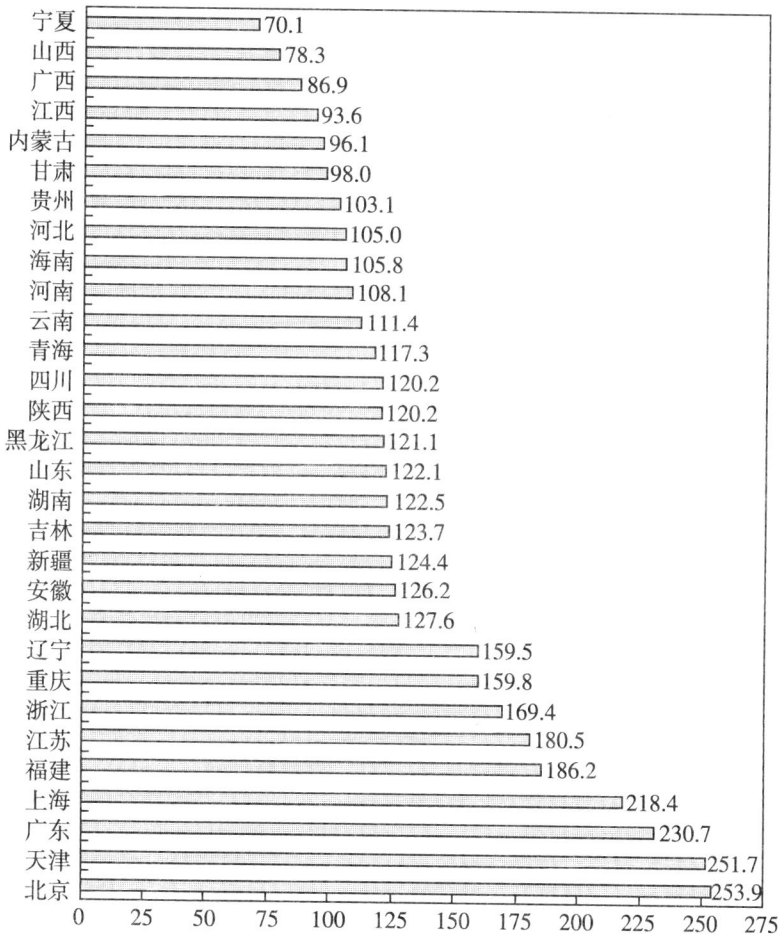

图 4.10　各省（市、区）可持续发展指数

4.5　地区工业技术创新

各地区创新水平均明显提升，中部和东北地区提速步伐较快。2010 年，东部、中部、西部和东北地区（基期）创新指数分别为 128.3、141.0、121.4

和 134.8；中部地区和东北地区显著高于东部地区和西部地区。这表明，"十一五"期间，四大板块创新水平均有较大幅度提升，相对而言，中部和东北地区创新水平提升更为显著。

从分省的情况来看，"十一五"期间，新疆、安徽、广东、山东和河南创新水平提升最快，2010 年创新指数基期值分别为 198.1、173.2、165.2、158.1 和 156.5，在 30 个（省、市）中位列前五名，新疆和安徽在创新方面追赶先进地区步伐加快；广西、江西、甘肃、四川和海南创新指数基期值分别为 101.2、99.3、97.7、93.1 和 68.4，广西创新水平较"十五"末略有上升，江西、甘肃和四川创新水平较"十五"末略有下降，海南创新水平较"十五"末期出现较大幅度的下降。如图 4.11 所示。

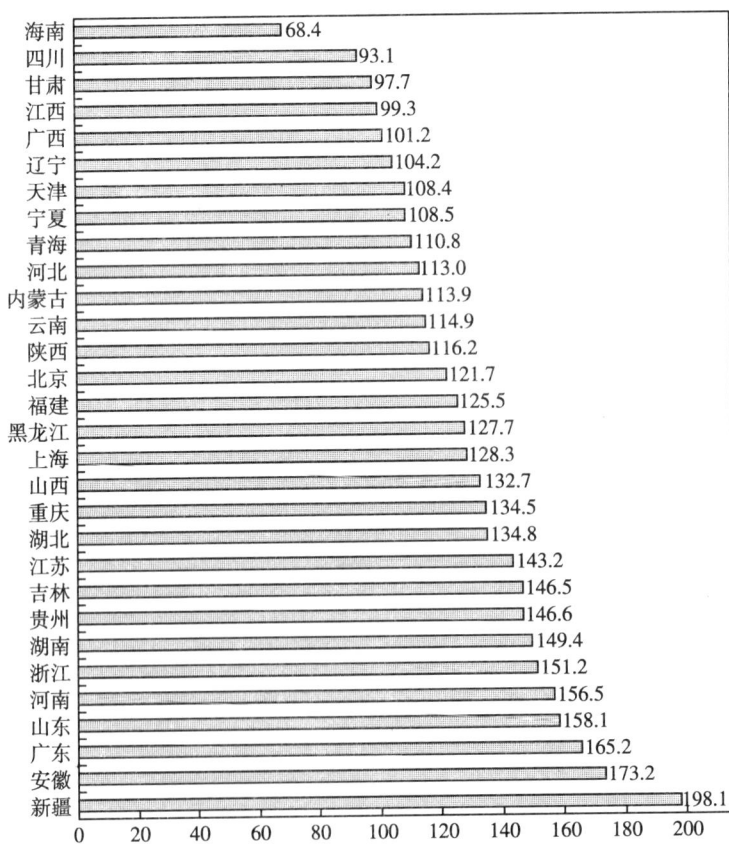

图 4.11　各省（市、区）可持续发展指数

（执笔人：黄阳华、肖红军、江飞涛）

5 产业政策

2011 年，中国产业政策紧紧围绕着科学发展的主题，以服务"转方式、调结构"为主线，不断丰富完善政策体系，聚焦把握政策重点，创新运用政策工具，持续提升政策制定与实施的科学性和有效性，在推进工业转型升级、加强行业规制、加速行业整合、加快产业培育、扶持中小微企业等方面发挥了积极作用，对推动我国工业保持平稳较快增长，实现"十二五"良好开局做出了重要贡献。

5.1 转型升级

工业转型升级是我国加快转变经济发展方式的关键所在，是走中国特色新型工业化道路的根本要求，也是实现工业大国向工业强国转变的必由之路。2011 年，国家为加快推进工业转型升级出台了一系列政策，并取得了一定成效。

5.1.1 规划引导

作为"十二五"的开局之年，2011 年，我国围绕着工业转型升级先后发布了一系列的"十二五"规划，包括总体性规划、行业规划和专项规划（见表 5.1），以通过规划引导加快推进工业转型升级步伐。

2011 年末，国务院出台了《关于印发工业转型升级规划（2011~2015 年）的通知》，对"十二五"时期我国推进工业发展方式转变进行了系统部署。《工业转型升级规划（2011~2015 年）》（以下简称《规划》）明确了"十二五"工业转型升级的指导思想，即"要坚持走中国特色新型工业化道路，按照构建现代产业体系的本质要求，以科学发展为主题，以加快转变经济发展方式

表 5.1 2011 年工业领域发布的"十二五"规划

类型	规划名称
总体性规划	《工业转型升级规划（2011~2015 年)》
行业规划	《钢铁工业"十二五"发展规划》、《建材工业"十二五"发展规划》、《食品工业"十二五"发展规划》、《民用爆炸物品行业"十二五"发展规划》、《电子认证服务业"十二五"发展规划》
专项规划	《"十二五"产业技术创新规划》、《"十二五"中小企业成长规划》、《安全生产"十二五"规划》、《工业产品质量发展"十二五"规划》

为主线，以改革开放为动力，着力提升自主创新能力；推进信息化与工业化深度融合，改造提升传统产业，培育壮大战略性新兴产业，加快发展生产性服务业，全面优化技术结构、组织结构、布局结构和行业结构；把工业发展建立在创新驱动、集约高效、环境友好、惠及民生、内生增长的基础上，不断增强工业核心竞争力和可持续发展能力，为建设工业强国和全面建成小康社会打下更加坚实的基础。"

《规划》指出了"十二五"时期工业转型升级的六大基本要求：坚持把提高发展的质量和效益作为转型升级的中心任务；坚持把加强自主创新和技术进步作为转型升级的关键环节；坚持把发展资源节约型、环境友好型工业作为转型升级的重要着力点；坚持把推进"两化"深度融合作为转型升级的重要支撑；坚持把提高工业园区和产业基地发展水平作为转型升级的重要抓手；坚持把扩大开放、深化改革作为转型升级的强大动力。

《规划》提出了"十二五"时期工业转型升级的主要目标：总体目标是到"十二五"末，努力使我国工业转型升级取得实质性进展，工业的创新能力、抵御风险能力、可持续发展能力和国际竞争力显著增强，工业强国建设迈上新台阶。具体目标是要实现工业保持平稳较快增长，自主创新能力明显增强，产业结构进一步优化，信息化和军民融合水平显著提高，质量品牌建设迈上新台阶，资源节约、环境保护和安全生产水平显著提升。

《规划》明确了工业转型升级的八项重点任务，即增强自主创新能力；加强企业技术改造；提高工业信息化水平；促进工业绿色低碳发展；实施质量和品牌战略；推动大企业和中小企业协调发展；优化工业空间布局；提升对外开放层次和水平。在此基础上，《规划》对重点领域的发展方向进行了详细引导，包括发展先进装备制造业、调整优化原材料工业、改造提升消费品工业、增强电子信息产业核心竞争力、提高国防科技工业现代化水平、加快发展面向工业生产的相关服务业，每一产业的具体发展方向如表5.2所示。

表5.2 "十二五"时期我国重点产业转型升级的发展方向

产 业	转型升级方向
装备制造业	抓住产业升级的关键环节，着力提升关键基础零部件、基础工艺、基础材料、基础制造装备研发和系统集成水平，加快机床、汽车、船舶、发电设备等装备产品的升级换代，积极培育发展智能制造、新能源汽车、海洋工程装备、轨道交通装备、民用航空航天等高端装备制造业，促进装备制造业由大变强
原材料工业	立足国内市场需求，严格控制总量，加快淘汰落后产能，推进节能减排，优化产业布局，提高产业集中度，培育发展新材料产业，加快传统基础产业升级换代，构建资源再生和回收利用体系，加大资源的国际化保障力度，推动原材料工业发展迈上新台阶
消费品工业	以品牌建设、品种质量、优化布局、诚信发展为重点，增加有效供给，保障质量安全，引导消费升级，促进产业有序转移，塑造消费品工业竞争新优势
电子信息产业	坚持创新引领、融合发展，攻克核心关键技术，夯实产业发展基础，深化技术和产品应用，积极拓展国内需求，引导产业向价值链高端延伸，着力提升产业核心竞争力
国防科技工业	按照走中国特色军民融合式发展道路的要求，加快推进先进国防科技工业建设，建立和完善军民结合、寓军于民的武器装备科研生产体系，确保国防和军队现代化建设需要
面向工业生产的相关服务业	按照"市场化、专业化、社会化、国际化"的发展方向，大力发展面向工业生产的现代服务业，加快推进服务型制造，不断提升对工业转型升级的服务支撑能力

5.1.2 目录指导

我国一直比较注重采用目录指导的产业政策手段引导和调控产业发展。2011年，我国先后发布了多个产业发展指导目标、指南或指引文件（见表5.3），更加有针对性地引导产业转型升级和健康发展。

2011年3月，国家在对《产业结构调整指导目录（2005年本）》进行修订的基础上，发布了《产业结构调整指导目录（2011年本）》。新目录维持2005年本分类不变，仍分为"鼓励类"、"限制类"和"淘汰类"。不属于上述三类，但符合国家法律、法规和政策规定的，为"允许类"，允许类不列入

表 5.3　2011 年工业领域发布的主要指导目标、指南或指引文件

领　域	指导目标、指南或指引文件
转型升级	《产业结构调整指导目录（2011 年本）》、《工业转型升级投资指南》
跨国投资	《对外投资国别产业指引（2011 版）》、《外商投资产业指导目录（2011 年修订）》
高技术产业	《当前优先发展的高技术产业化重点领域指南》和《当前优先发展的高技术产业化重点领域指南》

目录。新目录共有条目 1399 条，其中鼓励类 750 条，限制类 223 条，淘汰类 426 条。相比于 2005 年本，新目录在修订过程中，鼓励类删除 175 条，新增 413 条；限制类删除 70 条，调整到淘汰类 12 条，新增 85 条；淘汰类删除 157 条，新增 189 条。总体来看，新目录全面反映了结构调整和产业升级的方向内容，更加注重战略性新兴产业发展、自主创新以及对推动服务业大发展的支持，更加注重对产能过剩行业的限制和引导以及落实可持续发展的要求，对于推动产业结构调整和优化升级，完善和发展现代产业体系有重要的指导作用。

2011 年 12 月，工业和信息化部发布了《工业转型升级投资指南》，从投资角度对工业转型升级规划及相关行业规划、专项规划提出的主要任务和发展重点进行了细化，明确了“十二五”时期工业投资的重点和方向。《指南》采取以工业转型升级要素为主、兼顾传统行业分类的方式编制，按品种质量、节能减排、安全生产、装备改善、两化融合、军民结合六大要素，对原材料、装备、消费品、电子信息等产业领域 13 个行业的投资重点和方向进行了梳理，既包含钢铁、纺织等传统产业，也涉及战略性新兴产业、生产性服务业等新兴领域。《指南》为引导社会投资方向、推动工业转型升级提供了重要指导。

5.1.3　自主创新

增强自主创新能力是推动工业转型升级的重要支撑，也是 2011 年我国产业政策的重点。

5.1.3.1　明确了“十二五”时期推进自主创新的目标

《工业转型升级规划（2011~2015 年）》明确提出了我国工业和信息化领

域的自主创新推进目标，即"规模以上工业企业研究与试验发展（R&D）经费内部支出占主营业务收入比重达到1%，重点骨干企业达到3%以上，以企业为主体的技术创新体系进一步健全。企业发明专利拥有量增加一倍，攻克和掌握一批达到世界领先水平的产业核心技术，重点领域和新兴产业的关键装备、技术标准取得突破。"

5.1.3.2 明确了"十二五"时期推进产业技术创新的重点任务和重点领域的发展方向

2011年11月，工业和信息化部发布了《"十二五"产业技术创新规划》，明确了工业和信息化领域产业技术创新的五项重点任务：加强技术创新能力建设；构建技术创新服务体系；大力开发关键和共性技术；着力促进科技成果转化；培育与发展战略性新兴产业。各项重点任务的主要内容如表5.4所示。

表5.4 工业和信息化领域"十二五"时期产业技术创新的重点任务

重点任务	主要内容
加强技术创新能力建设	建设一批行业重点实验室、建设一批产业技术创新平台、推进企业研发能力建设
构建技术创新服务体系	推进产业技术创新战略联盟建设、加强支撑服务体系建设
大力开发关键和共性技术	继续加大科技重大专项实施的力度、加强产业重大技术开发
着力促进科技成果转化	加快高新技术成果转化、加强节能减排及资源综合利用技术推广应用、积极开发先进适用技术为技术改造提供有力支撑
培育与发展战略性新兴产业	加强技术创新与产业发展相结合、着力推进和完善产学研合作机制、制定并发布产业关键共性技术发展指南

这一规划还进一步提出了原材料工业（钢铁、有色金属、石化和化工、建材、新材料）、装备制造业（机械、航天航空、轨道交通设备、船舶、节能与新能源汽车）、消费品工业（轻工、纺织、医药制造）、信息产业（电子信息制造、软件和信息技术服务、通信）等重点领域的技术发展方向。

5.1.3.3 支持企业加强研发能力建设

《工业转型升级规划（2011~2015年)》和《"十二五"产业技术创新规划》都强调要支持企业加强研发能力建设，要求支持企业真正成为技术创新的主体，健全由企业牵头实施应用性重大科技项目的机制，进一步研究落实财政、投资、金融等政策，引导企业增加研发投入，鼓励和支持企业技术中心建设，鼓励骨干企业建立海外研发基地，收购兼并海外科技企业和研发机构，面向企业开放和共享国家重点实验室、国家工程实验室、重要试验设备等科技资源，支持骨干企业加强产业链上下游合作，提升协同创新能力，鼓励中小企业采取联合出资、共同委托等方式进行合作研发。此外，2011年8月，国家出台了《关于加快推进民营企业研发机构建设的实施意见》，要求积极推进大型民营企业发展高水平研发机构，支持中小民营企业发展多种形式的研发机构，完善支持民营企业研发机构发展的政策措施，增强民营企业技术创新能力。

5.1.3.4　完善鼓励自主创新的金融税收政策

围绕着增强企业自主创新能力和提升产业技术创新水平，2011年，我国继续完善相关的金融税收支持政策。8月，国家下发了《关于延长国家大学科技园和科技企业孵化器税收政策执行期限的通知》。10月，出台了《关于促进科技和金融结合加快实施自主创新战略的若干意见》，提出要优化科技资源配置，建立科技和金融结合协调机制；培育和发展创业投资；引导银行业金融机构加大对科技型中小企业的信贷支持；大力发展多层次资本市场，扩大直接融资规模；积极推动科技保险发展；强化有利于促进科技和金融结合的保障措施。

5.1.4　两化融合

信息化与工业化深度融合日益成为经济发展方式转变的内在动力，充分发挥信息化在工业转型升级中的支撑和牵引作用成为2011年我国产业政策的重点。

5.1.4.1　明确"十二五"时期推进两化融合的发展目标

2011年4月，工业和信息化部等部门联合出台了《关于加快推进信息化与工业化深度融合的若干意见》，提出了"十二五"时期推进两化融合的发展目标：到2015年，信息化与工业化深度融合取得重大突破，信息技术在企业生产经营和管理的主要领域、主要环节得到充分、有效应用，业务流程优化再造和产业链协同能力显著增强，重点骨干企业实现向综合集成应用的转变，研发设计创新能力、生产集约化和管理现代化水平大幅度提升；生产性服务业领域信息技术应用进一步深化，信息技术集成应用水平成为领军企业核心竞争优势；支撑"两化"深度融合的信息产业创新发展能力和服务水平明显提高，应用成本显著下降，信息化成为新型工业化的重要特征。

5.1.4.2　提出"十二五"时期推进两化融合的主要任务

根据《关于加快推进信息化与工业化深度融合的若干意见》，"十二五"时期我国推进信息化与工业化深度融合的八项主要任务包括：以信息化创新研发设计手段，促进产业自主创新能力提升；推动生产装备智能化和生产过程自动化，加快建立现代生产体系；推进企业管理信息系统的综合集成，加快建立现代经营管理体系；以信息化推动绿色发展，提高资源利用和安全生产水平；完善中小企业信息化发展环境，帮助中小企业降本增效创新发展；推动信息化与生产性服务业融合发展，加快生产性服务业的现代化；提升信息产业支撑"两化"深度融合的能力，促进信息产业加快发展；提高行业管理现代化水平，加强标准化基础工作。

5.1.4.3　扎实推进两化融合试验区建设

2011 年 4 月，工业和信息化部确定了湖南长株潭城市群等 8 个地方为第二批国家级两化融合试验区，并制定了《关于国家级信息化与工业化融合试验区 2011 年重点工作任务的指导意见》，明确了各试验区 2011 年重点任务、重点探索领域和具体工作要求。5 月，组织召开了试验区工作交流会，对首批 8 个试验区的总结工作进行了评价，印发了《首批国家级两化融合试验区总结工作评价报告》，有力地引导了试验区建设，体现了试点示范效应。同时，积极引导各试验区把建设区域性两化融合促进中心、产业服务中心以及实训和培训基地作为两化融合的重要内容，积极加强对已有经验的交流和推广。

5.2　行业规制

行业规制是维持正当市场经济秩序，提高资源配置效率，保护大多数社会公众利益，推动产业结构调整升级的重要手段。2011 年，围绕着加快转变经济发展方式和工业强国战略，国家从加强行业准入管理、推进淘汰落后产能、深化节能减排等方面进一步完善了行业规制政策。

5.2.1　行业准入

2011 年，国家继续强化重点行业准入管理，抑制和避免一些行业在快速发展中出现低水平重复建设和产能过剩等问题，有力地促进产业健康发展和产业结构调整。

一方面，工业和信息化部加强了对已发布"两高一资"行业准入政策的执行与实施，切实从产业技术、产品质量、生产安全、节能环保等方面提高准入门槛，并运用经济和法律手段确保各项行业准入政策得到切实落实，有效抑制了"两高一资"行业的低水平投资和盲目扩张。2011 年，工业和信息化部根据《焦化行业准入条件》、《焦化生产企业公告管理暂行办法》，以及《关于进一步做好焦化行业准入公告管理工作有关问题的通知》要求，发布了第六批符合《焦化行业准入条件》企业名单；按照《黄磷行业准入条件》和《黄磷生产企业公告管理暂行办法》的要求，公布了第一批符合《黄磷行业准入条件》企业名单；依据《电解金属锰行业准入条件》的要求，确定了第四批符合《电解金属锰行业准入条件》的企业名单。

另一方面，工业和信息化部继续完善了关系人民生命安全的车辆生产企业及产品的准入管理政策，全面加强对汽车、摩托车、三轮汽车和低速货车生产企业及产品的强制性准入管理。2011 年，工业和信息化部根据《国务院对确需保留的行政审批项目设定行政许可的决定》和《汽车产业发展政策》的有关规定，制定和发布了《乘用车生产企业及产品准入管理规则》，规范了乘用车生产企业及产品的准入管理；下发了《关于将怠速启停汽车按常规汽车进行〈公告〉管理的通知》，决定怠速启停汽车不再要求按照《新能源汽车企业及产品准入规则》进行企业及产品准入审查。与此同时，工业和信息化按照相关准入管理规定，全年共公布了 11 批许可的车辆生产企业及产品和《节能与新能源汽车示范推广应用工程推荐车型目录》。

5.2.2 淘汰落后产能

近年来，淘汰落后产能在国家产业政策中一直占据重要地位。2011年，国家进一步完善了淘汰落后产能的政策体系，明确了淘汰落后产能的任务和方向，加大了淘汰落后产能工作力度，确保了淘汰落后产能得以顺利推进。

5.2.2.1 明确淘汰落后产能的目标任务

2011年，工业和信息化先后下发了《关于下达2011年工业行业淘汰落后产能目标任务的通知》和下达了"十二五"期间工业领域19个重点行业淘汰落后产能目标任务。前者明确了全国2011年18个工业行业淘汰落后产能企业名单、淘汰落后生产线（设备）及产能，共涉及2255家企业；后者在明确"十二五"期间全国19个重点行业淘汰落后产能目标任务的基础上，要求各地尽快将目标任务分解形成年度计划，落实到具体企业，并采取综合措施，加强监督考核，确保落后设备（生产线）彻底拆除，不得向中西部地区和周边国家转移，全面完成"十二五"期间淘汰落后产能工作各项目标任务，如表5.5所示。

表5.5 重点行业淘汰落后产能的目标任务

重点行业	2011年目标任务	"十二五"目标任务
炼铁	2653万吨	4800万吨
炼钢	2627万吨	4800万吨
焦炭	1870万吨	4200万吨
电石	137.5万吨	380万吨
铁合金	185.7万吨	740万吨
电解铝	60万吨	90万吨
铜冶炼	29.1万吨	80万吨
铅（含再生铅）冶炼	58.5万吨	130万吨
锌（含再生锌）冶炼	33.7万吨	65万吨
水泥（含熟料及磨机）	13355万吨	3.7亿吨
平板玻璃	2600万重量箱	9000万重量箱
造纸	744.5万吨	1500万吨
酒精	42.7万吨	100万吨
味精	8.3万吨	18.2万吨
柠檬酸	1.45万吨	4.75万吨

续表

重点行业	2011 年目标任务	"十二五"目标任务
制革	397 万标张	1100 万标张
印染	17.3 亿米	55.8 亿米
化纤	34.97 万吨	59 万吨
铅蓄电池	—	746 万千伏安时

5.2.2.2　确定淘汰落后产能的重点领域

《工业转型升级规划（2011~2015 年）》在提出加快淘汰落后产能总体要求的基础上，明确了"十二五"时期主要行业淘汰落后产能的重点，如表5.6 所示。

表 5.6　"十二五"时期主要行业淘汰落后产能的重点领域

主要行业	重点
钢铁	重点淘汰 90 平方米以下烧结机，8 平方米以下球团竖炉，400 立方米及以下高炉，30 吨及以下电炉、转炉
焦炭	重点淘汰炭化室 4.3 米（捣固焦炉 3.8 米）以下常规机焦炉、未达到焦化行业准入条件要求的热回收焦炉等产能
铁合金	重点淘汰 6300KVA 及以下普通铁合金矿热炉等产能
有色金属	铜冶炼重点淘汰密闭鼓风炉、电炉、反射炉等落后产能。电解铝重点淘汰 100 千安及以下小预焙槽等产能。铅冶炼重点淘汰采用烧结机、烧结锅、烧结盘、简易高炉等工艺设备。淘汰落后的再生铜、再生铝、再生铅生产工艺及设备
电石	重点淘汰开放式电石炉，单台炉变压器容量小于 12500 千伏安的电石炉等落后设备。逐步淘汰高汞触媒电石法聚氯乙烯生产工艺
水泥	重点淘汰 3.0 米以下水泥机械化立窑，小型水泥回转窑，水泥粉磨站直径 3.0 米以下的球磨机等产能，淘汰落后生产能力 2.5 亿吨
平板玻璃	全部淘汰平拉（含格法）普通玻璃生产线
造纸	重点淘汰单条年生产能力 3.4 万吨以下的非木浆生产线，年生产能力 5.1 万吨以下的化学木浆生产线，年生产能力 1 万吨以下的废纸制浆生产线等产能
制革	重点淘汰年加工生皮能力 5 万标张牛皮以下的生产线，年加工蓝湿皮能力 3 万标张牛皮以下的生产线等产能
印染	重点淘汰 74 型染整设备、浴比大于 1:10 的棉及化纤间歇式染色设备等落后设备化纤重点淘汰湿法氨纶生产工艺，硝酸法腈纶常规纤维生产工艺，年产 2 万吨以下常规黏胶短纤维生产线等产能

5.2.2.3　加强淘汰落后产能工作考核与协调

2011 年，国家出台了《关于印发淘汰落后产能工作考核实施方案的通知》，要求按照目标清晰、组织健全、责任到位、措施到位、监管到位、逐级考核的总体要求，建立健全淘汰落后产能工作目标责任评价、考核和奖惩制度，落实地方各级人民政府和企业责任，确保顺利完成淘汰落后产能目标任务。《通知》进一步明确了淘汰落后产能考核的对象和内容、工作程序和奖惩措施。同时，淘汰落后产能工作部及协调小组召开了两次会议，部署和实施了对各省、自治区、直辖市 2010 年淘汰落后产能工作的检查考核。

5.2.2.4　完善淘汰落后产能的激励约束政策

2011 年，国家进一步完善了淘汰落后产能的激励约束政策体系，出台了《淘汰落后产能中央财政奖励资金管理办法》，提出"十二五"期间，中央财政将继续安排专项资金，对经济欠发达地区淘汰落后产能工作给予奖励，并明确了奖励条件和标准、资金安排和使用、监督管理。

5.2.2.5　加强对重点行业淘汰落后产能的管控

2011 年 4 月，针对电解铝行业无序扩张、产能过剩和重复建设的问题，国家下发了《关于遏制电解铝行业产能过剩和重复建设引导产业健康发展的紧急通知》，要求严格控制拟建电解铝项目，加大执法力度以形成政策合力，取消地方出台的各项优惠政策，严禁以各种方式扩大产能，认真清理电解铝拟建项目，加强市场引导和社会监督。5 月，针对一些地方平板玻璃行业盲目投资、产能增长过快，国家出台了《关于抑制平板玻璃产能过快增长引导产业健康发展的通知》，要求严格市场准入管理，控制新增产能，坚决淘汰落后产能。

5.2.3　节能减排

节能减排是推动产业结构调整、转变工业发展方式、促进工业转型升级的重要抓手和突破口。2011 年，我国继续深入推进节能减排工作，完善政策体系，加大考核力度，进一步形成了以政府为主导、企业为主体、市场有效驱动、全社会共同参与的推进节能减排工作格局。

5.2.3.1　总体部署节能减排工作

2011 年 8 月，国务院下发了《关于印发"十二五"节能减排综合性工作方案的通知》，对"十二五"时期我国节能减排工作进行了系统部署。《通知》明确了"十二五"时期我国节能减排总体要求和主要目标，要求强化节能减排目标责任、调整优化产业结构、实施节能减排重点工程、加强节能减排管理、大力发展循环经济、加快节能减排技术开发和推广应用、完善节能减排经济政策、强化节能减排监督检查、推广节能减排市场化机制、加强节能减排基础工作和能力建设、动员全社会参与节能减排。在此基础上，明确了"十二五"时期各地区节能目标、化学需氧量排放总量控制计划、氨氮排放总量控制计划、二氧化硫排放总量控制计划和氮氧化物排放总量控制计划。

2011 年 11 月，全国工业系统节能减排工作电视电话会议召开，会议对工业领域"十二五"节能减排工作进行了总体部署。会议明确了工业领域"十二五"主要节能减排的奋斗目标，提出了"十二五"时期扎实推进工业节能减排的十项重点工作，包括严格控制"两高"和产能过剩行业新上项目、坚决完成淘汰落后产能各项任务、切实加强节能降耗技术改造、全面提升企业节能管理、积极推进清洁生产和重金属污染防治、大力发展节能环保产业、加快推进"数字能源"和绿色 ICT 战略、加强工业固体废物资源综合利用和循环经济发展、大力推进工业节约用水、完善工业节能减排政策机制。如表 5.7 所示。

表 5.7　"十二五"时期全国和工业领域节能减排的总体目标

范围	节能减排总体目标
全国	到 2015 年，全国万元国内生产总值能耗下降到 0.869 吨标准煤（按 2005 年价格计算），比 2010 年的 1.034 吨标准煤下降 16%，比 2005 年的 1.276 吨标准煤下降 32%；"十二五"期间，实现节约能源 6.7 亿吨标准煤。2015 年，全国化学需氧量和二氧化硫排放总量分别控制在 2347.6 万吨、2086.4 万吨，比 2010 年的 2551.7 万吨、2267.8 万吨分别下降 8%；全国氨氮和氮氧化物排放总量分别控制在 238.0 万吨、2046.2 万吨，比 2010 年的 264.4 万吨、2273.6 万吨分别下降 10%
工业领域	2015 年单位工业增加值能耗、二氧化碳排放量和用水量分别比"十一五"末降低 20% 左右、20% 以上和 30%，工业 COD、二氧化硫排放总量减少 10%，工业氨氮、氮氧化物排放总量减少 15%，工业固废综合利用率提高到 72% 左右

5.2.3.2　推进节能减排重点行动

2011 年，国家通过多种方式推进节能减排重点行动，取得良好成效。2011 年 6 月，印发了《关于开展节能减排财政政策综合示范工作的通知》，决定在部分城市开展节能减排财政政策综合示范，并选定北京市、深圳市、重庆市、杭州市、长沙市、贵阳市、吉林市、新余市 8 个城市为第一批示范城市。明确以地方政府为责任主体，以城市为平台，加大各项节能减排财政政策整合力度，加大资金投入力度，加快体制机制创新，促进实现"十二五"节能减排目标。节能减排财政政策综合示范工作主要包括六个方面：围绕产业低碳化加大产业结构调整力度；围绕交通清洁化改造城市交通体系；围绕建筑绿色化推动建筑节能；围绕集约化加快发展服务业；围绕主要污染物减量化促进城市环境质量改善；围绕可再生能源利用规模化优化城市能源结构。

2011 年 12 月，下发了《关于印发万家企业节能低碳行动实施方案的通知》，提出对年综合能源消费量 1 万吨标准煤以上以及有关部门指定的年综合能源消费量 5000 吨标准煤以上的重点用能单位（2010 年全国共有 17000 家左右，能源消费量占全国能源消费总量的 60%以上）实施低碳行动，以在"十二五"期间万家企业实现节约能源 2.5 亿吨标准煤。同时，明确了万家企业节能工作要求，包括加强节能工作组织领导、强化节能目标责任制、建立能源管理体系、加强能源计量统计工作、开展能源审计和编制节能规划、加大节能技术改造力度、加快淘汰落后用能设备和生产工艺、开展能效达标对标工作、建立健全节能激励约束机制、开展节能宣传与培训。

5.2.3.3　大力推动循环经济发展

发展循环经济是推进节能减排的重要举措。2011 年，国家进一步加大了发展循环经济的力度，出台了鼓励发展循环经济的相关政策和开展了相关试点工作。2011 年 9 月，国家出台了《关于深化再制造试点工作的通知》，提出在 2008 年启动的汽车零部件再制造试点工作的基础上，扩大再制造试点范围，包括再制造产品种类和范围，继续组织开展再制造试点。试点工作将在全国选择部分有代表性、具备再制造基础的企业，继续探索再制造产业发展的政策、管理制度和监管体系，为建立再制造相关技术标准、市场准入条件、流通监管体系等提供经验。2011 年 12 月，下发了《关于印发"十二五"资源综合利用指导意见和大宗固体废物综合利用实施方案的通知》，提出了"十二五"资源综合利用工作的指导思想、基本原则、主要目标、重点领域以及政策措施，要求在工业、建筑业和农林业等领域选择产生堆存量大、资源化利用潜力大、环境影响广泛的固体废物编制实施方案。《"十二五"资源综合利用指导意见》将矿产资源的综合开发利用、产业"三废"综合利用、再生资源回收利用确定为重点领域，《大宗固体废物综合利用实施方案》对尾矿、煤矸石、粉煤灰、工业副产石膏、冶炼渣、建筑废物和农作物秸秆的综合利用目标、主要任务和重点工程都予以了明确。此外，工业和信息化部选择了山西省朔州市、内蒙古自治区鄂尔多斯市、四川省攀枝花市、甘肃省金昌市等 12 个工业固体废物产生、堆存集中，有一定工业固体废物综合利用基础的地区，开展了工业固体废物综合利用基地建设试点，主要是针对粉煤灰、煤矸石、尾矿和冶炼渣等工业固体废弃物的全部或大部分进行综合利用。

5.3　行业整合

行业整合是优化产业组织结构和区域布局、提升产业发展质量和竞争力的重要内容。2011 年，国家继续完善和实施行业整合政策，加大促进企业兼并重组力度，加快推进产业地区转移，切实推动产业持续健康发展。

5.3.1　企业兼并重组

在《国务院关于促进企业兼并重组的意见》的指引下，2011 年我国继续建立健全促进企业兼并重组的各类产业政策，全面加强对汽车、钢铁、水泥、机械制造、电解铝、稀土、电子信息和医药等重点行业企业兼并重组的引导和管理，加快了企业兼并重组步伐。

5.3.1.1　加强对企业兼并重组的政策支持和服务改进

2011 年 10 月，国家税务总局发布公告规定，自 2011 年 10 月 1 日起，纳税人在资产重组过程中，通过合并、分立、出售、置换等方式，将全部或者部分实物资产以及与其相关联的债权、债务和劳动力一并转让给其他单位和个人的行为，不属于营业税征收范围，其中涉及的不动产、土地使用权转让，不征收营业税。2011 年 11 月，国家出台了《关于做好公司合并分立登记支持企业兼并重组的意见》，提出要进一步提供良好的公司合并分立登记服务，包括支持公司采取多种方式合并分立重组、支持各类企业合并分立重组、支持公司自行选择重组公司类型、支持公司同时办理重组登记、支持公司自主约定注册资本数额、支持公司自主约定股东出资份额、支持分公司办理隶属关系变更、支持有限责任公司股权承继、支持公司一次性申请多项变更登记，并要求进一步提高支持企业兼并重组的服务效能。

5.3.1.2　加强对企业兼并重组行为的规范和审查

2011 年 2 月，国家下发《国务院办公厅关于建立外国投资者并购境内企业安全审查制度的通知》（以下简称《通知》），全面加强对外国投资者并购境内企业的行为进行安全审查。《通知》明确了并购安全审查范围、并购安全审查内容、并购安全审查工作机制、并购安全审查程序以及其他相关规定。2011 年 9 月，下发了《关于中央企业国有产权置换有关事项的通知》，对中央企业实施资产重组时的国有产权置换行为进行了规范。

5.3.1.3　加强企业兼并重组工作经验交流

2011 年 7 月，工业和信息化部组织召开了全国企业兼并重组工作经验交流会，目的是进一步提高对新形势下做好企业兼并重组工作的认识，加强工作交流，总结推广企业兼并重组的好经验、好做法，研究部署下一步工作，推动"十二五"期间企业兼并重组取得新的更大进展。

专栏 5-1　工业和信息化部要求进一步加强企业兼并重组工作

2012 年 4 月，工业和信息化部下发了《关于进一步加强企业兼并重组工作的通知》，要求充分发挥地方工业和信息化主管部门在加快推进企业兼并重组中的作用，进一步加强企业兼并重组工作。具体包括五个方面：一是建立健全企业兼并重组工作组织协调机制；二是努力营造企业兼并重组的良好环境；三是协调解决本地区企业兼并重组中遇到的问题；四是做好企业兼并重组的指导和服务工作；五是建立企业兼并重组工作情况交流制度。

5.3.2　地区产业转移

2011 年，引导地区间产业及有序转移成为国家推动地区产业结构优化升级和促进区域协调发展的战略举措。一方面，《国务院关于中西部地区承接产业转移的指导意见》得到进一步落实，积极推动产业转移对接活动，深化产业转移示范区试点工作；另一方面，继续探索和完善促进产业合理、有序转移的政策体系，不断优化产业转移机制，对产业转移形成有效的激励约束。

5.3.2.1　加强对产业转移的引导和指导

2011 年，工业和信息化部组织启动了全国《产业转移指导目录》的制定工作，目前已完成编制并召开了多次意见征求会。制定产业转移指导目录的目的是要指导各个地区科学进行产业转移（承接）和产业布局，并主要解决四大问题：区域发展不平衡的问题；对现有生产力布局调整优化的问题；引导产业有序转移的问题；杜绝落后产能转移的问题。与此同时，《工业转型升级规划（2011~2015 年）》对"十二五"时期的产业转移也提出了明确要求，包括：支持中、西部地区以现有工业园区和各类产业基地为依托，加强配套能力建设，进一步增强承接产业转移的能力；鼓励通过要素互换、合作兴办园区、企业联合协作，建设产业转移合作示范区；鼓励东部沿海省市在区域内有序推进产业转移；促进海峡两岸产业融合对接；开展多种形式对口支援，加强对新疆、西藏和青海的产业援助；严格禁止落后生产能力异地转移，强化产业转移中的环境和安全监管。

5.3.2.2　开展产业转移对接活动

举办区域性产业转移对接活动是引导地区产业有序转移的重要工作。2011 年，工业和信息化部和新疆维吾尔自治区人民政府、新疆生产建设兵团共同主办了"中国新疆 2011 产业转移系列对接活动"，开展了化工、建材、新能源新材料、纺织、装备制造、塑料、有色、食品、电子信息等分行业生产企业对接专题活动，共实现签约项目 200 项，协议投资达 5812 亿元。本次对接活动不仅有力地促进了国内产业转移和新疆产业发展，而且为未来搭建产业转移对接实体平台、开展常态化和制度化的产业转移对接活动提供了有益探索。

5.3.2.3　推进产业转移示范区建设

《工业转型升级规划（2011~2015 年）》明确提出要在有条件的中、西部省市探索要素互换、企业合作、产业链协作等合作对接新模式，建立 3~5 个东、中、西地区产业转移合作示范区。2011 年 6 月，国家印发了《国家东中西区域合作示范区建设总体方案》，提出把连云港连云区列为国家东、中、西区域合作示范区，要求将其建成服务中、西部地区对外开放的重要门户，东、中、西产业合作示范基地和区域合作体制机制创新试验区。此外，根据《国务院关于中西部地区承接产业转移的指导意见》，2011 年 1 月和 10 月，国家先后批准了重庆沿江、湖南湘南等城市成为国家级承接产业转移示范区，同时明确支持河南、内蒙古建设承接产业转移示范区，进一步加快了承接产业转移示范区的建设步伐。

5.4　产业培育

产业培育对于推进工业转型升级、打造可持续的产业竞争力具有十分重要的意义。2011 年，国家在推动传统产业转型升级、大力发展支柱产业和优势产业的同时，积极通过政策优化加大产业培育力度，加快发展战略性新兴产业步伐。

根据《工业转型升级规划（2011~2015 年）》，"十二五"时期战略性新兴产业规模将显著扩大，实现增加值占工业增加值的 15% 左右。2011 年，按照《关于加快培育和发展战略性新兴产业的决定》的要求，国家继续将培育和发展战略性新兴产业置于产业政策的突出位置。

5.4.1　促进战略性新兴产业国际化发展

2011 年 9 月，国家出台了《关于促进战略性新兴产业国际化发展的指导意见》，提出了促进战略性新兴产业国际化发展的定位与范围，即要提高战略性新兴产业研发、制造、营销等各环节的国际化发展水平，提升全产业链竞争力；提高战略性新兴产业人才、企业、产业联盟、创新基地的国际化发展能力，提升市场主体竞争力；营造有利于战略性新兴产业国际化发展的良好环境，完善支撑保障体系；处理好两个市场的相互关系，夯实战略性新兴产业国际化发展的国内基础。同时，还明确了促进战略性新兴产业国际化发展的工作目标，即力争到"十二五"末期，战略性新兴产业国际分工地位明显提升，国际化主体的竞争实力显著增强，贸易和投资规模稳步增长，全方位、多层次的国际化发展体系初步形成。在此基础上，针对节能环保产业、新能源产业、新一代信息技术产业、生物产业、高端装备制造产业、新材料产业和新能源汽车产业分别指出了国际化推进的重点，并提出了促进战略性新兴产业国际化发展的具体举措，如表5.8所示。

表5.8 促进战略性新兴产业国际化发展的具体举措

举措	具体内容
利用全球创新资源，提升产业创新能力	鼓励技术引进和合作研发；鼓励引进消化吸收与再创新；鼓励参与国际标准制定和推动国际互认；促进知识产权创造、运用、保护和管理；加大高端人才引进力度
开拓和利用国际市场，转变贸易发展方式	加强对重点市场分类指导；充分发挥双多边机制作用；加大对鼓励类商品对外贸易的支持力度；大力支持不同贸易方式优化发展；积极承接服务外包；加强出口促进体系建设
创新利用外资方式，促进对外投资发展	积极引导投资方向；拓宽利用外资渠道；鼓励研发合作；扩大企业境外投资自主权；鼓励建立海外生产体系；鼓励设立海外研发中心；鼓励建立海外营销网络体系
推动创新基地建设，发挥国际化发展示范带动作用	发挥国际化发展示范带动作用；推动国际合作；加强公共服务平台建设
加大政策力度，完善支撑保障体系	积极利用财税支持政策；用好出口信贷和出口信用保险；完善便利化措施；加强产业预警体系建设；加强海外信用风险防范；积极应对贸易保护主义；完善和推进知识产权海外维权机制；充分发挥行业组织的作用
夯实国内市场基础，营造良好发展环境	促进商业模式创新；加强市场准入和价格管理；加强质量诚信体系建设

5.4.2 鼓励和引导民营企业发展战略性新兴产业

2011年7月，国家下发了《关于印发鼓励和引导民营企业发展战略性新兴产业的实施意见的通知》，提出要鼓励和引导民营企业在节能环保、新一代信息技术、生物、高端装备制造、新能源、新材料、新能源汽车等战略性新兴产业领域形成一批具有国际竞争力的优势企业；要求清理、规范现有针对民营企业和民间资本的准入条件，战略性新兴产业扶持资金等公共资源要对民营企业同等对待，保障民营企业参与战略性新兴产业相关政策制定，支持民营企业提升创新能力，扶持科技成果产业化和市场示范应用，鼓励发展新型业态，引导民间资本设立创业投资和产业投资基金，支持民营企业充分利用新型金融工具融资，鼓励开展国际合作，加强服务和引导。

5.4.3 完善针对各类战略性新兴产业的鼓励和支持政策

2011 年，国家还针对节能环保产业、新能源产业、新一代信息技术产业、生物产业、高端装备制造产业、新材料产业和新能源汽车产业等领域分别出台了鼓励和支持政策，如表 5.9 所示。

表 5.9 2011 年出台的针对各类战略性新兴产业的鼓励和支持政策

产　业	政　策
节能环保产业	《关于促进节能服务产业发展增值税、营业税和企业所得税政策问题的通知》
新能源产业	《关于做好 2011 年金太阳示范工作的通知》 《关于进一步推进可再生能源建筑应用的通知》 《关于发展天然气分布式能源的指导意见》
新一代信息技术产业	《国务院关于印发进一步鼓励软件产业和集成电路产业发展若干政策的通知》 关于印发《物联网发展专项资金管理暂行办法》的通知 《关于软件产品增值税政策的通知》
生物产业	《"十二五"生物技术发展规划》
高端装备制造产业	《关于调整三代核电机组等重大技术装备进口税收政策的通知》
新材料产业	《国务院关于促进稀土行业持续健康发展的若干意见》
新能源汽车产业	《关于调整节能汽车推广补贴政策的通知》

5.5 中小微企业

中小微企业在增加就业、促进经济增长、科技创新与社会和谐稳定等方面具有不可替代的作用，对国民经济和社会发展具有重要的战略意义。2011 年，国家高度重视中小微企业的发展，出台了一系列扶持政策，取得了积极成效。

5.5.1　明确中小企业划型标准

2011 年 6 月，国家出台了《关于印发中小企业划型标准规定的通知》，将中小企业划分为中型、小型、微型三种类型，具体标准根据企业从业人员、营业收入、资产总额等指标，结合行业特点制定，并明确了 16 类行业的中小企业划分标准。同时，要求废止使用原国家经贸委、原国家计委、财政部和国家统计局 2003 年颁布的《中小企业标准暂行规定》。

5.5.2　对促进中小微企业成长做出规划部署

2011 年 9 月，工业和信息化部发布了我国首个关于中小企业发展的国家级专项规划《“十二五”中小企业成长规划》，提出了“十二五”时期促进中小企业成长的总体思路、发展目标、主要任务和重要措施。规划强调指出，“十二五”时期中小企业成长的总体目标是：中小企业发展环境持续改善，创业创新活力进一步增强，产业结构明显优化，经营管理水平不断提高，生存能力、竞争能力和可持续发展能力不断增强，整体发展质量全面提升，社会贡献更加突出。同时，《规划》提出了促进中小企业成长的五项主要任务，即进一步增强创业创新活力和吸纳就业能力，进一步优化产业结构，进一步提高“专精特新”和产业集群发展水平，进一步提升企业管理水平，进一步完善中小企业服务体系。《规划》要求开展六项关键工程和行动计划，即中小企业公共服务平台网络建设工程、中小企业创新能力建设计划、中小企业信息化推进工程、创办小企业计划、中小企业管理提升计划和中小企业市场拓展计划；明确了五项保障措施，即加强组织领导、完善政策措施、加强融资支持、强化公共服务和搞好统计监测。如表 5.10 所示。

表 5.10　“十二五”时期中小企业成长的具体预期目标

领　域	具体目标
保持平稳较快增长	工商登记中小企业户数年均增长 8%，规模以上中小工业企业户数年均增长 6%。中小工业企业实现增加值年均增长 8%。新增就业岗位不断增加，从业人员劳动报酬逐步增长
技术创新能力明显增强	中小企业研究与试验发展经费支出占主营业务收入比重不断提高，形成一批具有创新能力、知识产权创造优势和知名品牌的创新型中小企业

续表

领　　域	具体目标
产业结构明显优化	中小企业在现代服务业、现代农业和战略性新兴产业中的比重持续提高，发展一批特色鲜明、生态环保、具有竞争力的中小企业产业集群。单位增加值能耗、单位工业增加值耗水量下降达到全国工业平均水平，主要污染物减排达到国家约束性要求
信息化应用水平显著提高	中小企业应用信息技术开展研发、管理和生产控制的比例达到45%，利用电子商务开展采购、销售等业务的比例达到40%，中小企业信息化服务平台基本建立
企业人员素质和管理水平明显提升	培训各类中小企业经营管理人才250万人次。社会责任意识增强，诚信水平明显提高，切实保障劳动者和消费者权益

5.5.3　加强中小企业公共服务平台建设

2011 年，国家积极推进中小企业公共服务平台建设，工业和信息化部授予北京市中小企业服务中心、山西省中小企业监测鉴定中心、哈尔滨市动力科技创业中心等 99 个平台为"国家中小企业公共服务示范平台"称号；要求国家中小企业公共服务示范平台要在现有基础上，进一步完善服务功能，不断提高服务能力和组织带动社会服务资源的能力，主动开展公益性服务，积极承担政府部门委托的各项任务，在解决中小企业共性需求，畅通信息渠道，改善经营管理，提高发展质量，增强市场竞争力，实现创新发展等方面发挥支撑和示范带动作用。此外，工业和信息化部要求各地中小企业主管部门和相关行业协会要在认真总结经验的基础上，扎实推进中小企业公共服务平台建设，结合本地区、本行业实际情况，做好省及行业协会中小企业公共服务示范平台的认定工作。

5.5.4　政府采购支持中小微企业发展

2011 年 12 月，国家出台了《政府采购促进中小企业发展暂行办法》（以下简称《办法》），明确提出要发挥政府采购的政策功能，促进符合国家经济和社会发展政策目标，且产品、服务、信誉较好的中小企业发展。《办法》要求，任何单位和个人不得阻挠和限制中小企业自由进入本地区和本行业的政府采购市场；负有编制部门预算职责的各部门在满足机构自身运转和提供公共服务基本需求的前提下，应当预留本部门年度政府采购项目预算总额的

30%以上，专门面向中小企业采购，其中，预留给小型和微型企业的比例不低于60%；对于非专门面向中小企业的项目，采购人或者采购代理机构应当对小型和微型企业产品的价格给予6%~10%的扣除，用扣除后的价格参与评审；鼓励大中型企业和其他自然人、法人或者其他组织与小型、微型企业组成联合体共同参加非专门面向中小企业的政府采购活动；鼓励采购人允许获得政府采购合同的大型企业依法向中小企业分包；鼓励采购人在与中小企业签订政府采购合同时，在履约保证金、付款期限、付款方式等方面给予中小企业适当支持；鼓励在政府采购活动中引入信用担保手段，为中小企业在融资、投标保证、履约保证等方面提供专业化的担保服务。

5.5.5　完善支持中小微企业发展的财税金融政策

2011年，国家进一步完善了支持中小微企业发展的财税金融政策，减轻中小微企业负担，缓解中小微企业融资难问题，切实推动中小微企业健康发展。如表5.11所示。

表 5.11　2011 年国家出台的支持中小微企业发展的财税金融政策

政策类型	具体政策
财政资金支持政策	《关于做好中小企业发展专项资金项目监督和管理工作的通知》
税收优惠政策	《关于继续实施小型微利企业所得税优惠政策的通知》、《关于金融机构与小型微型企业签订借款合同免征印花税的通知》
金融服务政策	《关于支持商业银行进一步改进小企业金融服务的通知》、《关于支持商业银行进一步改进小型微型企业金融服务的补充通知》

（执笔人：肖红军）

6 趋势

2012 年，中国工业发展的国内外环境面临着深刻变化，压力和动力并存，工业经济增长在大变革、大调整中前行，并呈现出趋稳复苏的态势。面对新形势，需要加快推进工业转型升级，在提升工业发展的质量效益、创新能力和可持续发展能力方面迈出实质性步伐。

6.1 面临形势

当前，国际金融危机深层次影响持续显现，世界经济的不确定性明显增强。欧洲主权债务危机还在蔓延，美国经济延续弱势复苏势头，新兴经济体经济增速明显放缓，贸易保护主义抬头。世界经济增长方式、全球产业结构和工业生产方式都在发生深刻变革。

6.1.1 世界经济增长模式正在加紧重构

世界各国寻找新的经济增长模式步伐明显加快。近期，美国相继启动了《"先进制造业伙伴"计划》、《制造业复兴计划》与《先进制造业国家战略计划》，政府、产业界和科技界之间达成高度共识，产、学、研协作进一步紧密，制造业发展环境持续改善，"再工业化"步伐明显加快。面对发达国家市场需求减弱，新兴经济体长期依赖出口带动经济增长的模式到了必须改变的时刻，新兴经济体之间同质化竞争的市场压力将明显加大。同时，围绕技术和资本的争夺也将更加激烈，寻求内生增长成为新兴经济体共同的任务。

6.1.2 全球产业结构正在进行深度调整

科技创新和技术革命催生新兴产业。信息网络、生物、可再生能源等一些重要科技领域显现革命性突破的先兆。技术创新、扩散和应用的速度明显加快。人工智能、机器人和数字制造等新技术在工业生产领域的应用推广提速。全球科技创新和技术革命必将催生出一大批以绿色、低碳和智能化为特征的新兴产业，并引领和推动传统产业的变革。发达国家都在抓紧培育发展新兴产业，以抢占未来竞争的制高点，围绕新兴产业的国际竞争将更加激烈。面对这一稍纵即逝的"机会窗口期"，我们要充分利用已有的科技、产业和人才基础，加快培育和发展战略性新兴产业。

跨国公司加快产业布局调整。自国际金融危机以来，发达国家跨国公司在全球产业布局方面更加重视"母国能力"的原则。围绕"母国能力"的培育和提升，跨国公司将会进一步通过产业区位布局、股权和非股权控制等多种方式，有效整合全球资源，牢牢掌控产业价值链高端环节。这将会进一步挤压中国产业升级的空间，增加产业升级的难度。

6.1.3　工业生产方式正在加快变革

信息技术在工业生产领域的应用加快。信息技术和先进制造技术加速融合，信息技术在工业设计、生产装备、供应链管理等环节应用不断深化，集成了虚拟网络、客户参与和成熟工艺的生产方式加快应用和普及，数字化、智能化、定制化和柔性化成为世界工业生产方式变革的发展方向。随着工业生产方式的变革，还将带来企业组织结构和业务流程的调整和变化。

工业生产方式变革促进了制造服务化的发展。信息技术的深度应用，将会使制造业企业能够提供精准化的定制服务、全生命周期的运维和在线支持服务，提供整体解决方案、个性化设计，以及便捷化的电子商务等服务形式。设计咨询、故障诊断、呼叫中心、远程监测、专业运维等制造服务化的新业态将不断涌现，专业服务在产品价值中的比重进一步提高。

6.1.4　内需是拉动工业增长的主要拉动力

城镇化和消费结构升级是扩大内需的重要方面。"十二五"期间，中国城镇化率将超过54%，城镇化进程带来的巨大消费潜力将会为工业增长注入强大动力。随着居民收入水平的不断提升，在内需主导、消费驱动、惠及民生的政策措施作用下，居民消费结构优化升级的步伐将会加快。消费结构升级将会增加对质量水平高、健康环保和安全可靠性强的工业产品需求，从而拉动工业增长。

6.1.5　能源资源和环境约束进一步强化

长期以来，资源密集型产业在产业结构中占有较高比重，工业增长过度依靠能源资源消耗和低成本要素投入，单位国内生产总值能耗过高，生态保护压力巨大。中国工业能源消耗和二氧化硫排放量分别占全社会能源消耗、二氧化硫排放总量的 70% 以上，钢铁、炼油、乙烯、合成氨、电石等单位产品能耗较国际先进水平高出 10%~20%；矿产资源对外依存度不断提高，原油、铁矿石、铝土矿、铜矿等重要能源资源进口依存度超过 50%。随着能源资源刚性需求持续上升，生态环境约束将会进一步加剧。

6.2　工业发展趋势

加快推进工业转型升级是未来工业发展的主要任务，融合发展是工业转型升级的重要途径和主要特征。2012 年，原材料工业呈现调整优化发展趋势，实现"强基"任务和创新发展将成为装备工业发展的主要内容，"提升"是消费品工业发展的主题，关键技术和商业模式"突破"是电子信息产业发展的主要任务，战略性新兴产业将围绕"内涵"发展深入展开。

6.2.1　融合发展将成为转型升级的重要途径

工业化和信息化加快融合发展。以信息化创新研发设计手段，促进企业自主创新能力提升；以信息化推进生产装备智能化和生产过程自动化，促进现代生产体系形成；以信息化推进企业管理信息系统的综合集成，促进现代经营管理体系完善。

新兴产业和传统产业加快融合发展。一方面，新兴技术对传统产业的改造升级，将进一步拓展传统产业的技术机会和发展空间；另一方面，通过促进传统产业向新兴领域的延伸和跨越，传统产业的产业基础优势将进一步加快新兴技术的工程化和产业化步伐。

工业和生产性服务业加快融合发展。在工业转型升级为生产性服务业，发展不断提供需求动力的同时，生产性服务业的发展也将促进工业生产效率和竞争力的提升。

军事工业和民用工业加快融合发展。随着军民融合体制机制的改革和完善，国防领域和民用领域的科技成果、人才、资金、信息等要素将深入交流融合，工业发展对国防科技工业建设的支撑力、国防科技对工业转型升级的牵引力将同步加强。

6.2.2 原材料工业调整优化发展

钢铁工业的新增产能和总量扩张将被合理控制，行业发展水平提升将围绕技术改造、淘汰落后、兼并重组、循环经济等重点领域展开。有色金属行业的精深加工水平、品种质量和资源综合利用水平将进一步提升，稀土、钨、锡、锑等稀有金属行业的统筹规划和规范管理将进一步加强。石化及化学工业的规模化、一体化、集约化发展趋势将进一步增强，化工新材料、高端石化产品、新型专用化学品、生物化工和节能环保化工产品的比重将继续提升。节能环保型建筑构件、工程预制件等建材产品以及具有保温隔热、隔音、防水、防火、抗震等功能的新型建筑材料及制品将成为建材工业的重要增长点。

6.2.3 机械装备工业创新发展

关键基础零部件、基础工艺、基础材料、基础制造装备的研发和系统集成水平提升将成为未来产业政策和企业战略布局的制高点。机床、汽车、船舶、发电设备等装备产品的升级换代步伐加快，智能制造装备、新能源汽车、海洋工程装备、轨道交通装备、民用航空航天、节能环保和安全生产装备等高端装备制造业将逐渐驶入行业增长的快车道。智能制造装备发展工程、节能与新能源汽车、深海探采工程装备、轨道交通装备及关键系统、支线飞机和通用飞机等重大技术装备创新发展和示范应用工程将有序推进。

6.2.4　消费品工业提升发展

绿色、节能产品将成为轻工业产品市场的亮点，轻工业企业将更加注重研发设计、品牌建设和电子商务渠道建设。纺织工业高新技术改造的力度将继续加大，技术先进、引领时尚、吸纳就业能力强的现代纺织工业快速发展，棉花、麻、蚕茧、羊毛等主产区的纺织精深加工加快发展，西部地区的纺织工业比重有望进一步提升。健康、营养、保健、方便食品的市场需求仍将快速增长，行业质量安全检验检测条件和企业诚信体系建设加快推进，龙头企业将更加注重对优质原料基地的控制和建设。基因工程药物、抗体药物、新型疫苗等领域的关键技术和重大新产品的投资和研发力度将进一步加大，生产和技术资源向优势医药企业集中的趋势继续增强。

6.2.5　电子信息产业突破发展

关键电子元器件、材料和设备的核心技术和工艺创新，成为基础电子工业结构优化、配套完善的重点内容。在传统技术优势的基础上，商务模式创新和终端技术的融合发展将成为计算机、数字视听企业竞争的焦点。下一代互联网、三网融合、物联网等关键技术的研发和产业化步伐继续加快。应用电子、数字电视等领域的嵌入式操作系统和软件的研发与产业化加速推进，工业转型升级将拉动工业软件、行业应用软件和解决方案市场的快速增长。

6.2.6　战略性新兴产业内涵发展

在有关战略性新兴产业的顶层设计和政策细则不断优化完善、深入实施的背景下，战略性新兴产业的发展将由过去规模扩张式的增长模式逐步向更加注重核心技术突破和重点产品开发的内涵式增长模式转变。在经过各地区的激烈竞争和积极探索后，产业技术联盟、共性技术平台、示范应用工程等战略性新兴产业的技术、市场基础设施的建设和组织模式将更加清晰，各级政府对战略性新兴产业的投资将更加注重结构优化和效率提升，战略性新兴产业对工业增长的拉动作用、对工业转型升级的引领带动作用将更加突出。

6.3　政策发展趋势

面对国内外经济环境的深刻变化，需要努力营造有利于工业转型升级的产业政策环境，进一步增强产业政策的整体性、协调性、针对性和可操作性，进一步统筹兼顾长期和短期目标之间的关系，处理好稳增长和促转型之间关系。

6.3.1　完善以"转型升级"为中心的产业政策体系

工业转型升级已成为中国加快转变经济发展方式的关键所在，既是走中国特色新型工业化道路的根本要求，也是实现工业大国向工业强国转变的必由之路。今后，需要加快构建和完善以"转型升级"为中心的产业政策体系。这一政策体系的重点是要按照构建现代产业体系的本质要求，坚持以科学发展为主题，以加快转变经济发展方式为主线，以改革开放为动力，着力推动自主创新能力提升；推进信息化与工业化深度融合，改造提升传统产业，培育壮大战略性新兴产业，加快发展生产性服务业，全面推动技术结构、组织结构、布局结构和行业结构的优化。

6.3.2　促进工业绿色低碳发展

以建设资源节约型、环境友好型工业体系为目标，进一步强化技术和标准支撑，完善政策机制，抓好试点示范，强化管理创新，为实现"十二五"节能减排目标打下坚实基础。

（1）进一步淘汰落后产能。通过完善界定落后产能的环保、能耗标准，促进形成上大压小、减量或等量置换机制，推动利用市场手段淘汰落后产能。加强工业投资项目节能评估和审查，严控"两高"和产能过剩行业盲目扩张。

（2）加强节能降耗技术改造。组织实施重点节能工程、综合利用工程和清洁生产工程，加强节能减排共性关键技术和装备开发、示范与推广应用。

（3）积极推进清洁生产和污染治理。创建一批清洁生产示范企业，加强铬盐、铅酸蓄电池等涉重金属行业清洁生产专项改造，推进重金属污染防治，探索推进产品生态设计。加强电子信息产品、汽车产品污染控制。

（4）发展循环经济和再制造产业。开展工业固体废物综合利用基地、机电产品再制造企业、"两型"企业创建等试点，推进循环经济重大技术示范等工程建设。

（5）大力发展节能环保低碳产业，推进节能环保低碳技术、装备、产品、服务发展，开展工业节能、资源综合利用等关键成套设备和装备产业化示范。

6.3.3　改善中小企业发展环境

2012年，中小企业政策的中心是"服务"。要以支持创新型、劳动密集型、创业型中小企业特别是小型微型企业为重点，进一步完善和落实扶持政策，加强引导，完善服务，促进中小企业发展环境不断优化。

（1）强化政策落实。真正落实好已出台各项财税、金融政策，推动出台进一步扶持中小企业健康发展的政策意见。组织实施企业减负专项行动。

（2）完善中小企业融资服务。发挥中小企业信用担保专项资金和税收政策的作用，完善中小企业信用担保体系，推进有条件的地方设立完善中小企业信用再担保机构。继续拓展中小企业融资渠道，鼓励和支持融资服务平台建设。

（3）引导中小企业加快转变发展方式。发挥中小企业专项资金的作用，重点支持中小企业加强技术改造。继续实施中小企业信息化推进工程和创新能力建设、创办小企业、管理提升等计划。建立健全促进中小企业节能减排的政策激励和约束机制。

（4）加快公共服务体系建设。继续培育一批国家中小企业公共服务示范平台，实施中小企业公共服务平台网络建设工程，推动建设产业集群、中小企业集聚区以及重点行业公共服务平台。通过资质认定、购买服务和资金补助，鼓励和引导服务机构为中小企业提供优质服务。推动建立和完善中小企业分类统计、监测、分析制度。

6.3.4　推进重点行业兼并重组

要以汽车、钢铁、水泥、船舶、机械、电子信息、电解铝、稀土、食品、医药、化妆品等行业为重点，充分发挥市场机制作用，推动优势企业强强联合、跨地区兼并重组、境外并购和投资合作，引导兼并重组企业管理创新，促进规模化、集约化经营，提高产业集中度。清理限制跨地区兼并重组的规定，理顺地区间利益分配关系，加快国有经济布局和结构的战略性调整，支持民营企业参与国有企业改革、改制和改组。鼓励通过壮大主业、资源整合、业务流程再造、资本运作等方式，加强技术创新、管理创新和商业模式创新，在研发设计、生产制造、品牌经营、专业服务、系统集成、产业链整合等方面形成核心竞争力，壮大一批具有竞争优势的大企业、大集团。

6.3.5　增强自主创新能力

大力推进原始创新、集成创新和引进消化吸收再创新，推动关键核心技术突破，加快构建以企业为主体、产学研结合的技术创新体系，为工业转型升级提供重要支撑。

（1）支持企业参与国家科技计划和重大工程项目，健全由企业牵头实施应用性重大科技项目的机制，重点支持和引导创新要素向企业集聚，使企业真正成为研究开发投入、技术创新活动、创新成果应用的主体。

（2）加强技术创新能力建设，支持建设一批产业技术开发平台和技术创新服务平台；推动建立一批由企业、科研院所和高校共同参与的产业创新战略联盟；以核心装备、系统软件、关键材料、基础零部件等关键领域为重点，突破和掌握先进制造、节能减排、国防科技等领域的一批关键核心技术，研制一批重大装备和关键产品；支持和促进重大技术成果工程化、产业化。

（3）实施知识产权战略，加强标准体系建设。

（4）要加强创新型人才和技能人才队伍建设。

6.3.6　促进产业合理、有序转移

坚持政府引导与市场机制相结合、产业转移与产业升级相结合、优势互补与互利共赢相结合、资源开发与生态保护相结合，引导地区间产业合作和有序转移。

（1）出台《产业转移指导目录》。根据各地产业基础、资源禀赋、环境容量、配套能力等条件，统筹兼顾，综合协调，科学、合理地确定各地重点发展的产业方向，提出优化调整的产业门类，推动产业向生产要素优势集中的地区转移。

（2）提升承接产业转移能力。以现有工业园区和各类产业基地为依托，加强承接地配套能力建设。鼓励通过要素互换、合作兴办园区、企业联合协作，建设产业转移合作示范区。

（3）防止落后产能向中西部地区转移。严格禁止落后生产能力异地转移，强化产业转移中的环境和安全监管。

（4）探索产业援助机制。开展多种形式对口支援，加强对新疆、西藏和青海的产业援助。

（5）逐步构建区域性产业转移对接平台。建设产业转移信息化平台，建立产业转移政策发布、项目信息及经验交流平台，拓宽各地信息交流渠道。

（执笔人：王　钦　贺　俊　肖红军　张小宁）

下篇　聚焦：产业转移

7 现状与特征

当前，全球产业分工体系进入调整、升级阶段，中国多极化的区域经济增长格局开始出现，东部沿海地区产业加快向区内欠发达地区和中西部地区转移，而中西部地区则发挥资源丰富、要素成本低、市场潜力大的优势，积极承接国内外产业转移。本轮产业转移不仅有利于加速地区工业化和城镇化进程，缩小地区差距，促进区域协调发展，还有利于推动东部沿海地区经济转型升级，调整中国区域经济格局，实现产业合理布局。

7.1 发展历程

产业转移贯穿着中国工业经济快速发展的整个过程。自新中国成立以来，按照体制改革和对外开放的历史进程进行划分，中国产业转移先后经历了四个阶段：

7.1.1 第一阶段（1949~1977 年）

新中国成立初期，中国为了平衡地区经济发展，通过高度集中的计划手段调整产业区域布局，最初是在内地建设一批重工业项目，如"一五"时期规划重点建设 156 个项目。这些项目建设优化了生产力布局，在国民经济恢复中发挥了重要作用。后来，中国采取行政手段把沿海地区的一批骨干企业搬迁到内地。特别是从 1964 年起，中国开始实施"三线"建设，提出大分散、小集中的布局方向，国防尖端项目要"靠山、分散、隐蔽"，十堰、绵阳等内地城市成为国家重点建设的工业基地。虽然这一时期的产业转移帮助内地建立起比较完整的工业体系，但由于违背产业布局的客观规律，导致工业项目整体效益不高，也给后来调整工业布局带来沉重的历史包袱。

7.1.2　第二阶段（1978~1991 年）

改革开放以后，中国开始对过去产业布局进行反思，国家生产力总体布局出现历史性转变。一方面，沿海地区在国家支持下开始对外开放，开放范围不断扩大，由经济特区、沿海开放城市逐步扩大到沿江、沿边等内地城市，对外开放地区成为承接港澳台和国际产业转移的重点区域，表现出较强的市场活力和强劲的经济增长势头；另一方面，大力调整"三线"建设项目布局，引导一批布局在"三线"的企业向条件较好的城市搬迁，重新焕发出企业生机活力。

7.1.3　第三阶段（1992~2005 年）

1992 年，中国确立社会主义市场经济发展方向，增强港澳台和外资企业到大陆投资的信心。东部沿海地区凭借优越区位条件和对外开放政策优势，吸引了大量的外资和港澳台企业，开展了各种形式的国际生产经营活动，迅速融入全球生产分工体系。这一阶段产业转移的主要特点是，国际资本和国内要素资源迅速向东部沿海地区集聚，企业面向国际市场出口制成品，外资成为加快沿海地区经济发展的重要力量。经过这一阶段，长三角、珠三角、京津冀三大都市圈成为中国经济核心区、全球制造基地，进入世界规模最大的城市群之列；而中国生产的汽车、计算机、家电、化肥等产品产量开始跻身世界前列，显现出强大的制造优势，标志着"中国制造"走向世界。

7.1.4　第四阶段（2006 年至今）

自 21 世纪以来，中国先后出台了一系列政策支持西部、中部和东北地区发展，取得明显成效。特别是进入"十一五"之后，中国东部沿海的产业出现了向省内欠发达地区、中西部地区和东南亚国家转移的现象。中部地区充分利用资源要素比较优势和庞大的国内市场，很快成为承接东部和国际产业转移的重点区域。同时，在市场运作和政府引导的共同推动下，中国出现劳动力和产业"双转移"的特点。从空间看，省内就近转移和省际转移同步进行，产业区域布局更趋合理。

当然，中国现阶段的产业转移主要表现为产业布局区际调整，国际产业转移和中国企业走出去现象也同时存在。客观地讲，本轮的产业转移已超越单纯企业区位调整，是技术、资本、要素、管理、劳动力、企业家等各种要素转移的叠加、整合和集聚，市场力量发挥基础性作用。需要强调的是，这轮的产业转移是中国生产力布局的战略性调整，是国家扩大内需的重要举措，是促进中西部地区后发优势发挥的着力点。

7.2　总体现状

利用地区工业产值、投资等指标可以衡量产业相对转移动态特征。自2005年以来，中国的东部、中部、西部和东北地区四大板块工业产值占全国的份额出现历史性变化，中部、西部和东北地区所占比重呈现稳定上升的势头；而东部地区工业产值占全国比重却持续下降，"十一五"期间下降了6.8个百分点（见图7.1）。从工业产值增长速度看，中部地区是工业产值增速最快的板块，年均增速29%，西部和东北地区工业产值增速也表现出强劲态势，分别为27%、25%，明显高于东部地区（见表7.1）。从八大经济区域看，2005~2010年，北部沿海、东部沿海和南部沿海三大经济区工业产值占全国比重都出现不同程度下降，其中东部沿海经济区（长江三角洲地区）下

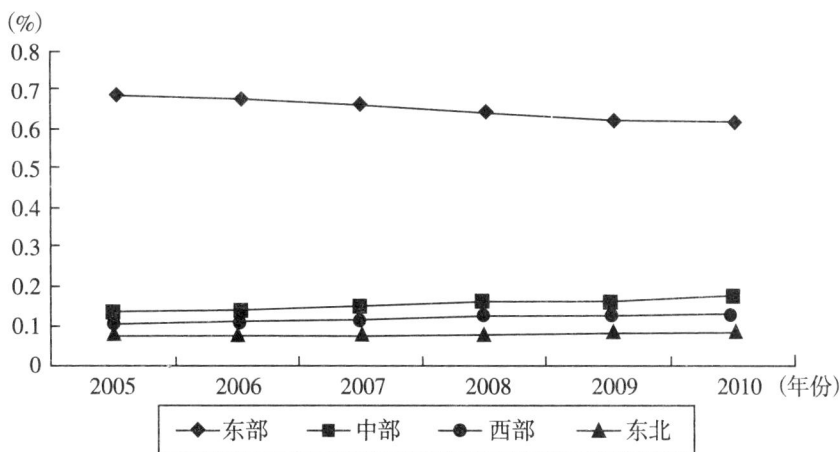

图7.1　四大板块工业产值占全国比重变化

资料来源：历年《中国统计年鉴》。

降最为明显。黄河中游、长江中游等其他五个中西部经济区工业产值占全国比重都出现上升势头，其中长江中游经济区工业产值占全国比重提高了 3.2个百分点，是"十一五"时期工业增长最为强劲的地区。如表 7.2 所示。

表 7.1   四大板块工业增长速度

单位：%

地 区	2006 年	2007 年	2008 年	2009 年	2010 年	"十一五"平均增速
东部	0.25	0.25	0.21	0.06	0.25	0.20
中部	0.29	0.39	0.34	0.10	0.35	0.29
西部	0.30	0.33	0.32	0.14	0.30	0.27
东北	0.26	0.27	0.32	0.11	0.29	0.25

资料来源：历年《中国统计年鉴》。

表 7.2   八大经济区域工业产值占全国比重变化

单位：%

经济区	2005 年	2006 年	2007 年	2008 年	2009 年	2010 年
北部沿海	0.220	0.218	0.214	0.215	0.218	0.208
东部沿海	0.284	0.281	0.276	0.264	0.252	0.248
南部沿海	0.177	0.175	0.170	0.161	0.157	0.156
黄河中游	0.061	0.063	0.070	0.071	0.067	0.068
长江中游	0.073	0.075	0.079	0.088	0.095	0.105
大西南	0.062	0.063	0.066	0.069	0.074	0.075
大西北	0.046	0.048	0.049	0.053	0.054	0.055
东北	0.077	0.077	0.076	0.080	0.083	0.084

资料来源：历年《中国统计年鉴》。

"十一五"期间，东部地区制造业固定资产投资占全国比重连续下降，2010 年较 2005 年下降了 15 个百分点。中部地区制造业固定资产投资增长最快，2010 年占全国比重为 26%，比 2005 年提高了 9 个百分点，西部和东北两大板块的比重都略有提高（见表 7.3）。从八大经济区看，北部沿海、东部沿海、南部沿海等东部三大经济区制造业固定资产投资占全国份额都出现明显下滑，长江中游经济区是承接国内、国际产业转移的重点地区，地区制造业固定资产投资出现强势增长，其他中西部经济区也出现明显的增长态势。如表 7.4 所示。

表 7.3 四大板块制造业固定资产投资占全国比重

单位：%

地区	2005 年	2006 年	2007 年	2008 年	2009 年	2010 年
东部	0.61	0.60	0.55	0.51	0.48	0.46
中部	0.17	0.18	0.21	0.23	0.25	0.26
西部	0.12	0.12	0.13	0.15	0.16	0.15
东北	0.10	0.10	0.11	0.12	0.12	0.12

资料来源：历年《中国统计年鉴》。

表 7.4 八大经济区域制造业固定资产投资占全国比重

单位：%

经济区	2005 年	2006 年	2007 年	2008 年	2009 年	2010 年
北部沿海	0.248	0.240	0.221	0.206	0.205	0.198
东部沿海	0.252	0.258	0.241	0.222	0.204	0.194
南部沿海	0.113	0.097	0.090	0.082	0.069	0.070
黄河中部	0.070	0.078	0.089	0.090	0.092	0.090
长江中部	0.097	0.101	0.116	0.138	0.154	0.171
大西南	0.072	0.070	0.080	0.088	0.096	0.093
大西北	0.052	0.055	0.055	0.058	0.061	0.060
东北	0.096	0.101	0.108	0.117	0.119	0.124

资料来源：历年《中国统计年鉴》。

7.3 基本特征

当前，中国产业转移正处于快速推进时期，中西部地区是承接产业转移的重点板块。总体而言，主要表现出以下四个方面的特征：

7.3.1 产业转移的基本条件已经成熟

中西部地区以及东部欠发达地区要素资源相对丰富，市场容量不断增大，产业配套能力逐步增强，政策环境日益改善，承接产业条件和配套能力不断提高；相反，东部沿海地区客观上存在产业结构臃肿的境况，从事传统产业的企业在生产要素价格快速上涨的过程中处境比较困难，需尽快调整、迁出和升级。同时，国际复杂的市场环境促使东部出口加工型企业开始考虑转向内地市场，直接在中西部地区设立生产基地。此外，国家支持西部开发、中部崛起等区域政策也助推了东部沿海地区和海外企业到中西部地区投资。

7.3.2　产业转移主体更趋多元化

中央企业和民营企业在本轮产业转移中几乎平分秋色，中央企业在大型能源重化工项目中占据优势；民营企业则在食品、轻工、机械、电子等非垄断性行业发挥重要作用，不仅通过资产重组、投资设厂、资源开发等方式涉足工业领域投资，还向现代农业、现代服务业等领域延伸。同时，地方政府在政策制定、环境营造、平台搭建、信息服务等方面发挥着积极引导作用。合作共建园区是本轮产业转移的亮点，各地探索出多种合作模式，有效调动了企业、地方政府、行业协会、科研院所等相关主体的积极性，把"共同规划、共同投资、共同管理、共同招商、共同受益"的理念渗透到每个环节。建立新型的对口支援帮扶机制是本轮产业转移的另一亮点，由国家负责组织实施的对口援建汶川地震灾区和援疆都取得了很好的效果。

7.3.3　产业转移模式各具特色

目前，中国出现跨地区的关联产业协同转移和集群整体转移，各地探索出各种特色的产业转移模式。根据不同的主要影响因素，可以将现有产业转移模式归为资源利用型转移、市场开拓型转移、战略投资型转移、产业集群型转移、竞争跟进型转移和政策吸引型转移六种类型。各地区在探索产业转移模式时，经常根据实际需要采取复合型产业转移模式，充分发挥各种类型转移模式的优点，在较短时间内能获得较好的产业转移效果。

7.3.4　产业转移的地区差异明显

在中西部地区，安徽、江西、湖南、湖北、河南、四川、重庆等省（市）"十一五"期间利用境内省外资金最多，内蒙古、山西、新疆、宁夏、贵州等省（区）利用境内省外资金相对较少；上海、广东、江苏、浙江、福建等省（市）是转出产业最多的地区，辽宁是东北地区承接产业规模最大的省份。从行业看，食品、饮料、家具、棉纺、服装、制帽、橡胶、塑料、电子、陶瓷、医疗器械、汽摩配等行业出现规模化转移趋势。

（执笔人：王钦、叶振宇）

8 重点与方向

中国地区差异很大，且各地区所处发展阶段不同，要坚持因地制宜、突出特色、关联带动的原则，把握现阶段产业转移的重点和方向，使产业转移能够为推动地区工业转型升级提供有力的支撑。

8.1 东北地区

8.1.1 地区概况

东北地区，即东北经济区，包括辽宁、吉林和黑龙江，面积 79 万平方公里，2011 年，常住人口约 1.1 亿人。东北经济区是中国老工业基地分布最为集中的地区，重工业基础雄厚，工业体系完整。东北经济区自然资源丰富，石油、煤炭等矿产资源丰富，是中国重要的粮食生产区。东北经济区区位优势突出，与俄罗斯、朝鲜等国接壤，是中国面向东北亚开发开放的重要门户。

8.1.2 重点区域

哈大齐工业走廊、牡绥地区、长吉图开发开放先导区、沈阳经济区、辽宁沿海经济带是东北地区承接国内外产业转移的重点区域，利用现有产业基础和资源优势，建成具有国际竞争力的装备制造基地、新型材料和能源保障基地、重要技术研发与创新基地。松嫩、三江两大平原、大小兴安岭林区等地区发挥农牧、林业等资源优势，吸引发达地区的企业到农牧区和林区投资兴业，建设重要的农林产品深加工基地。应发挥中俄、中朝边境口岸对外开放窗口作用，利用国外优势资源和国际市场，吸引国内外企业采用加工贸易方式开展国际经营，加快建设加工贸易转移重点承接地，发展面向周边的特色外向型产业。深化沿海地区开放，依托各类开发区，重点承接日本、韩国等发达国家的生产性服务业转移。

8.1.3　发展重点

发挥东北地区较强的产业和科技基础优势，要抓住国内外产业转移的历史机遇，依靠科技创新推动产业结构优化升级，以建立现代产业体系为重点，提升优势特色产业国际竞争力。

电子信息产业。以现有基础，围绕集成电路、数字视听、现代通信、汽车电子、光电子、工业控制系统及软件等重点领域，建立产学研融合发展机制，培育新一代信息产业优势，壮大电子信息产业规模。

装备制造业。以沈阳、大连、长春、哈尔滨、齐齐哈尔五大传统装备制造业基地为中心，建设具有国际竞争力的大型成套装备、轨道交通、高端装备制造及关键零部件制造业基地；以大连、葫芦岛为重点，发展高技术、高附加值的船舶及海洋工程装备产业；以沈阳、长春、哈尔滨为龙头，做强做大汽车产业。

原材料工业。适度压缩钢铁产能总量，适度增加利用境外铁矿石资源的比重，建成精品钢材产业基地。综合开发利用大兴安岭铅锌成矿带、多宝山铜矿以及辽宁南部地区镁矿等资源，积极发展铜、铝深加工产业。利用辽宁菱镁矿和黑龙江石墨资源优势，适度发展低碳环保的新型建材产业。加快沈阳经济区一体化进程，建设辽中南新型原材料基地。加快现有石化企业改造提升步伐和沿海石化基地建设，推进建设黑龙江煤电、煤化工项目，重点发展化工新材料、精细化工、特种化学品等高端石化产业。

消费品工业。依托松嫩平原、两江平原、大兴安岭及长白山地区特色种植和养殖业，以农林产品精深加工为方向，建设特色农副产品和林下产品生产加工基地，引进国际先进技术和国内外资本，培育发展生态健康产业。发挥化纤原料优势，大力发展高性能纤维及下游产业用纺织品。利用长春、哈尔滨、本溪等国家级生物产业基地和通化、敖东等医药产业集聚区优势，提升生物医药产业层次，扩大国内外市场份额。

8.2 东部地区

8.2.1 地区概况

东部地区包括北部沿海经济区、东部沿海经济区和南部沿海经济区，共 10 个省（市），是我国经济发展的重要引擎和承接国际高端产业转移的重点区域。其中，北部沿海经济区包括北京、天津、河北和山东，面积 62.8 万平方公里，2011 年，常住人口约 2 亿人。北部沿海经济区交通网络发达，铁路、高速公路、机场、码头等线路空间分布密集。智力资源丰富，北京和天津是中国重点高校、科研机构、企业研发机构最为集中的地区之一。产业基础雄厚，装备制造、钢铁、高新技术、化工、医药、电子信息等行业在全国占据优势。

东部沿海经济区包括上海、江苏和浙江，面积 21 万平方公里，2011 年，常住人口约 1.6 亿人。东部沿海经济区是中国经济发展基础最好、体制环境最优、整体竞争力最强的区域之一，具有区位条件优越、经济基础雄厚、城镇体系完善、体制创新活力强、科技文化发达、一体化程度高等优势。同时，面临较大的资源环境压力等问题。

南部沿海经济区包括福建、广东和海南，面积 33 万平方公里，2011 年，常住人口约 1.5 亿人。南部沿海经济区是区位优越、市场发达、对外开放早、产业基础较好的区域。其中，珠三角是南部沿海经济区最为发达的地区，具有市场体系完整、城镇体系成熟、对外开放度高、产业基础雄厚等优势。

8.2.2 重点区域

北部沿海经济区。夯实产业基础，发挥科技优势，挖掘发展潜力，提升京津冀地区、河北沿海地区、冀中南地区、山东半岛蓝色经济区、黄河三角洲高效生态经济区等重点区域的集聚和辐射能力，建成现代服务业基地、先进制造业、高新技术产业和战略新兴产业基地。其中，沿海地区要以海洋经济为新增长点，建成国家重要的蓝色经济区，河北沿海地区、冀中南地区、黄河三角洲高效生态经济区和山东东南部部分地区是承接产业转移的重点区域。天津滨海新区利用优越的区位条件和体制先行优势，依靠较强的产业配套能力，承接国际先进制造业和生产性服务业转移。

东部沿海经济区。加快产业转型升级，立足建设具有全球影响力的先进制造业基地和现代服务业基地，成为中国高端制造业的先行区，参与全球产业分工和竞争的主体区。苏北地区作为区域性承接产业转移的重点地区，要充分发挥内引外联、海陆统筹的区位优势，探索园区共建、对口支援等模式，主动对接苏南和上海，吸引一批环境友好、就业容量大、带动效应强的产业项目。浙江西部、南部地区要利用优越的区位条件和自然环境，吸引长三角地区企业投资兴业，发挥环境友好型产业。发挥连云港建设国家东、中、西区域合作示范区的先行先试作用，利用新亚欧大陆桥出海便捷的通道优势，主动承接长三角、日本、韩国等国内外产业转移，打造成苏北地区重要的增长极。

南部沿海经济区。加快承接国际先进制造业和高新技术产业转移，促进区域间合作，建设中国南部地区对外开放的重要门户。海西经济区（海峡西岸经济区简称，下同）以及广东东部、西南部，海南省西北部等环北部湾地区是承接国内外产业转移的重点地区。其中，海西经济区东北翼（福建环三都澳地区、浙西南、赣东北）重点承接长三角地区产业转移，闽粤赣互动发展区重点承接沿海地区产业转移，福建平潭综合实验区重点承接台湾地区先进制造业和现代服务业转移，广东东部、西南部和海南省西北部等环北部湾地区是珠三角产业和劳动力双转移的承接地。

8.2.3　发展重点

8.2.3.1　北部沿海经济区

按照经济协调发展和产业转型升级要求，北部沿海经济区要发挥地区的区位和资源优势，推动产业结构优化升级，形成优势产业突出、技术创新能力强、资源集约利用、高端发展的现代产业体系。

电子信息产业。重点依托北京、天津、济南等中心城市的智力资源优势，着力发展基础电子器件、通信及网络设备、汽车电子、计算机及软件、铁路信号等电子信息产业。扩大首都科技创新辐射区域，推进中关村国家自主创新示范园区建设，推动北京与周边地区、中西部地区开展产业转移合作共建。发挥滨海新区先行先试作用，加快建设天津国家电子信息产业基地。

装备制造业。大力发展高档数控机床、电力装备、轨道交通和工程机械，做强做优山东现代农业机械产业。做强北京、天津、保定等汽车产业基地和汽车零部件产业。提升山东汽车、特种汽车及关键零部件产业国际竞争力，提升与国际汽车生产企业的配套水平。以天津、青岛为依托，重点建设环渤海地区造船基地，发展海洋工程装备制造产业和游艇制造产业。吸引大型的国际航空航天企业落户天津，扩大天津航空航天产业规模，建设天津临港重型装备制造产业基地。

原材料工业。推动河北和山东钢铁产业兼并重组和结构调整工作，加快淘汰落后生产能力，实现减量发展、绿色发展和高端发展，提升产品档次和质量。发展壮大山东高精铜材、铝材产业，推动产业由中低端向高端提升。依托天津、秦皇岛、青岛、烟台、潍坊、日照、唐山等沿海城市，适当发展大运量的临海临港重化工业，吸引内蒙古、山西等内地省（市、区）合作共建开放型临港产业。引导化肥、烧碱、煤化工等资源型产业向中西部地区转移。

消费品工业。引导食品、轻工等产业向有资源优势的地区集中。加快建设北京国家生物产业基地，打造国际技术水平的北京生物医药产业。发展壮大山东和天津医药产业，提高行业重点企业核心竞争力。

8.2.3.2　东部沿海经济区

东部沿海经济区要继续推动产业结构优化升级，引导不具有比较优势的产业向中西部地区转移。推进工业化和信息化高效融合，大力发展先进的制造业和现代服务业，实现三次产业融合发展。

电子信息产业。围绕建设世界级产业基地目标，优化提升通信、计算机及网络、数字音视频、集成电路、软件、新型平板显示、激光显示关键材料、新型电子元器件与材料、电子专用设备仪器制造等产业层次，引导企业向产业价值链高端跃升，大力推进相关产业集群转型升级。

装备制造业。以上海、南通、舟山等为重点，打造世界级高技术船舶、海洋工程装备及配套产品产业集群。抓住市场需求不断扩大的有利机遇，做强轨道交通运输装备产业。加大技术改造力度，推动大型成套装备、农业机械、精密仪器、高精数控机床等产业发展。在上海、南京、杭州、宁波、台州和盐城发展乘用车产业，以苏州、南京、无锡、常州、扬州、金华和盐城为重点，建设国内重要的客车生产基地。

原材料工业。依托现有大型钢铁企业，加快企业兼并重组和战略联盟，推进钢铁工业布局优化和淘汰落后生产能力。促进铜、铝等有色金属冶炼加工业向电力资源充足的中西部地区转移，引导有色金属加工向高精尖发展。沿江、沿海合理布局石化产业基地，重点发展市场需求量大、高附加值的化工产品。

消费品工业。注重科技创新，建设上海生物及新型医药研发与生产中心，加快建设上海、泰州、杭州国家生物产业基地，加快以上海临港新城、盐城、宁波、舟山等为重点的海洋生物产业发展。积极发展现代纺织业，促进纺织业与创意产业融合发展，提升产业层次和产品档次，鼓励纺织加工制造能力向具有资源优势地区转移。

8.2.3.3　南部沿海经济区

南部沿海经济区要坚持转变发展方式的主线，瞄准国际市场和先进技术，推进产业转型升级，优化产业空间布局，大力构建产业结构高级化、产业布局集聚化、产业发展高端化的现代产业体系。

装备制造业。以闽东南、珠三角、粤东为中心，调整产品结构，继续做强工程机械产业。以广州、深圳、珠海为中心，建设高技术船舶和海洋工程装备制造业聚集区，在船用低速机以及数控系统等关键领域实现突破。创造条件，积极发展轨道交通以及关键零部件产业，建设轨道交通装备制造业基地。以厦门、海口、广州、深圳为重点，建设乘用车、大中型客车产业基地，加强汽车零部件配套基地建设。

原材料工业。继续建设湛江钢铁精品基地和福建宁德钢铁基地，调整三明钢铁等企业布局。以湄洲湾、湛江、茂名、惠州、洋浦为重点，利用海外资源发展沿海临港重化工业。着力推进新型建材、石材深加工发展，加快建筑卫生陶瓷等行业逐步向中西部地区转移。限制高耗能有色金属冶炼加工业发展。

电子信息产业。重点发展移动通信、网络设备、数字音视频、软件及集成电路设计、新型平板显示、半导体照明等产业，利用广州、深圳、厦门等中心城市产业基础，建设现代电子信息产业基地。

消费品工业。做优家用电器、纺织服装、食品、造纸、中药等优势传统产业，提高产业集中度，提升产品质量，增强整体竞争力，鼓励加工制造业向周边地区和中西部地区转移。

8.3 中部地区

8.3.1 地区概况

中部地区包括黄河中游经济区和长江中游经济区，共8个省（区），是我国粮食生产基地、能源原材料基地、现代装备制造及高技术产业基地和综合交通运输枢纽（以下简称"三基地一枢纽"）。其中，黄河中游经济区包括山西、陕西、河南、内蒙古，总面积约160万平方公里，2011年，常住人口约1.92亿人。黄河中游经济区具有区位优越、交通发达、矿产资源丰富、产业基础较好等优势。

长江中游经济区主要包括湖北、湖南、江西和安徽，总面积为70.42万平方公里，2011年，常住人口约2.3亿人。长江中游经济区具有区域得天独厚、自然资源丰富、人才资源充足、产业基础较好等优势，是中国重要的粮食生产基地、汽车和原材料生产基地。

8.3.2 重点区域

黄河中游经济区是中西部地区承接产业转移的重点区域，应发挥自身优势，充分利用国家支持政策，建成全国重要的高新技术产业、先进制造业和能源原材料基地，形成内陆开放高地、人力资源高地和全国最具活力的内需市场。中原经济区是工业化、城镇化和农业现代化协调发展问题具有典型性的地区，具有劳动力资源丰富、能源优势突出、产业基础扎实、城镇体系完整等优势，承接国内外产业转移的潜力很大。太原城市群要发挥优势突出资源和民间资本，深入推进国家资源型经济转型综合配套改革试验区建设，大力推动产业结构转型升级，发展电力、能源化工、重型机械等产业。关中经济区要依托现有产业基础和科技资源，壮大优势特色产业，培育发展先进制造业和现代服务产业，积极承接国内相关产业转移。呼包鄂榆经济区要发挥能源优势，大力发展能源重化工产业、装备制造业和新能源产业。蒙东地区要立足自然资源和区位优势，大力发展林产品和畜牧产品深加工、旅游等产业。

长江中游经济区是承接国内外产业转移最有潜力的区域，要充分利用现有产业基础和丰富的人力资源，建设成为中部地区重要的高新技术产业、先进制造业、原材料工业和现代服务业基地以及区域性科技创新基地。武汉城市圈、环长株潭城市群、鄱阳湖生态经济区和皖江城市带承接产业转移示范区是承接产业转移的重点地区，要利用重点开发区域的主体功能发展条件，主动承接长三角、珠三角等沿海发达地区产业转移。

8.3.3 发展重点

8.3.3.1 黄河中游经济区

黄河中游经济区要充分利用国内外产业转移的机遇，依托关中经济区、中原经济区、太原城市群、呼包鄂榆经济区等重点区域，优化投资环境，提高产业转移配套能力，着力打造结构合理、特色鲜明、节能环保、竞争力强的现代产业体系。

原材料工业。充分利用现有产业基础，在太原、安阳、包头等地进一步推动钢铁企业兼并重组，压缩传统钢材产量，提高特种钢、优质钢比重，发展大型石油管材、高档电力用钢等高附加值产品。建设中原铝精深加工产业基地和包头稀土深加工产业基地，推进济源、太原、运城、鹤壁等地的钛、铅锌、镁加工等有色金属精深加工业发展。充分发挥煤炭资源优势，加快煤炭企业兼并重组，在主要煤炭产区合理规划建设一批现代煤化工企业，推进煤化工产品深加工，构建煤气化、液化、焦化等延伸加工循环经济产业链。

利用共建园区、集聚区等平台，合理、有序地承接珠三角地区建筑陶瓷等产业转移。

装备制造业。依托西安、郑州、呼和浩特等中心城市，加大技术改造和产业升级，加快发展航空航天、轨道交通、重型装备、农业机械、输变电设备等优势产业，适度发展石化机械，冶金机械等大型成套设备行业，打造若干个规模和水平居世界前列的先进制造业集聚区。

消费品工业。发挥河南粮食主产区和内蒙古农牧资源优势，提高肉、粮油等农畜产品加工转化和精深加工水平，实现农畜产品加工业高端化、生态化、标准化、安全化。积极承接、改造和发展轻工、纺织等劳动密集型产业，培育现代医药产业。

电子信息产业。重点发展新型显示器件、应用电子、电子元器件、新一代消费电子、软件及信息服务业、电子产品加工业，加强军民结合，推进国防等电子信息产业基地建设。

8.3.3.2 长江中游经济区

围绕产业升级和培育新的增长点，瞄准沿海地区迫切需要转移的产业，积极吸引产业、技术和劳动力转移，大力提升产业层次，构建三次产业融合发展的现代产业体系。

装备制造业。着力产业改造升级，促进矿山机械、工程机械、关键总成零部件发展，建设长株潭、武汉清洁高效及新能源发电设备制造基地，高压开关设备制造基地，打造武汉重型机床及数控系统制造基地。以武汉、襄阳、十堰、合肥、芜湖、长沙、南昌为重点，建设汽车产业基地，完善汽车零部件产业集群。以长株潭、武汉、襄阳等基地为重点，着力发展轨道交通装备及关键系统、零部件。依托沿江城市的产业基础，增强内河船舶、特种船、关键船舶配套产品的市场竞争力。

原材料工业。注重内涵发展，加快高技术含量和高附加值钢材产品开发和生产。加快调整有色金属产品结构，在鹰潭、铜陵等地建设全国重要的铜精深加工生产基地。合理开发和有效利用铅锌、稀土等资源。加强武汉、岳阳、安庆、九江等大中型石油化工企业技术改造，形成中部地区骨干石油化工基地及资源特色优势化工产业基地。

电子信息产业。立足基础，大力发展光电子器件、激光、光显示、基础元器件及材料、计算机及外部设备等产业，建设以武汉为中心的光电子产业基地。主动承接东部地区劳动就业量大、产业关联度高、经济带动性强的电子装配产业转移。

消费品工业。充分发挥农副产品原材料供应优势，发展优质安全食品、绿色食品加工和现代医药产业。积极承接、改造和发展纺织等产业。利用劳动力资源优势，合理、有序地承接服装、鞋帽等环境污染小的劳动密集型产业转移。

8.4 西部地区

8.4.1 地区概况

西部地区包括西南经济区和西北经济区，共 10 个省（市、区），是国家重要的战略资源接续地和产业集聚区。其中，西南经济区包括云南、贵州、四川、重庆、广西和西藏，总面积约 257 万平方公里，2011 年，常住人口约 2.4 亿人。西南经济地区资源丰富，人口众多，省会城市产业基础较好，重庆、成都等城市是区域性的经济中心、文化教育中心和科技中心。

西北经济区包括甘肃、青海、宁夏和新疆（含新疆生产建设兵团），面积约 278 万平方公里，2011 年，常住人口约 5980 万人。西北经济地区具有资源丰富、对西开放、文化多样等优势，西安是西北地区重要的交通枢纽、中心城市和文化教育中心。

8.4.2 重点区域

西南经济区。充分利用资源和区位优势，抓住产业转移和扩大内需的有利机遇，加快建成中国先进制造业基地、对内对外开放高地、能源原材料基地、绿色食品基地和资源精深加工基地。广西北部湾经济区、成渝经济区、滇中地区、黔中地区是承接产业转移的重点区域，发挥较好的产业基础优势，打造一些特色鲜明、优势突出、具有竞争力的现代产业基地。发挥产业转移示范区先行先试的体制优势，把广西桂东和重庆沿江建成承接国内外产业转移的体制创新区和产业先导区。立足西藏独特的人文和自然景观，壮大优势特色产业，把藏中南地区建成西藏重要的经济增长极。

西北经济区。利用资源和区位优势，依托西安、兰州、呼和浩特、乌鲁木齐、银川等省会城市集聚和辐射作用，加快建设成为全国重要的原材料、能源化工、特色农畜产品加工及纺织工业基地，面向中亚、西亚对外开放的陆路交通枢纽和重要门户。兰州—西宁—格尔木地区、宁夏沿黄经济区、天山北坡经济区是大西北地区承接产业转移的重点区域，集聚西北地区绝大多数的产业和人口。

8.4.3　发展重点

8.4.3.1　西南经济区

大力振兴装备制造业，积极提升原材料工业，改造升级电子信息产业，做强做优消费品工业，着力构建就业容量大、关联带动效应强、特色优势突出的现代产业体系。

装备制造业。充分利用在长江上游集中布局重型机械、仪器仪表、航空航天、船舶配套设备、大中型发电及输变电设备、环保成套设备等产业。在成内渝、成南遂渝沿线重点发展成套电气、数控机床、小型农机等机械制造产业。大力发展轨道交通装备制造业，建设汽车、摩托车及零部件产业集群。发挥产业基础和科技优势，建设贵州通用飞机、无人机生产和试训基地。

原材料工业。利用较好的港口条件和南海丰富的油气资源，以北海、钦州、昆明、防城港为重点，建设主要利用海外资源的重化工产业带、资源特色优势化工产业基地及钢铁基地。充分发挥攀西钒钛资源优势，发展具有资源综合利用产业。发挥广西、贵州铝资源优势和重庆铝加工技术优势，发展技术含量高、市场竞争力强的铝加工项目，建设铝深加工产业基地。建设云南、贵州磷化工产业基地，承接沿海磷化工下游产业项目转移。

电子信息产业。加快产业升级，吸引具有技术领先优势的电子信息企业落户，重点发展电子基础材料、国防电子、汽车电子、微电子、仪器仪表、计算机及信息安全等产业，承接产业集群和产业协调转移，建设国家重要的电子信息产业基地。

消费品工业。适度利用天然林资源优势，加大技术改造力度，引进世界先进的造纸生产线，建设大型林（竹）浆纸基地，生产高中档纸系列产品，发展林（竹）浆一体化产业、天然纤维深加工产业。依托区内独特资源，积极发展名优白酒和茶叶等特色饮品、乳制品，做强做优绿色食品产业和中医药产业。

8.4.3.2 西北经济区

充分利用资源、区位和政策优势，扩大对内、对外开放，协调推进新型工业化和城镇化，加快装备制造业和原材料加工业转型升级，积极承接资源加工业向本地区转移和促进产业集聚发展，培育发展具有比较优势的新兴产业，积极构建多元化的现代产业体系。

原材料工业。以宁东、陇东、兰（州）白（银）、西宁、柴达木、伊犁、准东等为主，建设能源化工基地，建成全国重要的盐湖加工、煤化工产业基地和循环经济示范区。在兰州、嘉峪关布局建设不锈钢生产基地；在柴达木重点开发区、西宁东部重点开发区发展有色金属、特种钢产业。甘肃省兰白核心经济区、河西和青海省西宁、格尔木等地区重点推进化工、原材料工业发展，建设重要的化工、原材料基地。

消费品工业。结合当地棉花、羊毛、羊绒等资源优势，建设具有竞争力的纺织产业基地。加快承接农产品加工、纺织、医药等产业转移。以日喀则、那曲、兰州、西宁等为重点，推进特色优势农畜产品基地建设，构建农畜产品加工业产业集群。

装备制造业。继续做强石化、机床、农业机械、轴承装备等优势产业。以乌昌地区为依托，建设西北装备制造业中心、出口加工基地。以兰州、天水为重点，发展先进装备制造业。以宁夏银川、石嘴山，甘肃酒泉、嘉峪关，青海西宁、海东地区为主体，围绕新能源产业发展，积极承接装备制造业产业转移，建设能源装备制造基地。

（执笔人：叶振宇）

9 模式与实践

经过多年的探索和实践，我国区际产业转移发展取得了显著进展，出现了多种典型的模式和做法，进一步增强了区际产业协作。

9.1 主要模式

产业转移是一个具有时间和空间维度的复杂、动态过程。目前，我国区际产业转移的模式多种多样，按照不同的划分标准有不同的分类：按照产业转移规模视角可以区分为集群式转移模式、整体性转移模式、部分迁移模式；按照产业级差视角可以区分为梯度转移模式、中心辐射模式、逆梯度转移模式、边际渗透转移模式、垂直型产业转移模式和水平型产业转移、垂直顺梯度工序型转移模式、垂直逆梯度工序型转移模式、水平工序型转移模式。更进一步来看，由于区际产业转移实际上是生产要素的转移和集聚过程，因此其模式受到区域间生产要素、区位优势、市场环境、制度环境等多种因素的影响。综合这些影响因素，当前我国产业转移的模式可以归纳为六类：成本降低型转移、资源利用型转移、市场开拓型转移、战略投资型转移、配套衔接型转移和政策吸引型转移。

9.1.1 成本降低型转移

成本降低型转移，就是以降低成本为目标的一种产业转移模式。企业在进行转移决策时，往往要考虑转移前后的成本变化情况，主要涉及土地、劳动力、资本和技术等具有不同流动性的要素成本，如果具有比较成本优势，企业就可能进行异地发展，将产业移向成本较低的目标区位。比如，近些年来，长三角地区土地、劳动力、原材料和能源价格均出现不断上涨的趋势，而泛长三角地区的土地、劳动力成本则相对较低。因此，在低成本的劳动力、土地资源的吸引下，长三角地区一些劳动密集型产业，如纺织服装、家具制造等加快向安徽、江西等泛长三角地区转移。

9.1.2 资源利用型转移

资源在空间分布的不均衡是导致处于不同位置要素收益差异的重要原因，而要素收益的差异会引起要素在空间上的转移并引起产业在空间上的转移。因此，基于提高上游供应效率和降低物流成本的考虑，制造企业往往选择贴近原材料供应地，这意味着目标区位相对丰富的资源成为吸引资源利用型产业转移的决定因素。比如，从东部产业向湖北的转移来看，资源利用型产业转移就是一种重要模式。孝感市的石膏、岩盐、磷矿产资源丰富，吸引了宜昌宜化集团、四川久大盐业集团、成都市新都化工进驻。

9.1.3 市场开拓型转移

市场开拓型转移是以接近市场、开拓市场为目标的一种产业转移模式。企业在成长过程中必须不断扩大现有市场，开拓新市场。市场开拓型转移的主要目标是扩大销售和扩大出口，决定因素是目标区位存在大规模市场、市场信息便利或规避贸易壁垒。比如，国际金融危机发生后，在国家扩大内需政策的推动下，许多出口导向型产业将目标市场转向国内，向更靠近国内市场的中西部地区转移，积极推进生产能力区域布局的战略性调整。

9.1.4 战略投资型转移

战略投资型转移是指以多元化经营为目标的企业，往往利用目标区位有经营不善企业的机会，通过合资合作、改制并购等方式注入投资，接继原公司的业务、技术或品牌，从而进入一个新的行业、拥有一项成熟的技术或拥有一个成熟的品牌。以湖北为例，湖北应城市的双环科技、湖北应城市制盐厂和湖北应城市第一制盐厂、湖北应城市联碱厂和湖北应城市化肥厂分别被宜化集团、久大盐业集团、成都市新都化工收购，使得收购者快速进入当地市场，并实现业务的快速发展。

9.1.5　配套衔接型转移

配套衔接型转移是指当某个产业转移到目标区位后，其产品供应链的相关企业也会随其移入目标区位的一种产业转移模式。这类产业转移的目的是加工企业出于与大企业集团形成更加紧密联合体的需要，按大企业集团扩张发展的要求，到大企业集团生产基地投资办厂、就近配套，从而有利于及时获取生产信息、调整产品结构。与此同时，配套衔接型企业也节省了运输费用，降低了生产成本，促进企业发展。比如，长三角地区的企业将部分生产环节向安徽、江西等临近省份转移，并与本地形成配套互补的紧密的产业分工合作格局。

9.1.6　政策吸引型转移

政策吸引型转移是指在政府政策影响下的一种产业转移模式。作为一种重要的制度安排，政府的政策导向对产业转移的形成具有重要的影响。一方面，产业转移的目标区需要有交通、通讯、治安、教育等公共产品的保障，而这些公共产品的建设在绝大多数情况下仍然需要依靠政府；另一方面，产业转移需利用产业政策来推进，政府可以通过激励性的产业政策改变一些企业投资的区位选择。这种激励性的产业政策既可以是税收上的减免优惠，或土地价格的低廉，也可以是政府在营造产业环境上的投入，从而吸引更多的企业向这里转移。

9.2　典型实践

从产业转出区和承接区典型模式和经验进行总结，有利于为其他地区推进产业转移和增强区域协作提供有益的借鉴。

9.2.1　转出区实践

9.2.1.1　珠三角：劳动力和产业"双转移"

珠三角地区作为我国改革开放前沿阵地，其经历了快速发展的过程，取得令人瞩目的成就。然而，进入"十一五"以来，长期积压的结构性问题开始显现，资源环境问题日益明显，用工紧张、拉闸限电、社会治安恶化等现象比较突出。自 2008 年以来，广东省又遭受了百年一遇的国际金融危机，特别是珠江三角洲外向型经济更是受到重创。不仅如此，广东省内地区差距持续扩大，两翼和粤北山区经济落后困局正有待于破解。在这样的背景下，2008 年 5 月广东省在改革开放 30 年之际经过深刻反思，决定推动经济转型，陆续提出加工贸易转型升级、产业和劳动力"双转移"等产业布局战略调整思路，并实施"合作单位扶一点、政府财政挤一点、上级部门帮一点、自身经营赚一点"的做法保障"双转移"顺利实施。

自 2007 年以来，广东省开始认识到区域膨胀病和落后病并存的状况，并于当年出台了《广东省东西北振兴计划 2006~2010》，重点任务是加快交通等基础设施建设，推进工业项目带动，培育经济集聚力和完善基本公共服务。紧接着，广东省政府明文规定产业布局调整重点在于珠江三角"腾笼换鸟"，形成先进制造业、高新技术产业和金融服务、物流等生产性服务业集聚；粤北山区和东西两翼"造林引凤"，依托现有工业园区承接珠江三角洲地区纺织服装、制鞋、塑料、五金、箱包、玩具、家具、建材等劳动密集型产业转移，同时积极承接先进制造业的生产制造部分，形成劳动力和技术密集型产业集聚。

为了加快产业布局调整和转型升级，广东省委、省政府出台了"双转移"的一系列政策措施，具体包括：

第一，加强区域协作。珠江三角洲与粤北山区及东西两翼坚持利益共享原则，联手推进产业转移，即在国家现行财税政策框架下，按照双方规定比例共享合作园区产生的税收和规费地方部分，积极探索以珠江三角洲主导合作模式、以珠江三角洲委托开发和以东西两翼及山区为主导、珠江三角洲支持的合作模式。

第二，加大财政支持。每年承接地所在城市可获得省级财政补助 4000万元，2007~2008 年所在地市的基础设施建设和经济发展每年可获得财政 1亿元资助。省级政府财政通过转移支付、专项经费拨付资助欠发达地区建设产业转移园区的外部基础设施。科技三项经费、挖潜改造资金、技术创新专项资金、中小企业发展专项资金，技改设备投资抵免所得税等政策向转移企业倾斜，对于整体产业转移的企业给予技术改造贴息支持。鼓励企业使用本省农村劳动力，有条件的地方给予企业社保补贴和岗位补贴。

第三，流转用地指标。产业转入地按照依法、平等、自愿的原则，对口调剂使用农用地转用计划指标和补充耕地指标，允许珠三角地区委托山区对口开发补充耕地。

第四，降低生产经营成本。为了提高对转移产业的吸引力，政府采取干预手段降低用电、用地、用工等生产成本，其中规定产业专业园区电价比珠三角地区低 0.1 元/千瓦时。

第五，推出环保指导。分区管理和分类指导相结合，加大环境整治力度，提高环境容量，保证新的产业进来所腾出的环境容量。加快环评审批，协助做好园区选址。

第六，增进管理服务。一方面，广东省经济信息委员会负责产业转移园的认定办法，牵头并会同各部门做好产业转移园的政策制定和实施；另一方面，要求产业转入地的各相关部门简化审批程序，推广"一站式"服务，同时加大口岸建设，通过加工贸易联网公共平台建设，整合外贸、海关、外汇等涉外部门，支持符合条件的产业转移园设立出口加工区和保税物流中心，降低外贸成本。

第七，加强人才保障。集中全省技校、职业技术学院力量在设置专业和培训劳动力方面给予支持。建立覆盖城乡的职业技能培训体系，通过认定的劳动力培训定点机构，扩大培训规模。省政府每年安排 10 亿元以上资金专项用于劳动力技能培训、智力扶贫、劳动力转移就业服务等。建立优秀农民工激励机制，采取落户城镇政策表彰涌现出来的优秀农民工。此外，各地应拿出一定比例的保障性住房指标向优秀农民工提供。加快产业专业劳务信息化建设，建立就业信息申请和发布制度，完善各级就业服务体系，做好实施农村劳动力转移就业工作。

应该说，广东省"双转移"政策支持力度是空前的，已有一批产业转移工业园建成投产。据初步统计，共审批省级产业转移工业园 36 个，共 908 家企业从珠三角转移过来的企业顺利入驻，主要从事纺织服装、化工、电子、塑料、五金、机械等劳动密集型或现代制造业的制造环节（见表9.1）。这类工业园主要以珠三角和粤北山区及东西两翼合作开发为主，对口支援的行政体制起着关键的作用。

表9.1　珠三角产业转移工业园区名录

	省级产业转移资金中标园①	企业数	其他省级产业转移工业园	企业数
湛江	广州（湛江）产业转移工业园	44	深圳龙岗（吴川）	3
			佛山顺德（廉江）	24
茂名	珠海（茂名）产业转移工业园	17	广州白云江高（电白）	—
			东莞大朗（信宜）	6
阳江	广州（阳江）产业转移工业园	86	佛山禅城（阳东万象）	17
			中山火炬（阳西）	27
			东莞长安（阳春）	7
云浮	佛山（云浮）产业转移工业园	—	佛山顺德（新兴新成）	26
江门	江门产业转移工业园	17		
肇庆	中山（肇庆大旺）产业转移工业园	78	顺德龙江（德庆）	20
			中山大涌（怀集）	12
清远	佛山（清远）产业转移工业园	23	佛山禅成（清新）	8
韶关	东莞石龙（始兴）产业转移工业园	9	东莞（韶关）	64
			东莞东坑（乐昌）	11
河源	中山（河源）产业转移工业园	51	深圳南山（龙川）	4
			深圳福田（和平）	72
惠州			东莞（惠州）	6
			东莞凤岗（惠东）	48
汕尾			深圳（汕尾）	41
揭阳			珠海（揭阳）	17
梅州			广州（梅州）	40
			东莞石碣（兴宁）	6
汕头	汕头市产业转移工业园	42		
潮州	深圳（潮州）产业转移工业园	82		
合计	11②	449		459

注：①省产业转移竞争性扶持资金中标园；②实际上审批了13个，但有两个没有收集到。
资料来源：根据广东省产业转移综合信息管理系统数据整理。

这种模式的可取之处在于：①政府强有力的推动，通过产业向周边落后地区转移，强化发达地区的辐射力，"移业就民"方式又能培育当地经济自我发展能力；②在国家现有体制框架下，灵活应用财税、土地等政策可以为产业布局调整提供激励；③通过"双转移"行动，有利于解决珠三角结构臃肿和资源环境压力过大问题，能有效遏制外来人口集聚势头，并促进当地产业创新升级。

当然，这种模式也存在一定的局限性：①"双转移"带有很强的政府色彩，市场调节机制并没有充分发挥；②由于珠三角周边地区都有发展经济的积极性，于是地方竞争引项目不可避免，这可能导致落后产能乘机转移。

9.2.1.2 长三角："区内区外并举"转移

长三角地区是我国"外联海外、内联腹地"具有辐射意义的战略枢纽点，世界第六大城市群。经过近十几年的快速发展，曾经支撑长三角地区经济发展的劳动力和土地资源优势正在逐步消失，产业发展的资源和环境承载能力已经难以支撑地区经济的持续快速发展。近年来，随着国内外经济环境的不断变化，长三角地区外延型发展方式难以为继，加上受国际金融危机冲击和周边国家竞争加剧的影响，加快经济转型和结构升级已刻不容缓，推进相关产业有序梯度转移、实现区域有效分工合作已是大势所趋。在这种形势下，大量企业开始重新调整生产布局，纷纷将生产基地或目标市场由长三角地区向周边（苏北、浙西）和内陆（中西部地区）转移，加快了长三角地区产业向区内和区外同时转移的步伐。

在产业梯度转移规律和政策因素的共同作用下，长三角地区产业向区域内外地区转移呈现出"轴向式转移"和"圈层式转移"两种路径。"轴向式转移"是主要模式，其特别是沿着主要交通干线和长江岸线转移。从具体产业来看，主要是对交通条件和产业配套能力要求较高的一些重化工业，如化工、有色金属、船舶制造、汽车及零部件等呈现沿长江和交通干线向苏北、浙西、安徽（尤其是皖江城市带）、江西转移。主要包括：①沿大城市——交通轴线转移。长三角地区的上海、苏州、无锡、常州、南京、杭州、宁波等中心城市的纺织服装、农副产品加工、有色、化工、建材、汽车零部件、船舶制造等产业沿主要交通干线向包括苏北、浙西、皖江城市带等地区转移和扩散。②沿长江黄金水道转移。为利用长江黄金水道和良好的岸线资源优势，上海、苏中南、浙东北地区的船舶制造、化工、有色、建材等产业加快向马鞍山、芜湖、铜陵、池州、安庆等城市转移。③沿地域文化轴线转移。在皖江文化向心力的吸引下，江苏、浙江的一些地区的企业向皖江城市带投资的步伐加快。

从"圈层式转移"来看，在扩散效应和政策因素的推动下，长三角地区产业将率先向第一圈层，即苏北、浙西转移。转移的产业主要是沿江、沿海发展的重化工业。同时，在安徽、江西等地区产业基础好、要素成本低、配套能力强的吸引下，纺织服装、化工、有色金属加工、非金属材料等传统产业以及汽车、家电等产业的配套生产环节向这一外围圈层转移。总体上呈现由南向北、自东向西的转移规律。

综上所述，现阶段，长三角地区正处于产业结构调整和产业转型升级的关键时期，产业转移开始进入规模化阶段。由于长三角区域内和周边地区在经济发展上存在梯度，周边地区劳动力资源丰富、市场发育比较成熟、产业配套相对完善，自然成为长三角地区产业转移首选地。长三角的产业转移呈现出"区域内外并举"推进的显著特征，既有向苏北、浙西等江浙经济发展相对落后的地区转移，又有向安徽、江西等中西部地区转移。

9.2.2　承接区实践

9.2.2.1　安徽：打造示范区

2010年1月12日，国务院正式批复《皖江城市带承接产业转移示范区规划》（以下简称示范区规划），安徽省皖江城市带正式上升为国家战略，这是第一个以产业转移为主题获批的区域规划，也是新时期国家支持中部崛起的重要举措。根据该规划，皖江城市带包括合肥、芜湖、马鞍山、铜陵、安庆、池州、巢湖、滁州、宣城9市，以及六安市的金安区和舒城县，共59个县（市、区），土地面积7.6万平方公里，人口3058万人，依托现有的产业基础，发挥区位和资源优势，构筑"一轴、双核、两翼"的空间布局，即以沿长江一线为发展轴，以合肥和芜湖两市为"双核"，以滁州和宣城为"两翼"。皖江城市带是"十二五"时期我国主体功能区规划的重点开发区域，既有接近长三角发达地区"桥头堡"的区位优势，又面临工业化、城市化和农业现代化的艰巨任务。

中央和地方高度重视皖江示范区建设，相继出台配套政策和实施意见，形成政策"合力效应、抢滩效应、洼地效应"，有力支持示范区加快建设。这些政策主要包括：

第一，国家出台示范区规划和相关配套政策。国家出台示范区规划，内容包括空间布局、园区建设、承接重点产业、产业创新升级、基础设施、资源节约和环境保护、区域联动、体制机制创新、保障机制九个方面。同时，国家有关部门出台了具体支持政策，比如，工业和信息化部出台了《工业和信息化部与安徽省人民政府关于加快安徽省新型工业化建设战略合作框架协议》。

第二，安徽省委、省政府抢抓机遇，敢于为先，大力推进示范区建设。省委、省政府出台了《关于推进皖江城市带承接产业转移示范区建设的决定》、《关于加快推进皖江城市带承接产业转移示范区建设的若干政策意见》、《关于皖江城市带承接产业转移示范区规划的实施方案》、《皖江城市带承接产业转移示范区产业发展指导目录》、《皖江城市带承接产业转移示范区考核评价办法（试行）》等文件，从动员、政策指定、考核评估等环节明确各部门和各地区的目标和任务。

第三，省直机关和各地市按照省委、省政府的要求纷纷出台实施意见或细则。省国税局、省地税局分别印发了《促进皖江城市带承接产业转移示范区发展若干税收优惠规定》和《关于明确皖江城市带承接产业转移示范区建设若干税收优惠政策规定的通知》，进一步明确税收优惠的范围、条件和实施办法；省人力资源和社会保障厅出台了《关于加快推进皖江城市带承接产业转移示范区建设的若干政策意见的实施细则》，从促进就业、人才队伍建设、智力引进等方面明确各项支持政策的实施细则。此外，其他部门也出台了各项便利措施，具体如表9.2所示。合肥、芜湖等城市还出台了落实省委、省政府决定的实施意见。

自2010年初以来，中央和地方各项政策进入实施阶段，极大地调动地方承接产业转移的积极性，也给市场释放出强劲、积极的信号。皖江示范区已是我国经济增速快、发展潜力好、政策优势强的重点区域。

第一，经济增速快。2010年，皖江示范区实现地区生产总值8224亿元，

表9.2　安徽省直机关出台支持示范区建设的政策文件

省直机关	发布文件名称
省审计厅	《关于报送审计服务皖江城市带承接产业转移示范区建设实施意见的报告》
省科技厅等	《关于印发推进皖江城市带承接产业转移示范区自主创新若干政策措施的通知》
省粮食局	安徽省粮食局贯彻省委、省政府《关于推进皖江城市带承接产业转移示范区建设的决定》的实施意见
省政府金融办等	《关于支持皖江城市带承接产业转移示范区企业上市融资实施意见的通知》
安徽省人民政府办公厅	《关于印发皖江城市带承接产业转移示范区省级开发区扩区暂行办法的通知》

资料来源：安徽省政府网。

同比增长16.3%，占全省比重超过67%；规模以上工业实现增加值3639.1亿元，同比增长23.8%；社会消费品零售总额2419.6亿元，同比增长19.4%；财政收入1308.8亿元，同比增长31.8%；固定资产投资8580.5亿元，同比增长34.5%。

第二，承接产业转移显著。2010年，示范区新批内外资项目9782个，其中新批内资项目9585个，同比增长21.8%，合同引进省外境内资金9063.9亿元，同比增长61%，实际利用省外境内资金4867.4亿元，同比增长47.2%；全年新批外资项目197个，利用外资200323.4万美元，同比增长307.3%，实际利用外资387246万美元。

应该来说，皖江示范区承接产业转移政策已成合力，有效地调动各地承接产业的积极性，也给各级政府招商引资、项目承接提供正确的指导。但是，示范区发展也暴露出一些突出问题：

第一，低水平重复建设抬头。现有政策虽然已列出承接产业转移的目录，但考核评价环节却主要针对总量，而质量指标偏少，很难遏制各县利用土地、税收等各种优惠政策展开"逐底"式招商引资竞争，工业项目低水平重复建设现象开始出现。

第二，土地违规、粗放开发。在国家现有土地高压政策之下，皖江示范区一些地方为了争取到工业项目尽快落地，不顾现有法律法规，采取土地先开发后报批、先圈地后开发、先开发后规划等不符合法定程序的办法，超常规建设工业园区，造成土地资源粗放、低效开发，大规模征地问题也容易引起民众上访。

第三，园区配套条件滞后。由于时间短、任务重、历史欠账多，远离中心城市的县（区）园区建设标准明显落后于主城区，政府公共服务一时赶不上，周边配套服务不足，商务成本较高，缺少通向区外的快速交通，削弱落户企业竞争优势。

第四，忽视生态环境影响。地方政府提出工业强县、工业立市等口号，为了尽快做大、做强、做精当地工业，不顾自身的自然条件，片面承接化工、能源、有色等高耗能、高污染、高排放的大项目。许多项目的环境评估只流于形式，一旦开工建成可能招致生态环境灾难。

9.2.2.2 河南：以集聚区为主要载体

河南地处中原，交通便利，承东启西，在国家推进启动内需战略与区域均衡发展战略的背景下，河南的区位优势仍然十分明显。河南还是全国重要的粮、棉、油商品基地和农畜产品加工基地，以及重要的能源、原材料基地，劳动力资源规模大、成本低。在国内产业转移明显提速的背景下，河南基于优越的区位、产业基础、劳动力、市场等优势，不但投入了大量的人力、物力、财力，更是提供了丰厚的优惠政策开门纳客。2008年9月和12月，河南相继出台了"关于进一步加强招商引资的意见"和"河南省招商引资专项资金管理暂行办法"。前者从战略全局高度明确了新形势下招商引资的工作重心和要求，后者从可操作性上规范了专项资金的使用范围，审批程序等内容。2009年7月，河南提出"大招商"战略，通过组织招商洽谈会，增加招商引资专项资源，亲赴"珠三角"、"长三角"举办推介会等方式大力开展招商引资。2009年9月，河南召开全省经济运行工作电视电话会议，要求全省加快承接产业转移，并出台了一系列优惠扶植政策，包括选定14个县（区）作为第一批重点承接地，规划了170个产业聚集区，并选出50个优势明显的聚集区安排3亿元资金支持其投融资平台建设；省财政每年安排5000万元专项资金奖励产业聚集区内承接产业转移项目，帮助其顺利落户，所缴纳的土地使用权出让金将继续用于基础设施建设、土地开发整理和公共服务平台建设；2009~2012年，对于转移到产业聚集区内的出口型企业将比照郑州出口加工区标准给予运费补助，对于除中央规定的行政性收费项目外，聚集区内产业转移项目的其他收费一律免除。从 2010 年开始，各市（地）的年度招商引资专项资金也纷纷调整。随着《国务院关于支持河南省加快建设中原经济区的指导意见》正式出台，河南迎来了承接产业转移、加速跨越发展的重大历史机遇。

河南承接产业转移取得了显著成效。2010 年，河南共签订承接产业转移项目 1132 个，合同协议投资 2775.8 亿元，实现到位资金 1514.3 亿元。到位的省外资金呈现以下特点：①投资额大的项目较多。1 亿元以上项目占到位资金的 81%，其中，5 亿元以上项目占 47.4%。②转移资金来源地相对集中。来自长三角、珠三角、闽东南、环渤海地区到位资金 1207.5 亿元，占全部到位资金的 79.7%。③高成长性产业到位资金较多。高成长性产业到位资金 769.6 亿元，占全部到位资金的 50.8%；传统优势产业到位资金 343.1 亿元，占全部到位资金的 22.6%；先导产业到位资金 159 亿元，占全部到位资金的 10.5%。④产业集聚区成为资金承接主体。产业集聚区和特色园区到位资金 1362.9 亿元，占全部到位资金的 90%。其中，180 个省级产业集聚区到位资金 1088.1 亿元。

总的来看，在产业转移的实践中，河南结合本省资源、劳动力等传统工业的优势，逐渐摸索出了具有自己特色的产业转移之路。

首先是积极谋求多方合作，构建产业转移长效机制。产业转移的过程本身就是"合作共赢"的过程。河南省工业和信息化厅积极争取与工信部、国家行业协会和兄弟省市工业主管部门的合作，努力推动产业转移的长效机制。2010 年 2 月，河南省政府与工信部签订了战略合作框架协议，就共同推进河南承接产业转移、加快新型工业化进程等正式建立了部省合作机制。除此之外，河南省政府与中国机械工业联合会等 5 家国家行业协会签署了战略合作协议，河南省工业和信息化厅与北京、天津、江苏等 6 省（市）工业主管部门签署了产业合作框架协议，将部省之间、行业之间、区域之间在产业转移上的合作关系长期化、制度化。

其次是着力打造载体平台，推动产业转移质量提升。为更好地满足产业转移对资源、空间、区位、劳动力等方面的多元化需求，河南以建设产业集聚区为主要平台和载体，在各产业集聚区重点培育和壮大主导产业，加快分工协作、配套发展，建设现代意义上的产业集群。同时加快优势产业集群之间的垂直分工和水平协作，提升综合竞争力。

再次是重点抓好项目对接，确保产业转移取得实效。承接转移的成效最终要体现在项目上，在突出重点项目、突出重点行业、突出重点地区的"三个突出"政策的指导下，河南最终确定了 17 个行业、1950 个重点项目，并着力拉长纺织服装、有色金属、煤化工三大传统优势产业链条，积极拓展食品、电子信息、汽车、装备制造、建材、轻工六大高成长型产业体系，与此同时，密切关注珠三角、长三角等地区的企业转移动态，以便迅速掌握信息、研究对策、采取行动。

最后是不断优化发展环境，为产业转移提供有力保障。除了河南独有的区位、资源、交通、人力等优势为产业转移提供了良好的"硬环境"之外，政策、制度和服务的全方位保障也为河南的产业转移提供了良好的"软环境"。

9.3　重要启示

通过对珠三角、长三角等产业转出区和安徽、河南等产业承接区的实践考察，可以得到推进产业转移的一些重要启示。

9.3.1　注重产业承接与培育新的竞争优势相结合

根据资源禀赋来确定自己的引资方向，但不能只是停留在自身的自然资源、劳动力成本以及其他自然禀赋方面的优势，否则可能就会长期陷入区域产业分工的低附加值环节，并最终落入"比较优势陷阱"的泥潭之中。因此，在承接产业转移的过程中，不仅要立足于自身现有的比较优势，还要充分挖掘其潜在的竞争优势，对原有的资源、劳动力、市场需求等统一进行优化整合。同时，还要积极提升产业竞争要素的质量和层次，努力实现依赖于要素禀赋的低成本比较优势向依赖于创新和技术变革的高级竞争要素的转变。

9.3.2 注重产业集聚与产业转移互动发展

产业转移往往在适宜的区位上发生，具有等级扩散特点。因此，要想促进东部产业向中西部地区转移扩散，中西部地区必须创造条件，提高有利于产业转移的配套能力，促进产业聚集区的形成，培育发展能够体现和发挥竞争优势的产业集群，增强对相关产业和外部资本的吸引力，形成重点突破、等级推进的产业吸纳与扩散格局，推动产业聚集与产业转移的互动发展。

9.3.3 注重打造集群转移与集群承接新模式

产业集群是一种典型的产业空间组织形式。沿海地区产业集群发展遇到了成本上升、国外需求萎缩等问题，集群转型升级很迫切，产业集群转移和沿海产业结构调整已成为趋势。由于产业集群的极化效应，企业单独转移存在很大的风险，选择集群式转移有利于克服企业水土不服和获取集聚效益。同时，承接产业转移的区域应深刻把握产业集群转移的基本规律，通过提前规划、科学布局、创新举措吸引转出地的产业集群，实现产业集群成功地由转出地转向承接地。

9.3.4 注重高端承接与产业适应相协调

产业承接地应坚持"有所为，有所不为"的原则，按照实现区域可持续发展的要求，把握产业发展规律和区域产业优化升级的需要，有选择地引进和承接转出地的产业，积极引进和承接高端产业，避免盲目承接低"三高一低"的产业。同时，高端承接并不意味着不考虑承接地的客观实际。相反，承接产业转移必须坚持适应性原则。一方面，承接的产业要与所在地区的产业基础相适应，要与承接地产业自身的消化、吸收和再创新能力相适应；另一方面，承接的产业要与国家和所在地区的产业政策相匹配，与国家在产业布局中对承接地的定位相匹配，与承接地的产业规划重点相匹配，要有助于促进产业结构升级和经济转型。

9.3.5　注重配套引进与配套完善并举

在承接产业转移过程中，承接地应立足于优势产业的培育发展，选择对本地优势产业培育与发展最关键的产业（企业）以及对承接地相关产业前向、后向关联效应强的产业（企业），通过承接其他地区的产业转移，促进承接地优势产业向高水平、宽领域、纵深化方向发展。与此同时，产业链配套在很大程度上影响着产业转移的目标区位选择，也决定着承接产业日后健康发展。因此，要多措并举地完善产业配套，成功吸引和承接高端产业的转移进入。

9.3.6　注重硬环境与软环境双优化

产业承接区要加强基础设施建设，为产业承接创造良好的硬件条件，包括进一步加强基础设施的建设与维护，形成立体的交通网络；重点支持新一代信息技术的运用，建设新一代信息高速公路；保障能源供应渠道，进一步降低企业能源使用成本。此外，要注重环境保护，营造良好的自然环境。同时，要优化发展软环境，探索服务对接的体制机制，包括提高政府服务效能、营造良好诚信环境、加强金融和创新服务以及发挥好非政府组织的纽带和桥梁作用。

（执笔人：肖红军）

10 行业区域转移

10.1 纺织工业

10.1.1 产业转移的总体特点

"十一五"期间，纺织工业[①]转型升级取得明显成效，行业布局更趋合理，逐步形成体现区域优势的产业布局体系。纺织业和服装鞋帽制造业加快向中西部地区产业转移，东部地区和中西部地区逐步形成优势互补的产业格局。

"十一五"末期，东、中、西部纺织工业总产值占全国纺织工业总产值的比重分别为82.62%、12.51%和4.86%，东部较"十五"末期下降5.23个百分点，中、西部地区较"十五"末期分别上升3.94和1.33个百分点（见图10.1）。截至"十一五"末期，东部地区纺织工业规模占全国的比重仍然超过3/4（见表10.1）。这表明，虽然土地、劳动力等生产要素成本优势促使纺织工业向中西部地区转移，但东部沿海地区仍将是中国纺织业的领先地区和主要的纺织出口基地，纺织工业发展优势将继续保持。

"十一五"期间，东部地区纺织工业向中西部地区产业转移的步伐加快。2010年，从各省（市、区）纺织工业总产值可以看出，东部地区占全国比重较高，但有所下降。从纺织产业布局来看，江苏、广东、山东、福建、浙江

---

① 本节所指纺织工业包括纺织业、化学纤维制造业、纺织服装鞋帽制造业。纺织业包括棉、化纤纺织及印染精加工，毛纺织和染整精加工。化学纤维制造业包括纤维素纤维原料及纤维制造，合成纤维制造，其中纤维素纤维原料及纤维制造包括化纤浆粕制造和人造纤维（纤维素纤维）制造；合成纤维制造包括锦纶纤维制造、涤纶纤维制造、腈纶纤维制造、维纶纤维制造、其他合成纤维制造。纺织服装、鞋、帽制造业包括纺织服装制造，纺织面料鞋的制造，以及制帽。

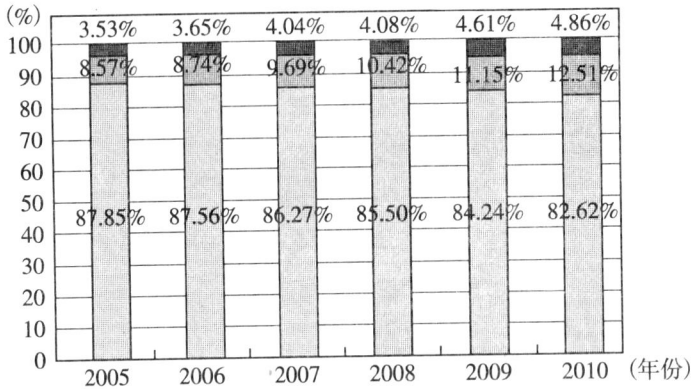

图 10.1 东、中、西部地区纺织工业总产值比重

表 10.1 "十一五"纺织工业不同地区发展情况

单位：%

地区	2005 年	2006 年	2007 年	2008 年	2009 年	2010 年	2010 年较 2005 年变动（百分点）
东部	87.85	87.56	86.27	85.50	84.24	82.62	5.23
中部	8.57	8.74	9.69	10.42	11.15	12.51	3.94
西部	3.53	3.65	4.04	4.08	4.61	4.86	1.33

东部沿海五省充分利用资金、人才、市场等多方面优势，大力发展纺织工业，成为全国纺织工业生产力布局的重点和支柱。

从东、中、西地区内部产业布局变动情况看，东部地区纺织产业水平转移特征比较突出。"十一五"期间，传统 5 个纺织工业大省中，山东、广东、福建分别上升 1.32、0.58、0.50 个百分点，而浙江和江苏则分别下降 4.15 和1.60 个百分点。另外，山东和辽宁的纺织工业产值保持了较快增长，比重分别增加 1.32 和 0.60 个百分点（见表 10.2）。浙江和江苏纺织工业比重的下降是导致"十一五"期间东部地区纺织工业比重下降的主要原因。

表 10.2 "十一五"期间各省市纺织工业比重变动情况

比重下降最快的 10 个地区			比重上升最快的 10 个地区		
地区	2010 年占比（%）	2010 年较2005 年变动（百分点）	地区	2010 年占比（%）	2010 年较2005 年变动（百分点）
浙江（东）	19.84	-4.15	山东（东）	15.52	1.32
上海（东）	2.01	-1.74	河南（中）	3.81	1.22

续表

比重下降最快的 10 个地区			比重上升最快的 10 个地区		
地区	2010 年占比（%）	2010 年较2005 年变动（百分点）	地区	2010 年占比（%）	2010 年较2005 年变动（百分点）
江苏（东）	22.42	-1.60	湖北（中）	2.99	0.94
北京（东）	0.40	-0.37	江西（中）	1.93	0.84
天津（东）	0.60	-0.28	安徽（中）	1.78	0.71
黑龙江（东）	0.09	-0.15	四川（西）	1.84	0.68
山西（中）	0.10	-0.09	辽宁（东）	2.19	0.60
海南（东）	0.03	-0.06	广东（东）	11.19	0.58
甘肃（西）	0.05	-0.06	福建（东）	5.68	0.50
河北（东）	2.74	-0.03	湖南（中）	1.35	0.43

河南、湖北、江西、安徽、四川、湖南纺织工业的快速发展直接推动了中西部地区纺织工业比重的快速上升，纺织工业比重分别提高 1.22、0.94、0.84、0.71、0.68、0.43 个百分点。四川是西部纺织工业增长最快的地区，"十一五"期间比重提高 0.68 个百分点。

影响纺织工业竞争优势和区位选择的因素是多方面的，如需求的变化、生产要素的变化、对环境承载能力的担心等多方面的因素，因此促进东部地区转型升级。而中西部地区将进一步抓住纺织工业向中西部转移的机遇，采取积极有效的措施，发展纺织工业，实现产业集聚，带动区域经济发展。

中西部地区纺织工业产值增速快于东部地区。"十一五"期间，东、中、西部纺织工业总产值增速分别为 112.64%、230.15% 和 211.56%。东部地区略低于全国平均水平（126.09%），而中西部地区纺织工业产值增速明显高于全国平均水平。

中部地区是近年来承接纺织产业转移的一个中坚力量。增速最快的 5 个中部省份分别是江西、安徽、河南、湖南、湖北，增速分别为 299.17%、275.68%、232.79%、231.84% 和 229.26%，如表 10.3 所示。

西部地区纺织工业发展速度较快，但是由于起步较晚，产业规模较小。增速最快的省区分别是重庆、广西、四川、云南、新疆，增速分别为 307.47%、266.56%、260.34%、215.97%、198.54%。重庆成为全国增速最快的省份，而同处西部地区的甘肃、贵州和云南则增长较慢，甚至出现了负增长，如表10.4所示。

表10.3 "十一五"期间部分地区纺织工业增长速度

单位：%

东部	112.64	中部	230.15	西部	211.56
北京	16.53	山西	20.77	内蒙古	195.39
广东	138.34	吉林	150.41	广西	266.56
河北	123.32	黑龙江	-14.87	重庆	307.47
辽宁	212.11	安徽	275.68	四川	260.34
上海	21.14	江西	299.17	贵州	12.86
江苏	111.05	河南	232.79	云南	215.97
浙江	86.99	湖北	229.26	西藏	-77.52
福建	148.11	湖南	231.84	新疆	198.54
山东	147.15			甘肃	4.80

表10.4 2008~2010年部分地区纺织工业固定资产净值增长速度

单位：%

东部	11.63	中部	29.30	西部	31.49
北京	-12.89	山西	2.84	内蒙古	17.07
天津	-26.34	吉林	0.33	贵州	-9.09
河北	30.84	安徽	55.09	青海	60.98
上海	-6.89	江西	-28.33	四川	34.40
江苏	9.37	河南	40.96	西藏	74.58
浙江	10.96	湖北	56.62	甘肃	5.78
福建	21.74	湖南	62.38	新疆	56.28
山东	16.36	黑龙江	-45.35	宁夏	83.50

反映未来产业增长的近三年投资指标两极分化明显，未来一段时间，纺织产业转移还将加快推进。2008~2010年，东、中、西部纺织工业固定资产净值分别增长11.63%、29.30%和31.49%。从投资的角度来看，是西部先行，中西部投资增速明显加快。说明纺织产业转移布局主要来自于国家层面的投资决策。

其中，增速最快的六个省（区）宁夏、西藏、湖南、青海、湖北、新疆的增长率分别为83.50%、74.58%、62.38%、60.98%、56.62%、56.28%。相对于西部地区，东部地区纺织工业固定资产投资净值增长相对较慢，天津、北京、上海则出现了负增长的情况，增长率分别为-26.34%、-12.89%、-6.89%，如图 10.2 所示。

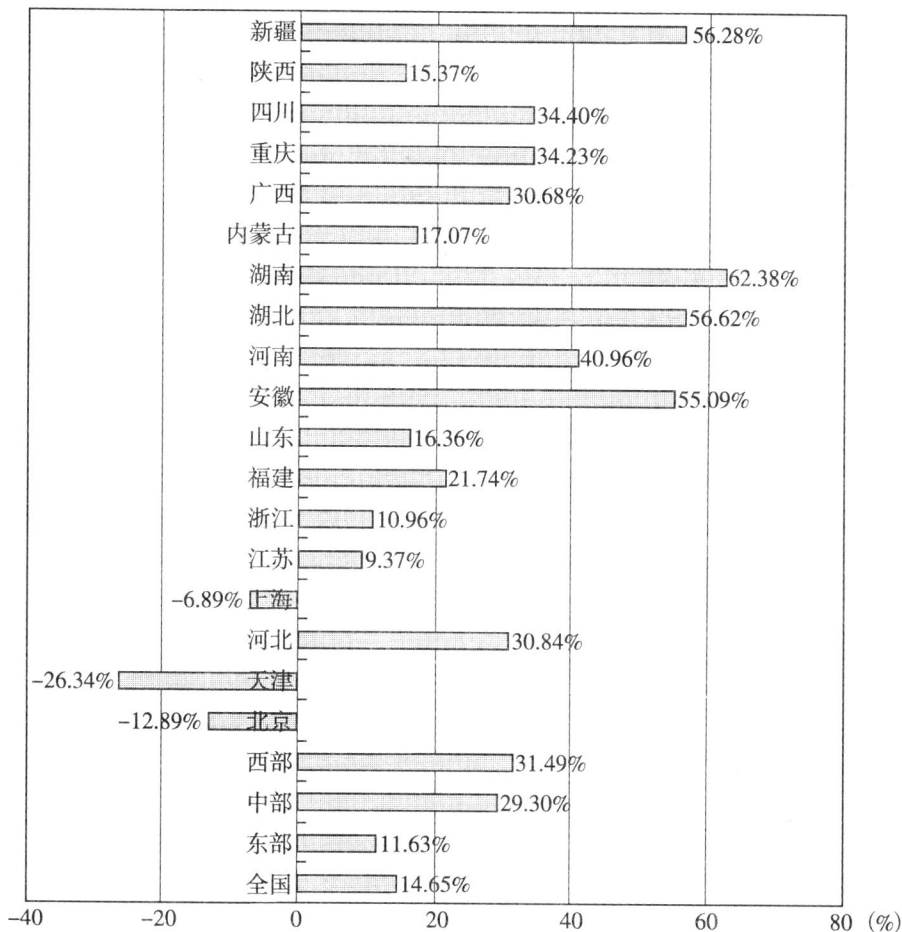

图10.2　2008~2010 年部分地区纺织工业固定资产净值增长

10.1.2　重点行业产业转移状况

纺织业向中部地区转移明显。东部地区纺织业产值比重逐渐降低，向中部转移比较明显。"十一五"末期，东、中、西部的产值比重分别为80.44%、13.51%、6.05%（见图10.3），东部较"十五"末期分别下降5.34个百分点，中西部比重分别增加4.02 和 1.32 个百分点（见图10.4）。比重提高最多的山东、河南和江西，分别提高 2.52、1.46 和 1.03 个百分点，比重下降最多的浙江、江苏、上海，分别下降 3.64、2.98 和 1.35 个百分点（见图 10.4）。江西、河南、湖北、湖南等省份是承接纺织工业的重点地区，西部地区纺织工业产值比重变化不大。

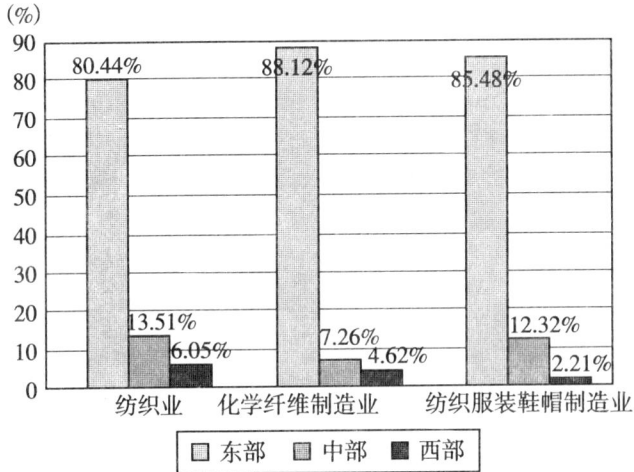

图 10.3　2010 年部分纺织工业分地区产值比重

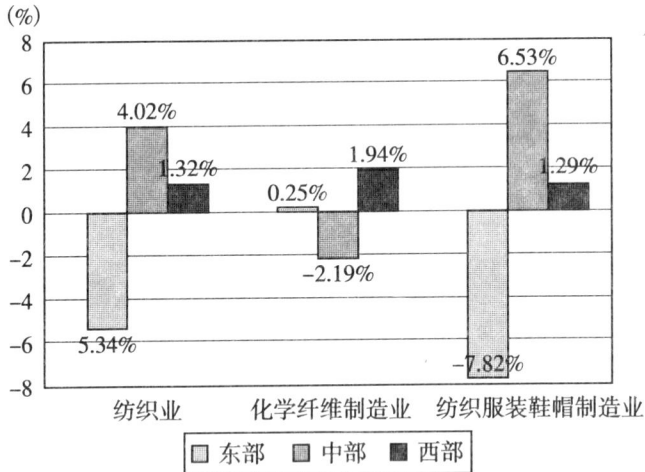

图 10.4　2005~2010 年部分纺织工业分地区产值比重变动（百分点）

化学纤维制造业工业向中、西部产业转移不明显。化学纤维制造业是资本和技术密集型产业，东部产值比重为 90%，中部比重略有下降。"十一五"末期，化学纤维制造业东、中、西部的产值比重分别为 88.12%、7.26% 和 4.62%（见图 10.3），东部、西部较"十五"末期分别增长 0.25 和 1.94 百分点，中部比重降低 2.19 个百分点（见图 10.4）。比重提高最多的是江苏，比重提升 3.8 个百分点，新疆和福建分别提高 1.61 和 1.59 个百分点。比重下降最多的山东、辽宁和上海三省分别下降 2.47、1.49 和 1.04 个百分点。

纺织服装鞋帽制造业向中西部转移的特征突出。"十一五"末期，纺织服装鞋帽制造业东、中、西部的产值比重分别为 85.48%、12.32% 和 2.21%（见图 10.3），东部较"十五"末期下降 7.82 个百分点，中西部地区比重分别增加 6.53 和 1.29 个百分点（见图 10.4）。比重提高最多的辽宁、河南、安徽、湖北分别提高 2.55、1.72、1.51 和 1.30 个百分点，比重下降最多的浙江、上海、广东分别下降 5.81、3.38 和 0.60 个百分点。

从纺织产业布局和转移趋势来看，东部地区在多年发展过程中已经形成完整产业链体系。东部地区积聚了大量技术、人才、资金等优势要素，今后将继续发挥引领纺织产业升级和结构调整重点区域的重要角色。

中部地区在今后将继续发挥资源和劳动力优势，承接棉纺、服装、家纺等制造业发展。河南、湖北、安徽等棉花产区，要重点承接棉纺产业转移。同时，加快完善自身的产业链配套体系，提升和扩大整个产业规模。

西部地区纺织工业发展要重点突出资源优势和民族特色，做优做强特色纺织产业。新疆、宁夏、内蒙古、青海等省区要发挥资源优势，延伸产业链，发展下游产业。

（执笔人：赵剑波）

10.2　化工行业

10.2.1　产业转移的总体特点

"十一五"期间，化学工业①由东部向中部转移的趋势显著，中部地区成为承接产业转移的重点地区，西部地区承接效果不明显。2010 年，东、中、西三大地区化学工业总产值占全国行业总产值的比重分别为 69.1%、

---

① 本节所指化学工业是指国民经济行业分类中的"化学原料及化学制品制造业"。

19.2%和 11.7%，东部较"十五"末期下降 2.9 个百分点，中部地区较 2005年上升 2.9 个百分点，西部地区所占比重与 2005 年基本持平。中、西部地区化学工业产值规模与东部的相对差距不断缩小，中部地区产值年均增速高于东部 6.2 个百分点，如图 10.5 所示。

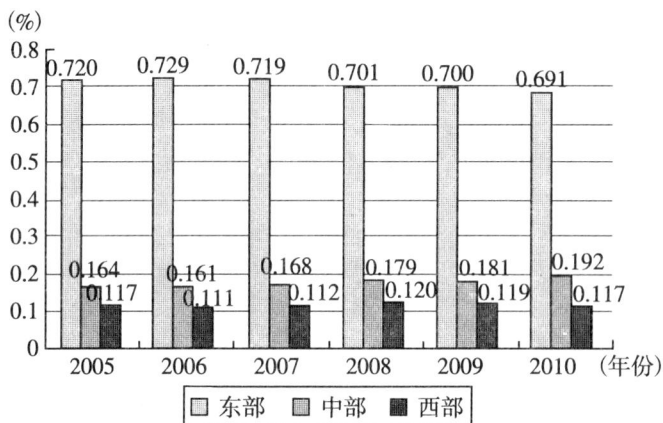

图 10.5 东、中、西地区化学工业总产值比重

资料来源：中经网统计数据库。

表 10.5 "十一五"化学工业不同地区发展情况

单位：%

地区	2005 年	2006 年	2007 年	2008 年	2009 年	2010 年	2010 年较 2005 年变动
东部	72.0	72.9	71.9	70.1	70.0	69.1	−2.9
中部	16.3	16.1	16.8	17.9	18.1	19.2	2.9
西部	11.7	11.1	11.2	12.0	11.9	11.7	0

资料来源：中经网统计数据库。

"十一五"期间，化学工业区域布局调整呈现"西进、北上"的趋势。上海、广东、浙江、福建等东南部沿海省份化学工业产值比重下降较快，上海和广东的产值比重降幅最大。由于产业结构的主动调整，山西、吉林、贵州等特色化工资源优势的省份也出现了产值比重下降的情况。化学工业沿江转移趋势显著。江西、湖南、湖北、安徽、重庆等长江中上游地区积极承接国内外化学工业转移。其中，江西化学工业产值比重上升最快，较 2005 年提高了 1.65 个百分点。山东和辽宁利用沿海区位优势，重点发展临海化工产业，成为化工产业比重上升最快的地区。内蒙古和新疆依托资源优势，提高资源加工转化能力，煤化工等行业开始在全国占据优势，行业产值比重较"十五"末显著提高，如表 10.6 所示。

表 10.6　"十一五"期间各省市化学工业比重变动情况

比重上升最快的 10 个地区			比重下降最快的 10 个地区		
地　区	2010 年比重（%）	2010 年较2005 年变动（百分点）	地　区	2010 年比重（%）	2010 年较2005 年变动（百分点）
江西（中）	2.57	1.65	浙江（东）	7.33	-0.26
山东（东）	17.30	1.49	云南（西）	1.18	-0.37
辽宁（东）	4.40	0.93	福建（东）	1.63	-0.41
湖南（中）	3.24	0.93	河北（东）	3.12	-0.46
湖北（中）	3.34	0.75	山西（中）	1.06	-0.48
内蒙古（西）	1.63	0.69	贵州（西）	0.70	-0.50
安徽（中）	2.39	0.63	北京（东）	0.75	-0.70
新疆（西）	0.66	0.29	吉林（中）	2.25	-0.77
河南（中）	3.69	0.19	广东（东）	8.54	-1.56
重庆（西）	1.12	0.08	上海（东）	4.77	-1.64

资料来源：中经网统计数据库。

中西部地区省（市、区）承接化学工业转移的条件存在差异。"十一五"期间，东、中、西部化学工业产值年均增速分别为 23.2%、28.5%和 24.5%。增速最快的六个地区主要集中在中西部地区，分别是江西、新疆、内蒙古、西藏、湖南和安徽，年均增速分别为 53.3%、40.1%、39.0%、38.0%、33.0%和 32.0%。增速最慢的六个地区分别是北京、贵州、山西、吉林、上海和云南，年均增速分别为 10.4%、12.8%、16.2%、17.1%、17.9%和18.8%，如表 10.7 所示。区位和资源优势构成中西部地区承接化学工业转移的重要条件，主动调结构、转方式是东部沿海地区化学工业增速下降的重要原因。

化学工业有望继续向中西部和北部沿海转移。2008~2010 年，东、中、西部化学工业固定资产净值分别增长 19.1%、25.5%和 27%。其中，增速最快的六个省（市、区）是江西、西藏、新疆、天津、内蒙古和安徽，增长率分别为 112.1%、93.2%、47.8%、41.9%、40.8%和 35.3%，增速最慢的六个

表 10.7 "十一五"期间部分地区化学工业增长速度

单位：%

地区	增速	地区	增速	地区	增速	地区	增速
全国	24.3	东部	23.2	中部	28.5	西部	24.5
江西	53.3	辽宁	30.5	江苏	24.2	福建	19.0
新疆	40.1	重庆	26.7	浙江	23.7	云南	18.8
内蒙古	39.0	河南	26.6	天津	23.3	上海	17.9
西藏	38.0	山东	26.4	甘肃	22.3	吉林	17.1
湖南	33.0	海南	25.0	河北	21.2	山西	16.2
安徽	32.0	广西	24.8	陕西	21.0	贵州	12.8
青海	31.3	四川	24.7	宁夏	20.8	北京	10.4
湖北	30.8	黑龙江	24.4	广东	20.3		

资料来源：中经网统计数据库。

省（市、区）是北京、贵州、上海、海南、宁夏和黑龙江，增速分别为
6.5%、6.9%、8%、8.1%、8.3%和9.1%，如图10.6所示。

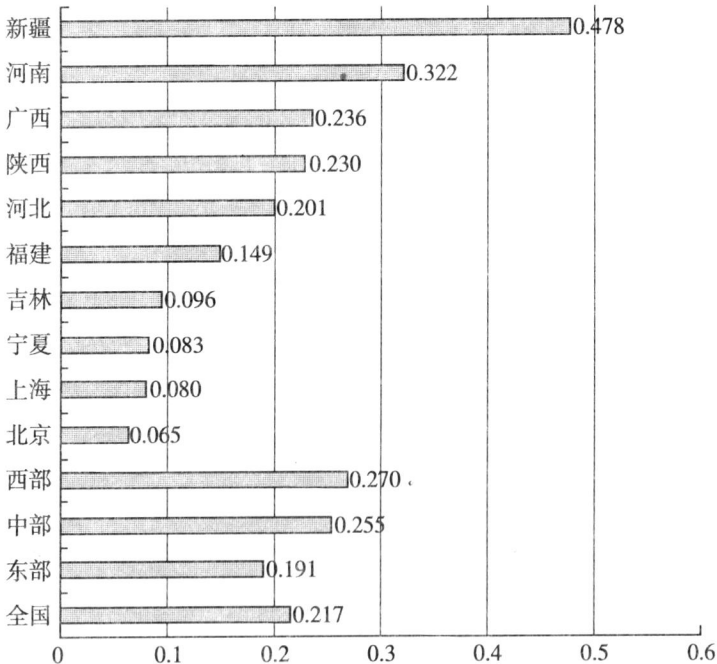

图 10.6 2008~2010 年部分地区化学工业固定资产净值增长

资料来源：中经网统计数据库。

10.2.2 重点行业产业转移状况

基础化学原料制造业没有出现明显向中西部地区转移的趋势。"十一五"末，东部、中部和西部基础化学原料制造业的产值比重分别为 62.7%、23.6% 和 13.7%，与 2005 年相比，东部地区比重提高 3.2 个百分点，中部和西部地区分别下降 0.5 和 2.0 个百分点。从省（区、市）变化趋势看，产值比重提高最多的是江苏，上升 5.4 个百分点，辽宁、广东、江西和湖北分别提高 1.6、1.56、1.26 和 1.03 个百分点；产值比重下降最多的是吉林，下降了 4.7 个百分点，北京、天津也分别下降 1.5 和 1.6 个百分点。基础化学原料制造业趋向临海或沿江布局，传统化学工业基地的优势在下降。

化肥工业向中部地区转移的趋势明显。"十一五"末，东部、中部和西部化肥工业产值比重分别为 36.9%、35.2% 和 27.9%，同 2005 年相比，东部地区比重下降 6.4 个百分点，中部地区上升了 6.9 个百分点，西部地区下降了 0.5 个百分点。产值比重上升最多的是湖北，提高 5.37 个百分点，辽宁、吉林和内蒙古比重分别提高 2.92、1.84 和 1.5 个百分点；比重下降最多的是江苏，下降 6.5 个百分点，河北、山西和贵州也分别下降 1.9、1.1 和 1.3 个百分点。

农药工业向中西部地区集聚的趋势显著。"十一五"末，东、中、西部农药工业产值比重分别为 69.9%、19.9% 和 10.2%。与"十五"末相比，东部地区下降了 7.9 个百分点，中部和西部分别提高 2.7 和 5.4 个百分点。产值比重上升最多的是四川，提高了 3 个百分点，安徽、山东和广西分别提高 2.5、2.3 和 1.1 个百分点；产值比重下降最多的是长三角地区，江苏、浙江和上海分别下降 4.1、3.1 和 1.2 个百分点。

中西部地区承接涂料、油墨、颜料及类似产品制造业产业转移的成效显著。"十一五"末，东、中和西部涂料、油墨、颜料及类似产品制造业产值比重分别为 82.0%、12.6% 和 5.4%，与"十五"末相比，东部地区下降 6.7 个百分点，中、西部地区分别提高 4.5 和 2.2 个百分点。从省（区、市）变化情况看，产值比重提高最多的是四川，上升了 2.0 个百分点，辽宁、湖南和福建分别提高 1.7、1.7 和 1.5 个百分点；产值比重下降最多的是浙江，下降 4.3 个百分点，上海、天津和河北分别下降 3.6、1.2 和 1.1 个百分点。

合成材料制造业产业布局出现局部调整，中西部地区部分省（市）承接产业转移效果明显。"十一五"末，东、中、西部合成材料制造业产值比重分别为84.3%、7.4%和8.2%。同2005年相比，东部地区下降5.4个百分点，中部和西部地区分别提高1.1和4.6个百分点。产值比重提高最多的是浙江，上升5.9个百分点，天津、内蒙古、新疆分别提高2.5、1.5和1.4个百分点。

专用化学品制造业向中部地区集聚趋势明显。2010年，东部、中部和西部专用化学品制造业产值比重分别为72.9%、19.0%和8.2%，同2005年相比，东部地区下降5.4个百分点，中部地区提高5.4个百分点，西部地区与2009年持平。产值比重上升最多的是江西，提高4.1个百分点，江苏、湖南和辽宁比重分别提高1.6、1.2和1.1个百分点；产值比重下降最多的是广东，下降2.3个百分点，其次是上海，下降2.2个百分点。

日用化学产品制造业出现向中部地区转移趋势。2010年，东、中、西部日用化学产品制造业产值比重分别为78.9%、14.9%和6.2%。同2005年相比，东部地区下降3.2个百分点，中部地区提高3.3个百分点，西部地区上升0.1个百分点。产值比重上升最多的是安徽，提高2.3个百分点，辽宁和

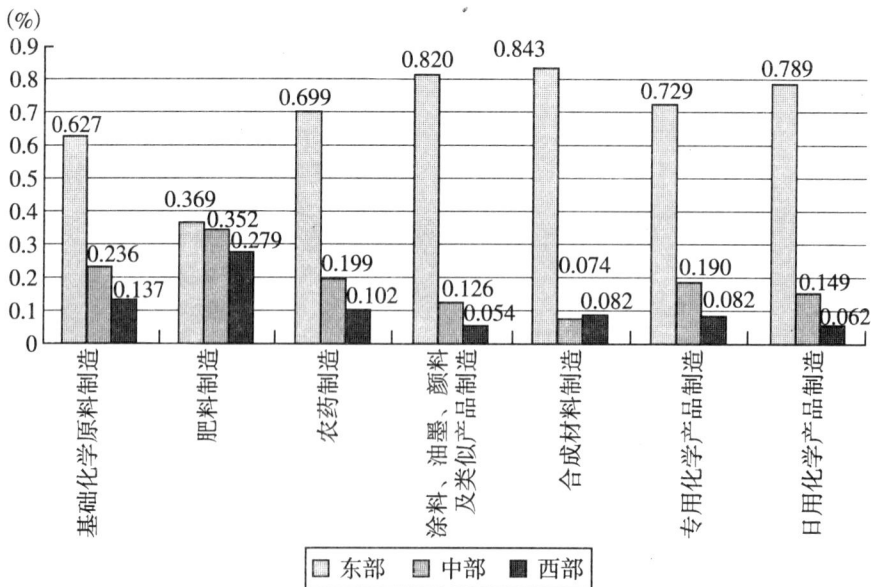

图10.7　2010年化学工业分地区产值比重

资料来源：中经网统计数据库。

(%)

0.080

0.032　　0.069　　0.054　　0.054

0.027　　0.045　　0.046　　0.033

0.022　　0.011　　　　　　0.001

0.000

−0.005　　−0.005　　　　　　　　0.000

−0.020

−0.032

−0.064　　　　−0.067　　−0.054　　−0.054

−0.079

−0.100

基础化学原料制造　肥料制造　农药制造　涂料、油墨、颜料及类似产品制造　合成材料制造　专用化学产品制造　日用化学产品制造

□ 东部　　□ 中部　　■ 西部

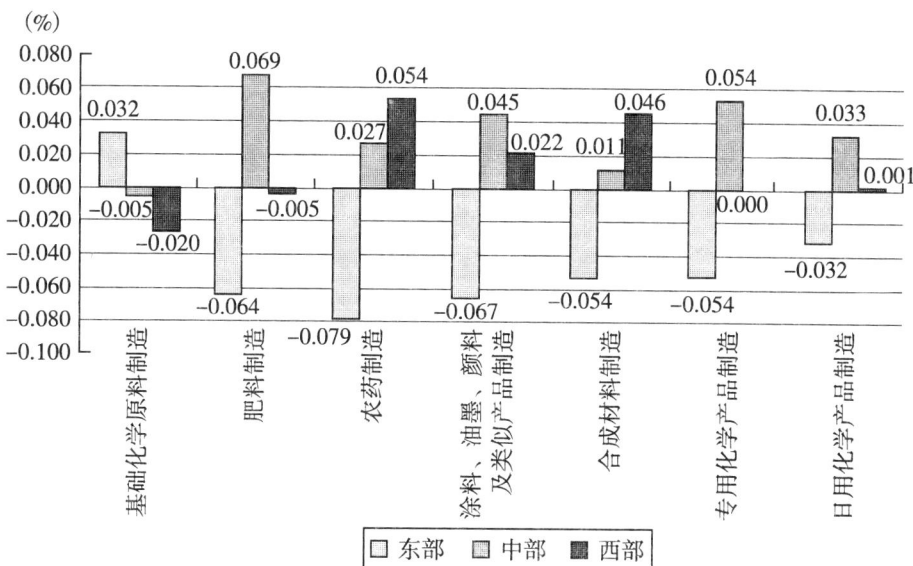

图 10.8　2005~2010 年化学工业分地区产值比重变动

资料来源：中经网统计数据库。

河南分别提高 0.9 和 0.6 个百分点；产值比重下降最多的是广东，下降 4.0，浙江和山西分别下降 0.6 和 0.4 个百分点。

（执笔人：叶振宇）

10.3　食品行业

食品行业[1] 是产业区域转移的重点行业之一。随着国家"西部大开发"和"中部崛起"战略的深入推进，"十一五"期间，食品行业明显向中西部地区转移，有效地发挥了中西部地区食品原材料基地的优势，促进了食品行业区域合理布局。

10.3.1　产业转移的总体特点

"十一五"期间，食品行业梯度转移特征明显，东部地区成为产业转移

---

[1] 本节所指食品行业包括《国民经济行业分类表》（GB/T4754–2002）中农副食品加工业、食品制造业和饮料制造业三个二位代码行业。

的主要转出区，中部地区成为产业转移的主要承接地，西部地区承接产业转
移的步伐加快。"十一五"末期，东、中、西部食品行业总产值占全国的比重
分别为 52.4%、29.7% 和 17.9%（见图 10.9），东部较"十五"末期下降 9.6
个百分点，中、西部地区较"十五"末期分别上升 7.4 和 2.1 个百分点。到
"十一五"末期，中西部地区食品行业总产值占全国食品行业总产值的比重
已经达到 47.6%，逐渐接近东部地区的比重（见表 10.8）。随着东部地区土
地、劳动力等生产要素成本上涨，中西部地区原材料等资源优势日益凸显和
市场需求的扩大，食品行业向中西部地区转移的趋势还将继续。

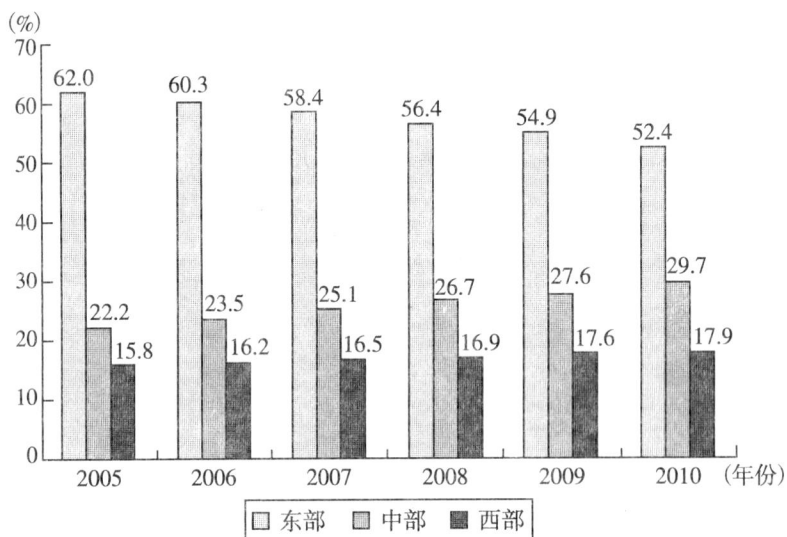

图 10.9　东、中、西部地区食品行业总产值比重

资料来源：国家统计局。

表 10.8　"十一五"食品行业不同地区发展情况

单位：%

地　区	2005 年	2006 年	2007 年	2008 年	2009 年	2010 年	2010 年较 2005 年变动百分点
东部	62.0	60.3	58.4	56.4	54.9	52.4	-9.6
中部	22.2	23.5	25.1	26.7	27.6	29.7	7.4
西部	15.8	16.2	16.5	16.9	17.6	17.9	2.1

资料来源：国家统计局。

　　"十一五"期间，各省（市、区）食品行业比重变动呈现中西部地区上

升，东部地区总体下降的趋势。东部地区的辽宁和福建占全国食品行业的比重分别上升 2.4 和 0.3 个百分点，中部地区的湖北、吉林、湖南、安徽、江西和河南的比重分别上升 2.0、1.5、1.4、1.1、0.7 和 0.5 个百分点，推动了中部地区食品行业比重的显著提高。西部地区的四川和内蒙古比重分别上升 1.0 和 0.4 个百分点。东部地区的山东、广东、浙江、上海、河北、北京、江苏、海南、天津占全国食品行业的比重分别下降 4.8、1.9、1.5、1.1、1.1、1.0、0.6、0.2 和 0.1 个百分点（见表 10.9）。比重下降最快的 10 个地区中有 9 个是东部地区省（市），这 9 个省（市）食品行业比重下降是导致"十一五"期间东部地区食品行业比重下降的主要原因。

表 10.9 "十一五"期间各省市食品行业比重变动情况

	比重上升最快的 10 个地区		比重下降最快的 10 个地区	
地 区	2010 年比重（%）	2010 年较 2005 年变动（百分点）	地 区	2010 年比重（%）	2010 年较 2005 年变动（百分点）
辽宁（东）	6.5	2.4	山东（东）	18.4	-4.8
湖北（中）	4.5	2.0	广东（东）	6.5	-1.9
吉林（中）	3.8	1.5	浙江（东）	2.9	-1.5
湖南（中）	3.9	1.4	上海（东）	1.6	-1.1
安徽（中）	3.3	1.1	河北（东）	3.7	-1.1
四川（西）	6.5	1.0	北京（东）	1.2	-1.0
江西（中）	1.9	0.7	江苏（东）	5.9	-0.6
河南（中）	8.4	0.5	海南（东）	0.3	-0.2
内蒙古（西）	3.3	0.4	天津（东）	1.5	-0.1
福建（东）	3.9	0.3	山西（中）	0.7	-0.1

资料来源：国家统计局。

从增速上看，增速较快的地区主要分布在中部地区，增速较慢的地区主要分布在东部地区。"十一五"期间，东、中、西部食品行业工业总产值年均增速分别为 21.8%、33.4% 和 29.2%。增速最快的六个地区分别是湖北、青海、吉林、江西、辽宁和湖南，年均增速分别为 42.2%、42.2%、39.2%、38.5%、38.1% 和 37.8%。增速最慢的六个地区分别是河北、广东、浙江、海南、上海和北京，年均增速分别为 19.9%、19.6%、15.7%、15.2%、13.0% 和 11.1%，如表 10.10 所示。

表 10.10　"十一五"期间部分地区食品行业年均增长速度

单位：%

地　区	年均增速	地　区	年均增速
全国	26.0	东部	21.8
中部	33.4	西部	29.2
湖北	42.2	贵州	27.3
青海	42.2	新疆	26.8
吉林	39.2	云南	25.6
江西	38.5	甘肃	24.3
辽宁	38.1	山西	24.0
湖南	37.8	天津	24.0
安徽	36.4	江苏	23.6
重庆	32.6	宁夏	21.5
陕西	31.1	山东	20.2
四川	30.2	河北	19.9
内蒙古	29.3	广东	19.6
广西	28.5	浙江	15.7
黑龙江	28.0	海南	15.2
福建	27.9	上海	13.0
河南	27.5	北京	11.1
西藏	27.5		

资料来源：国家统计局。

未来一段时间，食品行业还将继续向中西部地区加快产业转移。从反映未来产业增长的近三年投资指标看，两极分化明显。2007~2010年，东、中、西部食品行业固定资产净值分别增长18.4%、26.7%和25.4%。其中，增速最快的六个地区是青海、湖南、内蒙古、湖北、重庆和辽宁的增长率分别为46.4%、43.5%、36.9%、34.0%、30.7%和29.9%，增速最慢的六个地区是云南、浙江、天津、海南、上海和北京的增长率分别为14.1%、11.6%、11.1%、10.2%、8.8%和8.3%，如图10.10所示。

10.3.2　重点行业产业转移状况

粮食加工业向中部地区集聚趋势明显。"十一五"末期，粮食加工业（谷物磨制）东、中、西部的产值比重分别为33.7%、56.6%和9.7%，东部、西部较"十五"末期分别下降10.0和0.3个百分点，中部比重大幅提高10.3

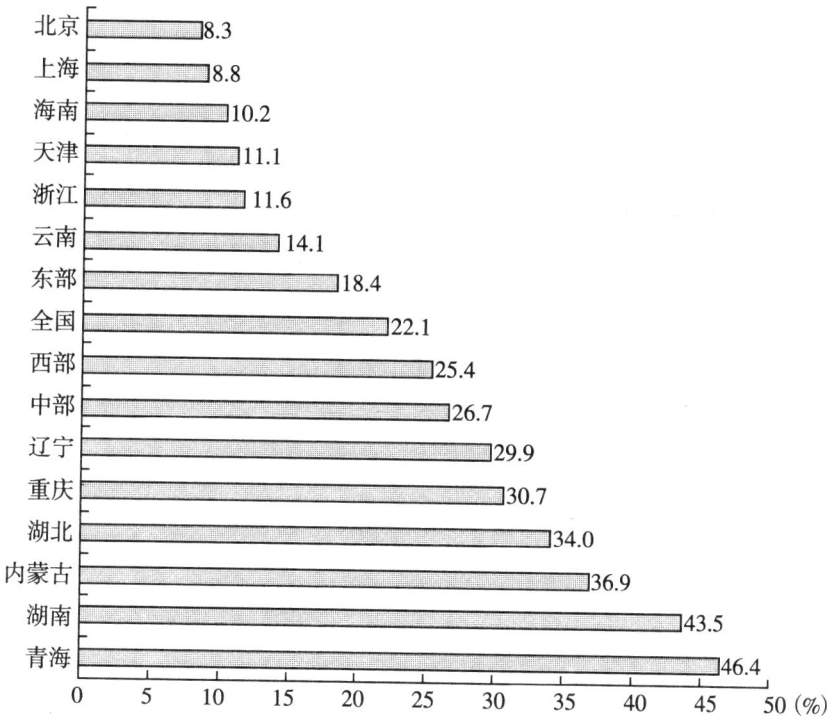

图 10.10　2007~2010 年食品行业地区固定资产净值年均增速
资料来源：国家统计局。

个百分点。比重提高较多的地区是湖北和安徽分别提高 4.5 和 4.5 个百分点；其次是吉林和辽宁，分别提高 4.4 和 3.4 个百分点。比重下降最多的山东、河南和江苏三省，分别下降 6.6、5.7 和 2.1 个百分点。

食用植物油加工业呈现向中西部地区转移的趋势。"十一五"末期，食用植物油加工业东、中、西部的产值比重分别为 60.3%、27.0% 和 12.7%，东部较"十五"末期下降 8.1 个百分点，中部和西部比重分别增加 5.9 和 2.2 个百分点。比重提高较多的地区是湖北、湖南和天津，分别提高了 3.2、1.9 和 1.9 个百分点，比重下降最多的地区是山东、河北和上海，分别下降了 6.0、1.9 和 1.2 个百分点。如图 10.11 所示。

中西部地区的屠宰及肉类加工业产值比重有所提高。"十一五"末期，屠宰及肉类加工业东、中、西部的产值比重分别为 49.6%、28.7% 和 21.7%，东部较"十五"末期下降 5.2 个百分点，中部和西部地区比重分别增加 2.6 和 2.6 个百分点。比重提高最多的地区是辽宁、安徽和内蒙古，分别提高 2.6、1.2 和 1.2 个百分点，比重下降最多的地区是山东和河南分别下降 5.5 和 1.8 个百分点。

方便食品制造业向中西部地区转移趋势较明显。"十一五"末期，方便食品制造业东、中、西部的产值比重分别为 42.1%、45.0% 和 12.8%，东部较"十五"末期下降 10.9 个百分点，中部和西部地区比重分别增加 8.7 和 2.2 个百分点。比重提高最多的地区是河南、湖南和四川，分别提高 5.2、1.6 和 1.3 个百分点，比重下降最多的地区是广东、山东和河北，分别下降 3.2、2.6 和 1.6 个百分点。

液体乳及乳制品制造向中部地区转移趋势明显。"十一五"末期，液体乳及乳制品制造业东、中、西部的产值比重分别为 40.7%、29.1% 和 30.2%，东部和西部较"十五"末期分别下降 4.5 和 2.5 个百分点，中部地区比重增加 7.0 个百分点。比重提高最多的地区是黑龙江、辽宁、广东和安徽，分别提高 3.8、2.7、2.1 和 2.0 个百分点，比重下降最多的地区是河北和内蒙古，分别下降 7.0 和 5.2 个百分点。

啤酒向中西部地区转移趋势明显。"十一五"末期，啤酒制造业东、中、西部的产值比重分别为 51.2%、29.0% 和 19.8%，东部较"十五"末期下降 8.7 个百分点，中部、西部地区比重分别增加 5.6 和 3.1 个百分点。比重提高最多的地区是河南、湖北和广西，分别提高 3.9、1.7 和 1.2 个百分点，比重下降最多的地区是广东、山东和浙江，分别下降 3.2、2.3 和 1.6 个百分点。

葡萄酒制造业向中西部地区转移趋势明显。"十一五"末期，葡萄酒制造业东、中、西部的产值比重分别为 72.2%、13.1% 和 14.7%，东部较"十五"末期下降 15.6 个百分点，中部、西部地区比重分别增加 7.4 和 8.2 个百分点。比重提高最多的地区是辽宁、云南和吉林，分别提高 5.5、3.8 和 3.0 个百分点，比重下降最多的地区是天津和河北，分别下降 9.2 和 7.2 个百分点。

中西部地区承接软饮料制造业转移的效果明显。"十一五"末期，软饮料制造业东、中、西部的产值比重分别为 59.4%、23.8% 和 16.8%，东部较"十五"末期下降 16.7 个百分点，中部、西部地区比重分别增加 9.8 和 6.9 个百分点（见图 10.11）。比重提高最多的地区是河南、四川和湖北，分别提高 3.0、2.8 和 2.0 个百分点，比重下降最多的地区是广东、江苏和上海，分别下降 4.7、3.9 和 3.3 个百分点。如图 10.12 所示。

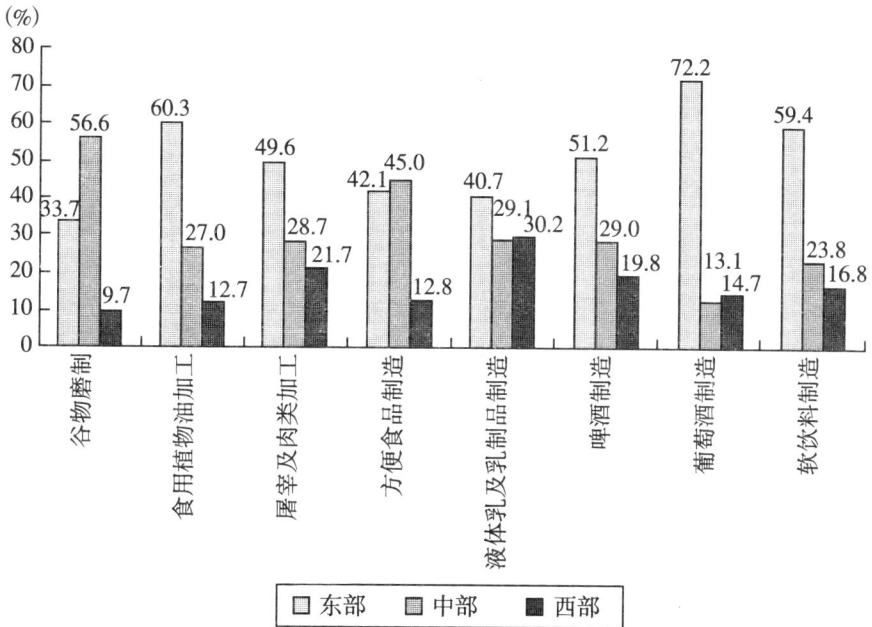

图 10.11　2010 年食品行业重点细分行业分地区产值比重

资料来源：国家统计局。

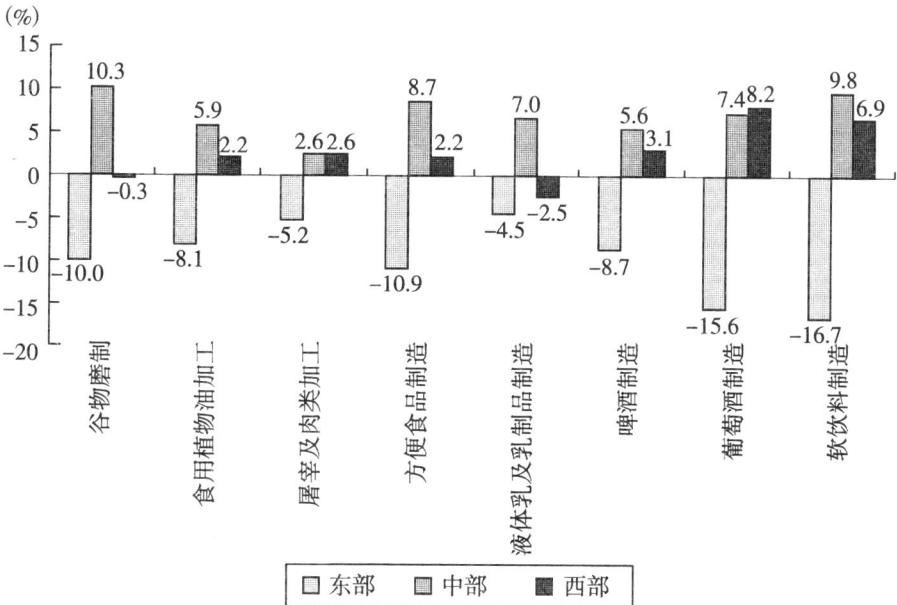

图 10.12　2005~2010 年食品行业重点细分行业分地区产值比重变动

资料来源：国家统计局。

（执笔人：林智）

10.4 装备制造业

10.4.1 产业转移的总体特点

"十一五"期间，机械装备工业①梯度转移的特征明显，东部地区成为产业转移的主要转出区，中部地区成为产业转移的主要承接地，西部地区承接产业转移的步伐加快。"十一五"末期，东、中、西部机械工业总产值占全国机械工业总产值的比重分别为 76.41%、15.20% 和 8.39%，东部较"十五"末期下降 4.5 个百分点，中、西部地区较"十五"末期分别上升 3.3 和 1.2 个百分点（见图 10.13、表 10.11）。但截至"十一五"末期，东部地区机械工业规模占全国的比重仍然超过 3/4。这表明，虽然土地、劳动力等生产要素成本优势促使机械装备工业向中西部地区转移，但机械工业资金密集、技术密集和出口依存度高的特点决定了东部地区在机械工业发展方面仍然具有绝对的竞争优势。

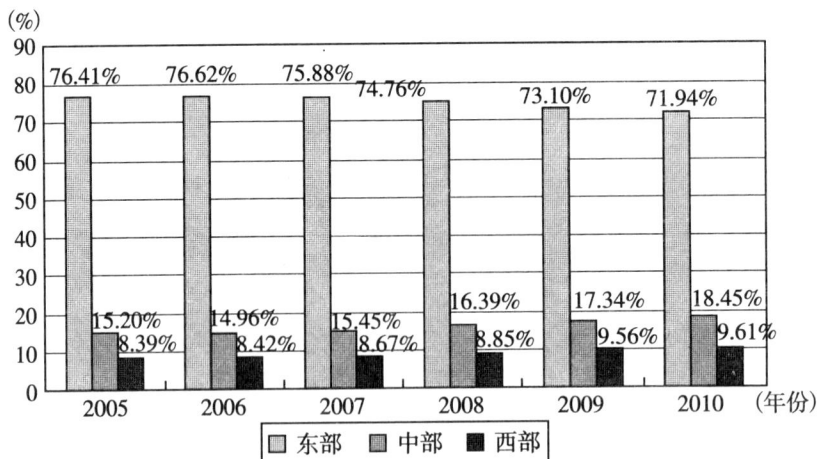

图 10.13 东、中、西部地区机械工业总产值比重

① 本节所指机械装备工业包括专用设备制造业、通用设备制造业、交通运输设备制造业、电气机械及器材制造业和仪器仪表及文化、办公用品制造业 5 个二维码行业。

表 10.11 "十一五"机械工业不同地区发展情况

单位：%

地区	2005 年	2006 年	2007 年	2008 年	2009 年	2010 年	2010 年较 2005 年变动（百分点）
东部	76.4	76.6	75.9	74.8	73.1	71.9	-4.5
中部	15.2	15.0	15.5	16.4	17.3	18.5	3.3
西部	8.4	8.4	8.7	8.9	9.6	9.6	1.2

"十一五"期间，机械装备工业变动显著，东、中、西地区内部水平产业转移活跃，其中东部地区水平产业转移的特征尤为突出（见表 10.12）。"十一五"期间，江苏、辽宁占全国机械工业的比重分别上升 2.5 和 1.7 个百分点，而广东、浙江、上海、北京占全国机械工业的比重则分别下降 3.4、2.4、2.3 和 0.9 个百分点，这 4 个省市机械工业比重的下降是导致"十一五"期间东部地区机械工业比重下降的主要原因。湖南、安徽和河南机械工业的快速发展直接推动了中部地区机械装备工业比重的快速上升，分别提高 1.2、0.9 和 0.9 个百分点。四川是西部机械工业增长最快的地区，"十一五"期间比重提高 0.6 个百分点。活跃的水平产业转移表明，影响机械装备工业竞争优势和区位选择的因素是多方面的，生产成本驱动型的梯度产业转移和市场寻求、配套跟随型的水平产业转移共同推动机械装备行业的布局优化。

表 10.12 "十一五"期间各省市机械工业比重变动情况

比重上升最快的 10 个地区			比重下降最快的 10 个地区		
地　区	2010 年比重（%）	2010 年较 2005 年变动（百分点）	地　区	2010 年比重（%）	2010 年较 2005 年变动（百分点）
江苏（东）	16.2	2.5	广东（东）	11.8	-3.4
辽宁（东）	6.1	1.7	浙江（东）	8.6	-2.4
湖南（中）	2.7	1.2	上海（东）	7.1	-2.3
安徽（中）	3.0	0.9	北京（东）	2.7	-0.9
河南（中）	3.8	0.9	黑龙江（中）	0.8	-0.4
河北（东）	2.9	0.6	天津（东）	2.5	-0.4
四川（西）	2.7	0.6	海南（东）	0.1	-0.1
江西（中）	1.3	0.5	贵州（西）	0.2	-0.1
内蒙古（西）	0.6	0.3	福建（东）	2.0	-0.1
山东（东）	11.8	0.3	山西（中）	0.6	-0.1

　　中西部地区省市承接机械工业产业转移能力差距显著。"十一五"期间，东、中、西部机械工业年均增速分别为27.2%、32.2%和30.7%。增速最快的六个地区分别是内蒙古、新疆、湖南、江西、安徽和辽宁，年均增速分别为45.8%、44.6%、44.1%、39.6%、36.7%和35.7%。增速最慢的六个地区分别是西藏、海南、贵州、黑龙江、云南和上海，年均增速分别为-9.9%、8.5%、15.2%、16.5%、19.8%和20.3%，如表10.13所示。中西部地区的内蒙古和新疆处于全国增速最快的地区，而同处西部的西藏和贵州增长缓慢，甚至出现了负增长。

表10.13　"十一五"期间部分地区机械工业增长速度

单位：%

地　区	增　速	地　区	增　速
全国	27.2	东部	25.7
中部	32.2	西部	30.7
内蒙古	45.8	西藏	-9.9
新疆	44.6	海南	8.5
湖南	44.1	贵州	15.2
江西	39.6	黑龙江	16.5
安徽	36.7	云南	19.8
辽宁	35.7	上海	20.3

　　未来一段时间，机械装备产业转移还将加快推进。从反映未来产业增长的投资指标看，东、中、西地区和各省份两极分化明显。2008~2010年，东、中、西部机械工业固定资产净值分别增长59.2%、59.5%和33.7%。其中，增速最快的六个地区分别是四川、甘肃、湖南、新疆、河南和广西，增长率分别为132.2%、114.7%、114.4%、95.0%、90.3%和87.0%，增速最慢的六个地区分别是青海、江西、贵州、北京、上海和海南，增速分别为-10.8%、1.5%、18.6%、19.5%、23.8%和31.3%，如图10.14所示。

10.4.2　重点行业产业转移状况

　　建筑工程机械业加速向中部转移。"十一五"末期，建筑工程用机械制造业东、中、西部的产值比重分别为51.4%、34.6%和14.0%，东部、西部较

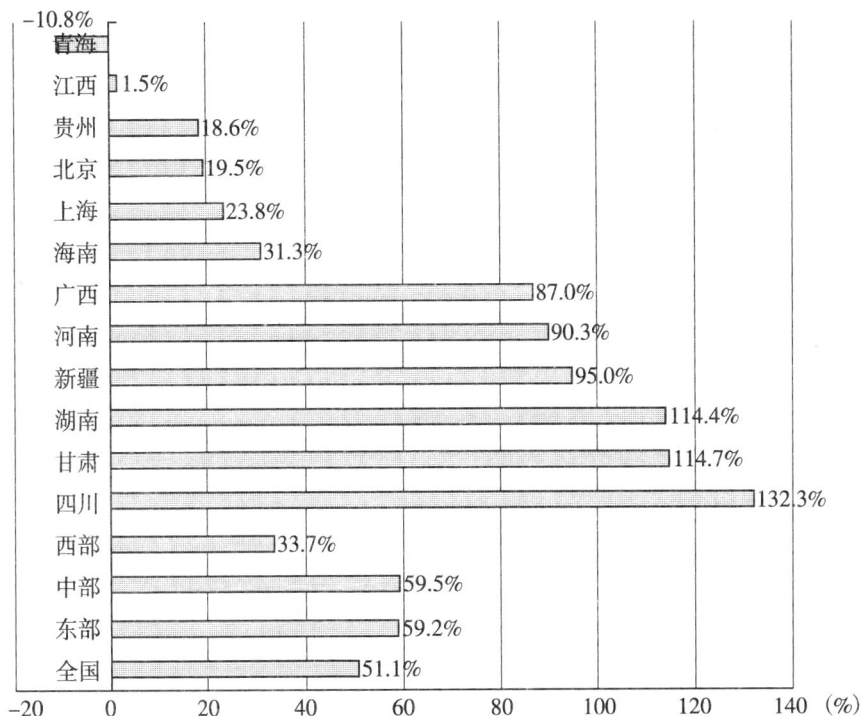

图10.14 2008~2010年部分地区机械工业固定资产净值增长

"十五"末期分别下降10.1和3.3个百分点，中部比重大幅提高13.4个百分点。比重提高最多的湖南提高14.3个百分点，上海和浙江分别提高1.1和0.8个百分点。比重下降最多的山东、福建和广西，分别下降7.2、4.3和3.0个百分点。如图10.15所示。

金属加工机械制造行业向中部集聚的趋势明显。"十一五"末期，金属加工机械制造业东、中、西部的产值比重分别为73.7%、14.8%和11.5%，东部、西部较"十五"末期分别下降4.6和0.1个百分点，中部比重增加4.7个百分点。比重提高最多的四川、广东和湖南分别提高1.7、1.5和1.4个百分点，比重下降最多的江苏、上海、浙江分别下降3.1、2.3和1.5个百分点。

汽车制造业向西部转移的特征突出。"十一五"末期，汽车制造业东、中、西部的产值比重分别为61.2%、26.2%和12.6%，东、中部较"十五"末期分别下降0.8和1.0个百分点，西部地区比重增加1.9个百分点。比重提高最多的山东、陕西和上海分别提高1.7、1.0和0.7个百分点，比重下降最多的北京、浙江、吉林分别下降 1.5、1.3 和 1.2 个百分点。

　　船舶制造业进一步向东部集中，东部地区产业水平转移特征突出。"十一五"末期，船舶制造业东、中、西部的产值比重分别为 89.8%、7.4% 和 2.8%，东、西部较"十五"末期分别增加 0.9 和 0.4 个百分点，西部地区比重下降 1.2 个百分点。江苏承接产业转移步伐最快，"十一五"期间产业比重大幅提高 15.9 个百分点，浙江和安徽分别小幅提高 0.5 个百分点。上海船舶制造业大幅萎缩，比重下降 12.2 个百分点，辽宁和湖北分别下降 2.5 和 1.9 个百分点。

　　仪器仪表及文化、办公用品业呈现梯度转移趋势，东部地区水平产业转移特征明显。"十一五"末期，仪器仪表及文化、办公用品制造业东、中、西部的产值比重分别为 85.0%、10.2% 和 4.9%，东部较"十五"末期下降 5.4 个百分点，中、西部地区比重分别增加 4.5 和 1.0 个百分点。江苏比重大幅提升 10.1 个百分点，湖南和河南分别提高 2.1 和 1.4 个百分点。广东下降幅度最大，下降 11.8 个百分点，上海和北京分别下降 4.9 和 1.9 个百分点。

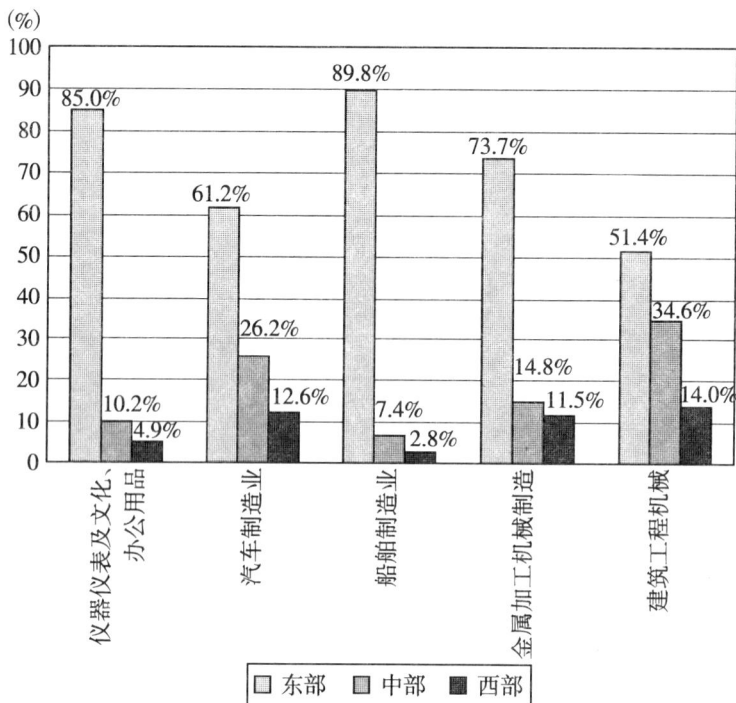

图 10.15　2010 年部分机械装备工业分地区产值比重

(%)

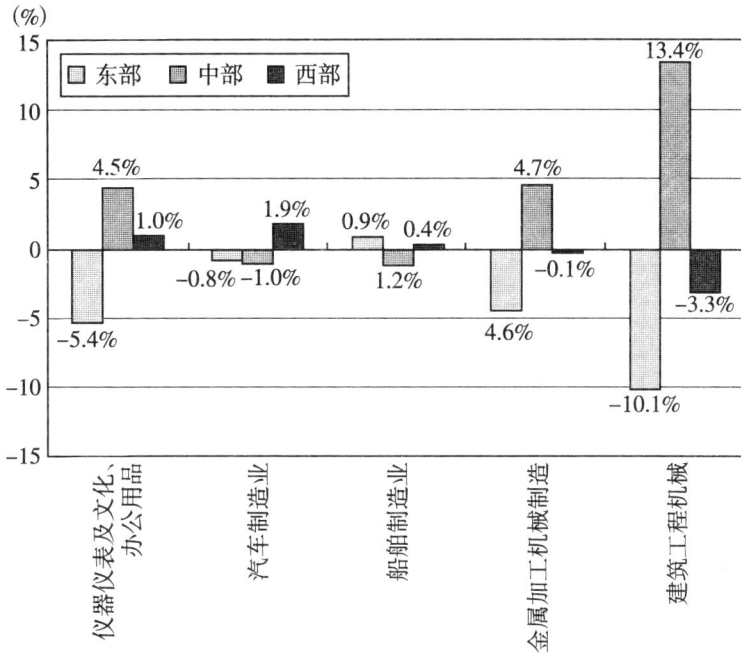

图 10.16 2005~2010 年部分机械装备工业分地区产值比重变动

（执笔人：贺俊）

11 转移政策

2011 年，中央和地方继续落实《国务院关于中西部地区承接产业转移的指导意见》，加大力度促进产业合理有序转移，并完善相关配套政策。同时，根据国家"十二五"规划和《全国主体功能区规划》制定的区域发展总体战略和主体功能区战略，国家相继出台了一系列省级发展指导意见和区域规划，确定了重点区域发展的战略定位、产业发展方向和空间布局，把产业转移作为加快地区产业发展和扩大地区对内、对外开放的一项重要内容，充分反映了中央高度重视不协调、不平衡、不可持续等深层次问题。

产业转移是"十二五"开局之年国家推动地区产业结构优化升级的一项重要工作，相关政策内容相对分散，工业转型升级规划、促进地区发展指导意见、区域规划、产业规划等规划或政策都有涉及，具有目标明确、内容丰富、针对性强等特点，如表 11.1 所示。

表 11.1　2011 年以来国务院及各部委下发产业转移有关政策（截至 2012 年 3 月底）

时　间	政策文件
2011 年 3 月	《海峡西岸经济区发展规划》
2011 年 5 月	《成渝经济区区域规划》
2011 年 6 月	《兴边富民行动规划（2011~2015 年）》
2011 年 6 月	《国务院关于国家东中西区域合作示范区建设总体方案的批复》（国函〔2011〕61 号）
2011 年 6 月	《国务院关于促进牧区又好又快发展的若干意见》（国发〔2011〕17 号）
2011 年 6 月	《国务院关于进一步促进内蒙古经济社会又好又快发展的若干意见》国发〔2011〕21 号
2011 年 9 月	《国务院关于支持河南省加快建设中原经济区的指导意见》（国发〔2011〕32 号）
2011 年 9 月	《国务院关于支持喀什霍尔果斯经济开发区建设的若干意见》（国发〔2011〕33 号）

续表

时　间	政策文件
2011 年 9 月	《国务院关于沈阳经济区新型工业化综合配套改革试验总体方案的批复》（国函［2011］102 号))
2011 年 10 月	《国家发展改革委关于湖南省湘南承接产业转移示范区的批复》
2011 年 11 月	《国务院关于支持云南省加快建设面向西南开放重要桥头堡的意见》（国发［2011］11 号)
2011 年 11 月	《河北沿海地区发展规划》
2011 年 11 月	《平潭综合实验区总体发展规划》
2011 年 12 月	《中国农村扶贫开发纲要（2011~2020 年)》
2011 年 12 月	《工业转型升级规划（2011~2015 年)》（国发［2011］47 号)
2011 年 12 月	《国家发展改革委关于设立湖北省荆州承接产业转移示范区的批复》
2012 年 1 月	《国务院关于进一步促进贵州经济社会又好又快发展的若干意见》（国发［2012］2 号)
2012 年 2 月	《电子信息制造业"十二五"发展规划》
2012 年 2 月	《集成电路产业"十二五"发展规划》
2012 年 3 月	《东北振兴"十二五"规划》

11.1　政策重点

2011 年，国家出台的产业转移政策从工业转型升级、区域协调发展和主体功能区建设的战略高度提出了相应的思路和措施。

11.1.1　明确承接产业转移的重点区域

按照国家区域发展总体战略和全国主体功能区规划要求，应充分发挥地区比较优势，合理、有序地引导产业向中西部等地区转移，促进区域产业协调发展。中西部的重点开发区域、东北沿海沿边地区、东部欠发达地区以及边境地区、牧区等特殊区域都是"十二五"承接产业转移的重点区域。国务院出台的地区发展指导意见明确提出，要将河南、内蒙古、云南、贵州等中西部地区作为承接产业转移的重点地区。河南在建设中原经济区过程中，要抢抓产业转移机遇，引领带动"三化"（工业化、城镇化和农业现代化）协调发展。云南要建设以昆明为中心滇中城市经济圈为承接产业转移基地和出口加工基地。内蒙古东部地区要发挥区位优势，主动融入东北及环渤海经济圈，主动接受辐射和承接产业转移。贵州要探索承接产业转移模式，通过技术转移带动产业转移，发挥共建园区、泛珠区域协作等优势，引进一批就业容量大、技术含量高的产业。同时，《东北振兴"十二五"规划》明确沿海沿边地区要建设一批承接国内外产业转移的示范园区，鼓励发展"飞地经济"和合作共建园区，承接产业和技术转移，加强省（区）间跨行政区域的经济联合。同时，国务院印发的《河北沿海地区发展规划》明确了河北沿海地区是京津城市功能拓展和产业转移的重要承接地，也要加强与长三角、珠三角在产业、科技、人才等领域的交流与合作，积极承接产业转移。海峡西岸经济区的环三都澳发展区和闽粤赣互动发展区分别作为承接长三角、珠三角的重点区域。对于边境地区的发展，国家大力支持喀什、霍尔果斯经济开发区建设，强调发挥喀什、霍尔果斯内引外联和对口支援的优势，吸引国内外资金、技术和人才，高起点承接产业转移。对于牧区发展，中央支持牧区利用资源优势，积极吸引发达地区企业到牧区投资兴业，提高特色优势产业发展水平。

一些承担着国家层面体制机制改革等功能区域也是承接产业转移的重点区域。国家支持连云港作为服务中西部地区的进口资源加工基地、出口产品生产加工基地，积极承接长江三角洲其他地区和日、韩等国家产业转移，打造东、中、西地区产业合作的集聚区。同样，国务院批复的《平潭综合实验区总体发展规划》明确提出平潭综合实验区要提升承接台湾产业转移的区域整体功能。

11.1.2　推进承接产业转移示范区试点

设立承接产业转移示范区是深入贯彻《国务院关于中西部地区承接产业转移的指导意见》（国发〔2010〕28号）一项重要的具体工作。2011年，经国务院同意，国家发展改革委先后批准了重庆沿江、湖南湘南、湖北荆州等地区为国家级承接产业转移示范区。2011年1月，重庆沿江承接产业转移示范区获批设立，成为继安徽皖江城市带、广西桂东之后的第三个国家级承接产业转移示范区，该示范区包括涪陵、巴南、九龙坡、璧山、永川、双桥、荣昌7个区县，将按照"一带三区"的总体布局思路，打造涪陵、九龙坡、巴南 3 个产值 3000 亿级，永川、荣昌 2 个产值 2000 亿级，璧山、双桥 2 个产值 1000 亿级产业承接基地。2011 年 10 月，国家发展改革委正式批准湖南湘南为国家承接产业转移示范区，该示范区包括衡阳、郴州、永州三市，土地面积 5.71 平方公里，覆盖 34 个县（市、区），将按照承接产业转移的新平台、跨区域合作的引领区、加工贸易的集聚区和转型发展的试验区的战略定位，重点构建"三极四带"产业布局，即打造衡阳、郴州和永州三极，形成以京港澳高速和京广铁路、武广客运专线，二广高速和洛湛铁路，泉南高速和湘桂铁路，厦蓉高速和台南高铁四组交通干线为主轴的四条"井"字形承接产业转移集聚带。同时，国务院指导意见已明确支持河南、内蒙古建设承接产业转移示范区。2011 年 12 月，国家发展改革委批准设立湖北荆州承接产业转移示范区，该示范区是以荆州市为主体，辐射带动荆门、仙桃、潜江和天门，突出"两型"(资源节约型和环境友好型）的引领，建成中部地区承接产业转移的优秀示范区、天水和谐可持续发展的先行区、跨区域合作与产业转型发展的综合试验区和湖北经济发展的重要增长极。

促进东中西区域合作是适应现阶段产业转移发展的需要。《工业转型升级规划（2011~2015 年)》明确提出，"十二五"期间在中西部地区建立 3~5 个东、中、西产业转移合作示范区。2011 年 6 月，经国务院批准，国家发改委印发了《国家东中西区域合作示范区建设总体方案》（以下简称《方案》），《方案》将连云港连云区列为国家东、中、西区域合作示范区，依托大陆桥优势，把该示范区建成服务中、西部地区对外开放的重要门户，东、中、西产业合作示范基地和区域合作体制机制创新试验区。该《方案》获批表明了产业双向转移势在必行。

11.1.3　加强产业转移承接载体建设

充分利用经济技术开发区、高新区、产业集聚区、出口加工基地等各级、各类园区的平台作用，打造一批承接国际、国内产业转移的载体。《工业转型升级规划（2011~2015 年)》明确提出中西部地区要依托现有工业园区和各类产业转移基地，进一步增强承接产业转移能力。同时，加快国家新型工业化产业示范基地建设，以此作为承接产业转移和促进产业集聚的平台。《国家东中西区域合作示范区建设总体方案》强调要发挥徐圩新区先导区作用，依托连云港经济技术开发区、国际商务中心和保税物流中心的作用，打造成东、中、西产业合作的平台。国务院批复的《沈阳经济区新型工业化综合配套改革试验总体方案》明确提出将经济区内具有一定优势的省级开发区作为承接国内外产业转移园区。《河北沿海地区发展规划》提出要依托秦皇岛经济技术开发区、沧州临港经济技术开发区、唐山高新技术产业开发区，建设产业转移的承接平台。《国务院关于进一步促进内蒙古经济社会又好又快发展的若干意见》鼓励跨地区的产业园区共建，支持内蒙古与沿海地区共建临港产业基地。

11.1.4 完善产业转移机制

积极探索产业转移模式，进一步完善区域合作、对口支援等产业转移机制，支持东、中、西设立各种形式合作共建园区，提升区域协作水平。《工业转型升级规划（2011~2015年）》强调，在有条件的中西部省市，要按照"政府引导、市场主导、优势互补、合作共赢"的原则，探索要素互换、企业合作、产业链协作等合作对接新模式；在东部沿海省市，鼓励区域内有序推进产业转移；开展多种形式对口支援，加强对新疆、西藏和青海的产业援助。《国家东中西区域合作示范区建设总体方案》提出，建立受益共享机制、建设管理机制、科技合作机制和环境管理机制，从税收共享、园区共建、排污权交易等方面提出具体的创新实践。另外，国家级承接产业转移示范区发展规划都把深化税收、工商、环保、土地等方面体制机制创新作为消除产业转移障碍的突破口。

11.2 政策趋势

进一步完善产业转移政策是适应实践发展的切实需要，也是继续推进生产力合理布局的具体要求。根据现阶段产业转移出现的问题、地方发展需求及国内外发展环境变化，对下一步完善产业转移政策的方向和着力点进行了展望。

11.2.1　更加注重引导和规范地方承接产业转移

按照国家"十二五"规划和全国主体功能区规划要求，根据各地资源优势、产业基础和资源环境承载力，定期出台"全国产业转移指导目录"（以下简称目录）。利用目录的导向作用，发挥地区比较优势，增强区域产业互动合作，严格禁止落后产能异地转移。同时，鼓励各地区要加强土地资源集约利用，及时纠正土地未批先用、擅自变更土地利用规划、侵占基本农田等违规行为，严查企业未根据实际需要进行大规模圈地、囤地。建立考核机制，把园区投资强度和产出强度作为考核重点，鼓励中西部有条件的地区依托现有工业园区，把创建国家新型工业化产业示范基地与提升承接产业转移能力结合起来，提高产业承接水平。在产前、产中、产后加强对产业转移项目开展环评，建立定期环境监测机制，严惩企业违规排放"三废"行为。

11.2.2　进一步完善产业转移示范区试点方案

按照促进区域协调发展和工业转型升级的要求，出台产业转移示范区创建工作的实施方案。同时，设计不同创建考核标准，鼓励产业转出地和承接地在同等条件下创建国家级产业转移示范区。采取区域分类指导和差别化政策支持的办法，对于产业转出地，设立产业转移示范区标准，要重点考察传统产业转出规模、新兴产业培育发展状况以及淘汰落后产能进展，在技术改造资金、重点科技项目立项等方面给予必要的支持。对于产业承接地，设立产业转移示范区，要重点考察承接产业的行业类型、投资规模、企业技术工艺水平和节能减排状况，在用地指标、税收优惠、基础设施建设等方面给予相应的支持。

11.2.3　大力支持贫困地区产业发展

落实党中央、国务院关于新时期扶贫开发的总体方针，把产业转移和集中连片的贫困地区脱贫致富结合起来，利用产业扶贫、产业援助等办法，加大支持六盘山区、秦巴山区、武陵山区、燕山—太行山区、吕梁山区、大别山区、罗霄山区、滇黔桂石漠化区等连片的特困地区产业发展。由国家有关部委牵头，面向国内外发布产业扶贫和产业援助项目，坚持政府引导与市场机制相结合，出台配套支持政策，鼓励企业、非政府组织等社会力量参与，实现集中连片的贫困地区居民早日脱贫致富。

11.2.4　建立产业转移的部际协调机制

注重部际协调和中央、地方上下联动，研究成立国家促进产业转移领导小组，由国务院有关领导担任小组负责人，领导小组成员由国家有关部委和各省（市、区）的主管产业转移工作领导组成。领导小组定期召开全国产业转移工作会议和部际协调会，总结和讨论产业转移的重点工作和配套政策，指导地方开展产业转移工作，讨论通过国家级产业转移示范区试点和实施方案，协调解决部际和省际层面在开展产业转移的过程中遇到的突出问题和主要矛盾。领导小组日常工作由领导小组办公室承担。

（执笔人：叶振宇）

12 转移效应

12.1 转移效应

12.1.1 产业转移与工业转型升级

12.1.1.1 产业转移有利于建立合理、有序的产业转型升级机制

区际产业转移，一方面，可以使发达地区更容易把已丧失比较优势的产业转移到欠发达地区，集中发展高附加值、高技术含量的高端产业，加快发达地区产业升级；另一方面，区域产业转移为欠发达地区以较低的成本引进相对自身来说相对先进的产业与技术，利用"后发优势"来加快提高产业层次与水平，从而实现产业转移方与被转移方的"双赢"。以湖南和广东为例，2001 年，两省之间省际产业转移很少，两省的工业主导产业（在工业产值中的占比超过 5%）大都为资源密集型和劳动密集型产业，资本和技术密集型主导产业数量少。2001 年，湖南的工业主导产业为烟草制品业、石化、冶金、电力、建材、交通运输设备制造业、农副食品加工业，广东的主导产业为通信设备、计算机及其他电子设备制造、电气机械及器材制造业、电力、化工、纺织业。2010 年，两省省际产业转移规模较大，资本和技术密集型产业进入两省主导产业行列的数量明显增多。其中，湖南的主导产业转变为冶金、专用设备制造业、化工、农副食品加工业、建材、交通运输设备制造业、电力；广东的主导产业转变为通信设备、计算机及其他电子设备制造、电气机械及器材制造业、交通运输设备制造业、电力、化工。

12.1.1.2 产业转移有利于减少重复建设与恶性竞争，避免地区产业趋同

区域产业转移有助于地方政府、企业及社会各界转变观念，从过去区域

间的重复建设、恶性竞争转向寻求协作、谋求共同利益。随着跨地区产业转移的增多，参与产业转移的各个地区会主动寻求并加强区域间的多方面协作，强化地区之间产业的合理分工与协作，减少重复建设与恶性竞争，避免地区之间产业结构趋同。以江苏和安徽为例，2001 年，苏皖省际产业转移较少，两省的工业结构相似系数高达 0.824。2010 年，苏皖发生明显的省际产业转移，两省的工业结构相似系数下降到了 0.773，地区产业结构趋同程度明显减弱。

12.1.1.3　产业转移推动生产要素跨地区流动，提高要素配置效率

区域产业转移有助于承接地区吸引到发达地区的资金、技术等稀缺要素，并将本地资源优势转化为经济优势，使生产要素的跨地区流动与配置成为可能，从而提高生产要素利用效率。在产业转移的推动下，近年来，中国工业总体效率呈现明显改善的趋势。2000~2010 年，中国规模以上工业企业的人均劳动生产率从 15.41 万元/人·年提高到 73.19 万元/人·年，提高了 3.75倍；人均实现利润从 0.79 万元/人·年提高到 5.56 万元/人·年，提高了 6 倍。

12.1.2　产业转移与区域协调发展

12.1.2.1　产业转移有利于缩小地区差距

区域经济发展不平衡、不协调是中国经济发展面临的一个重大现实问题。"十一五"以来，随着国内产业转移步伐加快，东北和中部地区固定资产投资明显快于东部地区。2005~2010 年，东部、中部、西部和东北地区的城镇固定资产投资（内资）增长率分别为 120.7%、276.0%、240.5%、270.5%。在国内产业转移带动的固定资产投资推动下，中国东部地区生产总值占全国比重出现下降，中西部地区占比稳步上升，东部地区"一马当先"的增长格局被打破。2010 年，东部、中部、西部和东北地区生产总值分别占全国的53.1%、19.7%、18.6%和 8.6%，与 2005 年相比，东部地区下降了 2.5 个百分点，中西部地区则分别上升了 0.9 和 1.7 个百分点。从东部、中部、西部和省际人均地区生产总值的变异系数及相对差距来看，区域发展差距从 2004年开始出现下降的趋势。2010 年，东部地区人均地区生产总值分别为中部和西部地区的 1.97 倍和 2.29 倍，分别比 2006 年降低了 0.03 倍和 0.17 倍。

12.1.2.2　产业转移有利于优化地区产业布局

长期以来，产业布局不合理，产业发展过分集中在东南沿海地区，既是造成中国地区差距过大的重要原因，也是区域发展不协调的重要表现。近年来，随着国内产业转移的发展，中西部地区在沿海产业转移带来的要素注入效应、产业带动效应的作用下，辽宁沿海经济带、沈阳经济区、长吉图经济区、哈大齐工业走廊、太原经济圈、皖江经济带、中原经济区、武汉城市圈、成渝经济区、环长株潭经济示范区等重点区域发展迅速，并逐渐成为推动区域经济发展的新增长极；呼包鄂榆、广西北部湾、黔中、滇中、关中—天水、兰州—西宁、宁夏沿黄、天山北坡、鄱阳湖生态经济区等也出现了良好的发展势头，并有可能在未来5~10年培育成为推动区域经济发展的新增长极。同时，东部沿海地区在产业转移过程中不仅原来发展基础较好的京津冀、长三角、珠三角产业集聚区得到了快速发展，而且形成了河北沿海地区、江苏沿海地区、浙江舟山群岛新区、海峡西岸经济区、山东半岛蓝色经济区等一批新的产业集聚区。在区域产业转移的推动下，"十一五"期间，中部与西部地区工业增加值占全国比重分别上升了2.1和3.7个百分点，中国产业区域布局不合理的状况得到了初步改善。

12.1.2.3　产业转移有利于强化地区间的产业链联系

产业区域转移通过后向联系、前向联系、旁侧联系等机制，使地区之间的各大产业发生有机联系。近年来，随着国内产业转移的发展，区域合作的广度和深度不断扩展，合作领域和形式日益丰富，区域间的产业链联系日趋紧密，各区域的优势特色产业体系逐步建立。目前，东部沿海地区装备制造、现代服务业、电子信息、生物医药等产业进一步聚集，发展水平不断提高。中西部地区自我发展能力得到增强，西部地区能源及化学工业、优势矿产资源开发及加工业、特色农牧产品加工业、装备制造业、高技术产业、旅游等特色优势产业发展势头良好。以安徽为例，发挥接近长三角的区位优势，迅速成为产业转移的重点地区。2011年，安徽1亿元以上引进省外投资项目4517个，实际到位资金4181.2亿元。在承接长三角产业转移过程中，安徽已在汽车整车、零部件生产等方面与上海、浙江建立协作合作，以奇瑞、江淮汽车为代表的，通过自主创新而发展出来的龙头企业同时也发挥出对产业转移的"牵引力"。芜湖现在已集聚了200多家汽车零部件配套企业，70%的企业来自浙江。通过技术创新发展起来的淮南矿业集团目前也与上海、浙江等地多家企业形成了联合体。

12.1.3　产业转移与城镇化

12.1.3.1　产业转移加快城镇化进程

长期以来，中国城镇化发展相对滞后，积极、稳妥推进城镇化进程是中国现代化建设的重要内容。产业区域转移具有推动城镇化进程的积极作用。因为对转出地来说，产业区域转移扩大了转出企业的市场空间，有利于改善企业的经营状况，强化竞争优势。企业作为城镇化的微观主体，企业竞争能力的提升，实力的增强，无疑会促进当地城镇化的发展。对经济落后地区而言，产业的迁入将增加产业生产能力及产业配套能力，增加当地的就业机会，导致人口向产业集聚地集中，进而推动城镇化速度加快（见图12.1）。

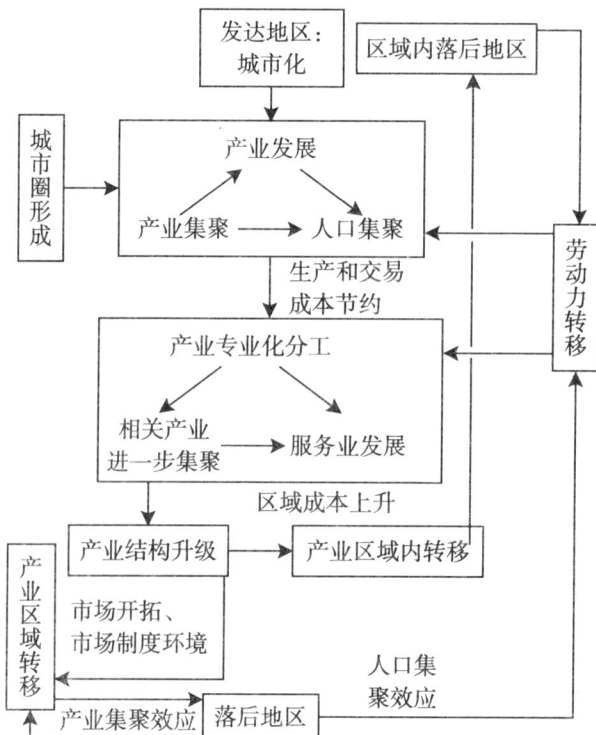

图 12.1　产业转移加速城镇化进程的动力机制

在产业转移的推动下，近年来，中国城镇化进程出现了加速发展的态势，长期存在的城镇化滞后于工业化的状况开始扭转。2001~2010 年，中国城镇人口数量从 48064 万人增加到 66978 万人，增长了 39.4%；城镇化率从 37.66%上升到 49.95%，上升了 12.29 个百分点。以近年来承接产业转移势头强劲的内蒙古赤峰市为例，截至 2010 年末，全市共签约承接产业转移项目 563 个，实际到位资金 167 亿元。项目和资金的到来推动了赤峰市的人口聚集，带动了相关产业的发展，提升了城市和重点旗县乡镇服务功能和承载能力，城镇化发展呈现加速态势。到 2010 年，赤峰市城市化率上升至 43.2%，比 2005 年提高了 10 个百分点；城市面积扩大到 190 平方公里，比 2005 年增加了84.1%。

12.1.3.2　产业转移促进城镇化发展质量提高

长期以来，中国城镇化水平不高，城镇化质量较低。中国的一线城市和中心城市，由于产业不能有序转移和升级，城市发展走的是一条摊"大饼"式的外延扩张和人口无序增长的发展道路，城市开发强度大，资源、环境和交通压力大。数量众多的中小城市特别是中西部地区的中小城市，由于缺乏产业和经济支撑，多数属于"三一型"小城镇（一条商业街、一个市场、一千非农业人口），严重缺乏吸引力和凝聚力。

近年来，在区域产业转移的作用下，一线城市和东部沿海地区中心城市通过"腾笼换鸟"和产业升级，不仅有序疏散了人口，缓解城市发展的资源环境及交通压力，而且加大了城市公用设施建设，增强了城市的公共服务功能和可持续发展能力。中小城镇特别是中西部地区的中小城镇，通过承接产业转移，城镇规模从小到大，产业体系趋向合理，城镇对人口的承载能力和服务能力不断增强。数据显示，2000~2010 年，中国城市用水普及率、燃气普及率、每万人拥有道路长度、人均拥有道路面积、每万人拥有公交车辆、人均公园绿地面积不断有了较大的提高，而且提高幅度均明显高于 20 世纪90 年代，如表 12.1 所示。

表 12.1　中国城市公用基础设施的变化趋势

年　份	1990	1995	2000	2009	2010
用水普及率（%）	48.0	58.7	63.9	96.1	96.7
燃气普及率（%）	19.1	34.3	45.4	91.4	92.0
每万人拥有道路长度（公里）	3.1	3.8	4.1	7.1	7.5
人均拥有道路面积（平方米）	3.1	4.4	6.1	12.8	13.2
每万人拥有公交车辆（标台）	2.2	3.6	5.3	11.1	9.7
人均公园绿地面积（平方米）	1.8	2.5	3.7	10.7	11.2

资料来源:《中国统计年鉴》（2011）。

12.2　挑战

产业转移虽然对促进产业转型升级、区域协调发展和城市化进程等具有积极作用，但在现行体制下不可避免地存在着一些负面影响和挑战。这些负面影响和挑战，无论是对产业转移地区，还是承接产业转移的地区，都是不容忽视的。

12.2.1　产业空心化问题

在产业转移过程中，如果新产业的发展未能及时弥补被转移产业留下的空缺，转移地区就有可能出现产业空心化问题，并导致转移地区经济增长活力下降、结构性失业增多等一系列问题。从世界范围看，西欧、日本等发达国家和地区 20 世纪的产业转移过程中都不同程度地出现了产业空心化问题，并引发了一系列的社会矛盾。在产业转移过程中，中国东南沿海的部分地区已出现了产业空心化的苗头。在局部地区，由于受资源环境压力加大和要素成本上升等因素的制约，这些地区的劳动密集型和资源密集型产业日益丧失竞争力而不得不向中西部地区转移，支撑地方经济发展的原有增长点逐步丧失。同时，由于体制机制和技术等方面的制约，技术含量高、附加价值高的战略性新兴产业、高新技术产业、现代服务业等高端产业短时期内难以形成足够的规模和体量来弥补转出产业带来的空缺，产业空心化问题由此应运而生，并对地方经济社会发展造成冲击。

以浙江为例，近年来，由于劳动力成本和原材料价格大幅上涨、土地紧缺、"用工荒"加剧，浙江劳动密集型产业纷纷向劳动力成本相对较低、土地资源丰富并有较多优惠政策的中西部省份转移，仅温州每年就有1000多家中小企业外迁。由于企业大量外迁，浙江经济增长动力明显减弱。数据显示，2006~2010年期间，浙江省第二产业的增长速度由14.3%下降到12.4%，下降了1.9个百分点；地区生产总值增速也由13.9%下降至11.9%，下降了2个百分点。

事实上，浙江的情形并非个案。近年来，产业转移比较活跃的上海、江苏、广东和北京等东部省市，均不同程度地出现了经济增长活力下降和产业空心化趋势。数据显示，与2006年相比，2010年上海、江苏、广东和北京的经济增速分别下降了1.4、2.1、2.4和2.7个百分点，上述省市的经济增速在全国31个省市区中的排名也分别下降了7、17、17和11个位次，下降幅度相当之大。可以预见，未来一段时期内，在市场和政府的双重推动下，中国区际之间的产业转移力度还将加大，产业迁出地区出现产业空心化的风险也将随之加大。一旦产业空心化问题出现，将会给经济社会发展带来消极影响，并在短期内难以消除。因此，在下一步产业转移过程中，中国需要高度警惕产业空心化的风险与挑战。

12.2.2 污染转移问题

从现阶段的产业转移实践看，沿海地区转移出去的产业不乏有技术、资本密集型企业和项目，但从总体上看，转出去的产业主要集中在造纸、纺织、化工、冶金、建材等资源密集型产业和高消耗、高排放型产业（"两高一资"产业）。在现行的政绩考核体制下，中西部地区地方政府出于政绩考虑，在承接产业转移和招商引资过程中经常一降再降门槛，一减再减成本，一让再让空间，对承接和引进的项目和企业缺乏必要的环保准入门槛，"抓到篮子都是菜"，结果引进的大多属于"两高一资"产业。中西部地区这类产业的增加，必然伴随着中西部资源的大规模开发。由于中西部地区特别是西部地区自然生态环境脆弱，一旦资源开发处理不当，保护不力，资源破坏的代价会超过资源开发的收益，环境污染的速度会超过环境治理的速度，这不仅影响了中西部地区的可持续发展，而且可能会大大增加中西部地区经济发展的外部成本，对中西部地区的土地、资源、生态系统构成巨大的挑战。事实上，近年来，由产业转移引发的中西部地区环境污染事件屡屡发生，如安徽怀宁铅污染、利辛县和涡阳县大面积土壤污染，湖南嘉禾铅污染，甘肃天水水源地污染，波及三个省区的云南铬污染等，均引起社会公众和舆论的广泛关注。数据显示，与2005年相比，2010年中西部地区工业废水排放总量增长了9.43%，废气排放总量增长了140.23%。可见，如何避免和遏制产业转移过程中的污染转移，已经成为一个十分紧迫的问题。

12.2.3 产业承接地区的低端锁定问题

现阶段，中西部地区的地方政府在招商引资过程中，对东部地区产业转移实施"围追堵截"，竞争十分激烈。为了扩大承接规模，各地政府纷纷采取强力措施承接产业转移，以更高的发展定位、更大的政策优惠来比环境、争客商、引项目，形成了一种赶超挤压的竞争态势。其中尤以中部六省的竞争最为激烈，中部六省区位相近，资源禀赋相似，政策环境相同，发展基础处于同一起跑线上，相互之间各有所长。面对东部地区有限的产业转移资源，中部六省各显神通，各使绝招，竞争更是趋向白热化。激烈的竞争迫使各省份必须为转移企业创造更好的投资环境，降低商务成本。这样一来，一方面，就很可能会出现不顾本地实际情况和条件，"大规模、高起点"地大搞开发区建设，缺乏切合实际的可行性规划论证，盲目引进、无序竞争的情况，造成低层次的产业同构，低水平重复建设和资源的浪费；另一方面，低成本与优惠政策的双重优势势必催生一批"候鸟企业"，这些企业致力于追逐自然形成的低成本优势和政策优势，并从不断的、单纯的地区转移中收获巨大利益，进而逐渐丧失技术创新的动力与能力。产业承接地区也可能由此丧失自主技术创新能力而被长期锁定在产业价值链低端，难以超越自身与发达地区的产业梯度差。

（执笔人：周维富）

附录 1　工业发展指数构建

1.1　理论基础

进入新世纪以来，工业结构调整和升级成为工业经济研究和政策的焦点。工业发展过程中的产业结构、产业组织、产业竞争力、技术水平、创新能力和可持续发展等一系列问题，被归类为工业结构问题。在研究层面上，一些经济学者提出中国工业"大国"的更高发展阶段是建设工业"强国"，以克服传统工业大国建设过程中突出的结构问题。另外一些学者则基于工业发展阶段的判断，提出了工业发展战略需要调整。在国家政策层面上，新型工业化道路、转变经济发展方式和贯彻落实科学发展观成为工业发展的新导向。

在深入研究工业结构问题、基本经济国情变化与工业化阶段跃升的基础之上，各界达成了一个较为明确的共识，即寄希望于建设工业强国来解决工业大国建设过程中所累积的问题与矛盾。这就使得工业强国理论具有问题导向和战略导向的双重属性——既要直面当前工业发展中存在的突出矛盾，又要放眼未来机遇和挑战并存的工业发展。这集中体现于现阶段中国工业发展面临突出问题，包括传统比较优势的减弱、可持续发展能力亟待提升、工业创新能力成长受制于工业创新体系、区域产业同构化影响工业发展效率的提高，以及就业和劳资冲突问题升级。同时，转变发展方式、产业转型升级对工业经济发展提出了新的要求，都必然要体现在工业强国理论之中。

工业发展水平经典评估方法大多从单一维度（指标），主要有：①仅从工业发展速度评估工业发展，如采用工业增速或者工业增加值率等指标；②仅从规模动态变化评估工业发展，如采用工业总产值或者增加值等指标；

③仅从结构动态演变评估工业发展，如采用产业结构比或者工业对 GDP 增长率的贡献率等指标。从理论基础上说，如上三种评估方法都与工业大国理论有着密切的理论联系，评估结果的有效性也受限于工业大国理论的逻辑。

本报告所构建的中国工业发展评估模型，在理论上力图体现工业强国理论的内涵与要求，在方法上采用多维度的评估指标体系，提高评估结果的效力。所以，本报告在评估方法上的创新，其实是评估理论创新的延续和应用实现。

1.2 指标说明

如上文所述，依据工业强国理论的内涵和要求，本报告从生产效率、可持续发展水平、技术创新、国际竞争力和工业增长等五个维度构建工业发展指数。生产效率采用 Sequential—Malmquist—Luenberger 生产效率指数，可持续发展选用能源效率和"三废"处置利用指标，技术创新包括创新投入和创新产出两方面指标，国际竞争力采用了国际贸易竞争力指数，工业增长则选用工业增加值增长率（参见正文表 2-1）。其中，可持续发展水平、技术创新、国际竞争力和工业增长 4 个维度的指标均可通过统计数据计算而得，生产效率指标则需要另行计算。效率分析的方法主要有三类方法：参数方法、非参数方法和指数法。其中使用较广的指数法有两种：全要素生产率（TFP）指数法和基于数据包络分析法（DEA）的曼奎斯特（Malmquist）指数方法。[①] 基于 DEA 的 Malmquist 生产率指数及其分解是分析多投入—多产出决策单元生产率变动及相对效率的有效方法。

新时期工业发展的核心是加速提高生产效率，而加速促进生产效率提升的关键是促进技术进步。为了更好地揭示中国工业生产效率的特征，我们借鉴 Färe（1994，1997）提出的以产出为基础的 Malmquist 生产率变化指数方法，同时并该方法的最新改进引入到生产效率指数计算当中。其中，Chung

---

[①] 前者反映的是所有投入要素的综合效率，并且要考虑生产率的周期因素和动态变化，后者可以纵向测度生产率进步，是经济中产业跨期的生产率变化的一种常用研究方法。

et al. (1997) 引入方向距离函数，在生产效率测算中开始引入环境污染之类的"坏产品"，发展除了 Malmquist-Luenberger 生产效率指数。由于引入了"坏产品"，Malmquist-Luenberger 生产效率指数在一定程度上避免了 Malmquist 高估生产效率的情况。而 Oh and Heshmati（2009）在 Chung et al.（1997）的基础之上，进一步在构建技术前沿面时采用序贯生产可能性集合代替当期生产可能性集合，有效地避免了技术退步的情况，更为符合现实技术的变化规律，进而发展出了 Sequential—Malmquist—Luenberger 生产效率指数，为本报告所采用。

如上，Sequential—Malmquist—Luenberger 生产效率指数的创新之处在于构建第 t 期的生产技术前沿面时，使用第 1 期至第 t 期生产集合的并集，即
$$\bar{P}^t(x^t) = P^1(x^1)P^2(x^2)\cdots P^s(x^s)。$$

其中，$P^s(x^s)$（s = 1, …, t），表示第 s 期的生产集合，$\bar{P}^t(x^t)$ 表示第 5 期的序贯生产可能性集合。用 $\vec{D}(x, y, b; g_y, g_b) = \max\{:y + g_y, b\ g_b P(x)\}$ 表示方向距离函数，那么第 s 期的 Sequential—Malmquist—Luenberger 生产效率指数（SML）即为

$$SML^s = \frac{(1 + \vec{D}^s(x^t, y^t, b^t))}{(1 + \vec{D}^s(x^{t+1}, y^{t+1}, b^{t+1}))}$$

为了避免参照生产技术选择的任意性，在计算两个相邻时期的生产效率时，使用 SML 指数的几何平均数，即

$$SML^{t,t+1} = \frac{(1 + \vec{D}^t(x^t, y^t, b^t))}{(1 + \vec{D}^t(x^{t+1}, y^{t+1}, b^{t+1}))}\frac{(1 + \vec{D}^{t+1}(x^t, y^t, b^t)) +}{(1 + \vec{D}^{t+1}(x^{t+1}, y^{t+1}, b^{t+1}))}^{1/2}$$

进一步将 $SML^{t,t+1}$ 分解，可以得到

$$SML^{t,t+1} = \frac{(1 + \vec{D}^t(x^t, y^t, b^t))}{1 + \vec{D}^{t+1}(x^{t+1}, y^{t+1}, b^{t+1}))} \cdot \frac{(1 + \vec{D}^t(x^t, y^t, b^t))}{(1 + \vec{D}^t(x^{t+1}, y^{t+1}, b^{t+1}))}$$

$$\frac{(1 + \vec{D}^{t+1}(x^t, y^t, b^t))}{(1 + \vec{D}^{t+1}(x^{t+1}, y^{t+1}, b^{t+1}))} = EC^{t,t+1} \cdot TC^{t,t+1}$$

式中，EC、TC 分别表示技术效率变化指数和技术变化指数。如果 $EC^{t,t+1} >$

1，表示某个 DMU 朝着最佳实践的移动，表现为该 DMU 的"追赶效应"；如果 $TC^{t,t+1} > 1$，表示前沿技术的移动，表现为最佳实践 DMU"创新效应"。

计算 Sequential—Malmquist—Luenberger 生产效率指数时，将每一个行业作为 DEA 分析的决策单元（DMU），故本分析包含 14 个 DMU。考虑到数据的可得性和研究的目标，选取了两个投入变量——按行业分国有及规模以上非国有工业企业固定资产净值年平均余额、按行业分国有及规模以上非国有工业企业平均从业人员数；三个产出变量，其中两个好产出变量——按行业分国有及规模以上非国有工业企业工业总产值、按行业分国有及规模以上非国有工业企业利润总额，一个坏产出变量——行业 SO_2 排放量，时间跨度为 2005-2009。

原始数据均来自国家统计局。其中，2010 年固定资产投资年平均净值余额数据，通过计算 2009 年和 2010 年固定资产净值的算术平均数求得。除从业人员数之外，其他数据均经过相应的价格指数调整：固定资产年平均净值余额采用固定资产投资价格指数调整、利润总额和工业总产值采用工业产品出厂价格指数调整，且均以 2005 年为基期。[①]

1.3 样本选择

本报告在生产效率分析和工业发展指数构建时，舍去采矿业和电力、燃气及水的生产和供应业两大工业门类的分析，着重分析制造业的发展水平。这样选择是因为如下三点理由：

第一，中国要实现从工业大国跃升为工业强国，相对于采矿业和电力、燃气及水的生产和供应业而言，更为重要的是制造业行业发展水平的提升。这一方面是因为制造业已经成为中国工业的主体 1，奠定了中国作为工业大国的基础；另一方面则是由于制造业的高端化代表了工业发展水平的进步，对于中国走新型工业化道路、从工业大国跃升为工业强国有着极其重要的意义。此外，制造业涵盖了现阶段中国重点发展的战略性新兴产业的主要产

---

① 按照 Malmquist 生产效率指数计算的要求，对观测值中个别的负值取 0 值处理。

业，是未来中国经济保持持续增长、构建中国多元产业体系和提升国际竞争力的关键。

第二，采矿业行业的经济效益和产品价格容易出现剧烈波动，并且导致行业波动的并不一定（甚至不主要）是市场真实供求关系变动，极易受到非经济因素的影响（如投机炒作和国际矿产寡头的策略、政治稳定、恐怖活动、宏观调控、产业政策和自然灾害等因素），给准确评估采矿业的真实发展水平增加了难度。

第三，电力、燃气及水的生产和供应业在工业中的比重较小，且具有公共事业属性，市场化程度相对较低，并且主要面向国内市场。

课题组选择了14个制造业样本行业。课题组从现行中国现行国民经济行业分类（GB/T 4754-2002）中选择了16个行业，包括：①食品加工业、②食品制造业；③饮料制造业；④纺织业；⑤服装及其他纤维制品制造业；⑥石油加工及炼焦业；⑦化学原料及化学制品制造业；⑧医药制造业；⑨非金属矿物制品工业；⑩黑色金属冶炼及压延加工业；⑪有色金属冶炼及压延加工业；⑫普通机械制造业；⑬专用设备制造业；⑭交通运输设备制造业；⑮电气机械及器材制造业；⑯通信设备、计算机及其他电子设备制造业等16个行业进行分析。其中，考虑到行业特征具有较强的相似性，农副食品加工业、食品制造业和饮料制造业三个行业合并成为一个行业进行分析，称为"食品工业"，最终得到14个样本。

可见，构建工业发展指数的样本涵盖了食品工业、纺织业、服装及其他纤维制品制造业、医药制造业等主要消费品工业，石油加工、化学原材料及化学制品制造业、非金属矿物制品、黑色金属冶炼及压延加工业、有色金属冶炼及压延加工业等原材料工业，以及通用装备制造业、专用设备制造业、交通运输设备制造业、电气机械及器材制造业、电子及通信设备制造业等机械电子类装备制造工业。因此，本报告构建的工业发展指数，能够较为充分地代表中国工业的发展水平。

1.4　数据预处理

对缺失值的处理。2005年的工业增加值增长率数据缺失，采用2005年工业总产值增长率做近似替代。

无量纲化处理。在构建发展指数之前，需要对指标进行无量纲化处理，以消除指标不同量纲带来的不可公度性，提高发展指数结果的准确性。[①] 课题组采用正规化法对原始数据进行无量纲化处理，计算公式为：X-MIN（数据向量））/（MAX（数据向量）-MIN（数据向量））进行无量纲化处理，X表示各年各行业在各维度上的值，数据向量是指各维度所有年份所有行业上的值。

指数化处理。对无量纲化处理后的指标，分别进行了两种指数化处理。一是以2005年为基期计算的定基指数，二是计算历年的环比指数，用于计算工业和行业的定基和环比发展指数。对于包含多个二级指标的维度，计算二级指标指数的简单平均数作为维度的指数。

1.5　权重选择与检验

计算行业发展指数时，本报告采用了采用德尔菲法确定五个维度的权重。共有来自中国社会科学院、中国科学院、国务院发展研究中心、国家发改委宏观经济研究院和中国人民大学等机构长期从事产业经济研究的13位专家参与了打分。专家按照工业强国理论的要求，对五个维度的重要进行了排序。五个维度中，排序最高得5分，最低地1分，通过维度的得分确定其权重。

为了验证主观权重法计算的指数是否稳健，课题组还采用了因子分析法计算工业发展指数。[②] 两种方法计算工业发展指数结果的对比如表2-2所示。通过比较发现，主观权重法和客观权重法计算的结果具有较高的一致性，表明本报告给出的工业发展指数计算结果稳健。

[①] 无量纲化处理的主要方法有标准化法、正规化法和均值化法，其中，前两种方法较为常用。标准化处理后的样本观测值服从均值为0、方差为1的标准正态分布，处理后的观测值在（-1, 1）范围之内；正交化处理后的样本观测值取值范围为（0, 1）之间。

[②] 因子提取结果和主成分对应的特征向量，分别参见表2-3和表2-4。

附录 2　工业总体发展数据附表

附表1　2000~2011年全部工业增加值增速和工业占 GDP 比重情况（%）

年份	工业增加值增速	工业 GDP 占比
2000	9.8	40.4
2001	8.7	39.7
2002	10.0	39.4
2003	12.8	40.5
2004	11.5	40.8
2005	11.6	41.8
2006	12.9	42.2
2007	14.9	41.6
2008	9.9	41.5
2009	8.7	39.7
2010	12.2	40.1
2011	10.7	40.0

附表2　2011年规模以上工业增加值分月增速（%）

月份	2010 年	2011 年
1~2 月	20.7	14.1
3 月	18.1	14.8
4 月	17.8	13.4
5 月	16.5	13.3
6 月	13.7	15.1
7 月	13.4	14.0
8 月	13.9	13.5
9 月	13.3	13.8
10 月	13.1	13.2
11 月	13.3	12.4
12 月	13.5	12.8

附表 3　2011 年主要工业产品产量增速（与 2010 年、"十一五"平均比较）（%）

	"十一五"平均增速	2010 年增速	2011 年增速
原煤	7.97	8.81	8.81
天然气	13.24	11.23	8.59
卷烟	4.14	3.72	3.04
纱	13.37	13.52	6.74
硫酸	9.30	18.95	5.30
烧碱	12.44	21.61	10.67
纯碱	7.44	4.63	13.44
乙烯	13.47	32.51	7.47
农用氮、磷、钾化肥	4.13	−0.74	−1.90
化学纤维	13.17	12.47	9.71
水泥	11.98	14.47	11.60
粗钢	12.52	11.37	7.32
十种有色金属	13.80	17.84	10.03
汽车	26.20	32.40	0.83
家用电冰箱	19.55	23.02	19.24
房间空气调节器	9.99	34.78	27.78
移动通信手持机	26.88	46.39	13.45
微型计算机设备	24.91	34.97	30.31
彩色电视机	7.39	19.51	3.39
发电量	10.97	13.26	11.72

附表 4　2001~2010 年工业万元增加值能耗和降速

年份	2001	2002	2003	2004	2005	2006	2007	2008	2009	2010
万元增加值能耗（吨标煤）	2.25	2.19	2.22	2.20	2.18	2.03	1.81	1.61	1.62	1.44
万元增加值能耗降速（%）	5.41	2.68	−0.96	0.85	0.55	7.29	10.43	11.43	−0.87	11.36

附表 5　2001~2010 年规模以上六大高耗能工业行业产值和耗能比重（%）

年份	2001	2002	2003	2004	2005	2006	2007	2008	2009	2010
产值占全部工业比重	29.42	28.47	29.21	32.17	33.68	33.86	34.16	34.14	32.81	32.88
耗能占全部工业比重					70.99	71.92	72.42	71.66	72.33	

附表6 2000~2010年工业废物一次治理情况（%）

年份	2000	2001	2002	2003	2004	2005	2006	2007	2008	2009	2010
工业废水达标率	76.9	85.2	88.4	89.2	91.0	91.4	104.7	91.7	92.4	94.2	95.3
工业二氧化硫去除率	26.3	26.5	30.9	29.5	32.0	33.5	41.5	47.6	53.4	60.8	66.0
工业烟尘去除率	91.8	93.5	94.6	94.9	95.3	95.6	96.8	97.0	97.9	98.2	98.6
工业粉尘去除率	80.4	84.3	85.5	85.4	90.4	87.6	91.0	91.7	93.5	94.3	95.9
工业固体废物排放率	3.9	3.3	2.8	1.9	1.5	1.2	0.9	0.7	0.4	0.3	0.2

附表7 2001~2010年工业废物综合利用情况

年份	工业"三废"综合利用产品产值（万元）	工业固体废物综合利用率（%）
2001	3450000	53.2
2002	3860000	53.0
2003	4410000	55.8
2004	5730000	56.5
2005	7560000	57.3
2006	10267926	61.1
2007	13512692	62.8
2008	16213662	64.9
2009	16082440	67.8
2010	17785034	67.1

附表8 2001~2011年规模以上轻重工业产值结构和增加值增速（%）

年份	轻工业增加值增速	重工业增加值增速	轻工业产值占比	重工业产值占比
2001	8.6	11.1	39.43	60.57
2002	12.1	13.1	39.14	60.86
2003	14.6	18.6	35.49	64.51
2004	14.7	18.2	32.44	67.56
2005	15.2	17.0	31.11	68.89
2006	13.8	17.9	29.96	70.04
2007	16.3	19.6	29.53	70.47
2008	12.3	13.2	28.66	71.34
2009	9.7	11.5	29.45	70.55
2010	13.6	16.5	28.64	71.36
2011	13.0	14.3		

附表 9　2001~2010 年规模以上劳动密集型、资本密集型行业产值结构（%）

年份	2001	2002	2003	2004	2005	2006	2007	2008	2009	2010
资本密集型产业	33.52	32.22	32.55	34.10	36.78	36.68	36.32	35.81	33.27	33.26
劳动密集型产业	66.48	67.78	67.45	65.90	63.22	63.32	63.68	64.19	66.73	66.74

附表 10　2001~2010 年规模以上劳动密集型、资本密集型行业利润结构（%）

年份	2001	2002	2003	2004	2005	2006	2007	2008	2009	2010
资本密集型产业	46.40	43.94	44.87	45.65	48.27	47.56	44.52	32.16	29.36	29.71
劳动密集型产业	53.60	56.06	55.13	54.35	51.73	52.44	55.48	67.84	70.64	70.29

附表 11　2001~2010 年规模以上不同技术密集程度行业产值结构（%）

年份	2001	2002	2003	2004	2005	2006	2007	2008	2009	2010
低技术密集合计	49.11	48.02	45.98	48.09	46.74	46.15	45.39	46.03	46.22	46.11
中技术密集合计	22.98	22.64	23.56	24.57	25.54	26.01	27.05	27.35	26.18	26.20
高技术密集合计	27.92	29.35	30.45	27.33	27.71	27.84	27.56	26.62	27.61	27.69

附表 12　2010 年 7 月~2011 年 12 月东、中、西部规模以上工业增加值增速（%）

	7月	8月	9月	10月	11月	12月	1~2月	3月	4月	5月	6月	7月	8月	9月	10月	11月	12月
东部	12.9	13.9	12.6	12.0	12.1	12.2	13.0	12.7	11.4	11.3	12.6	11.5	11.2	11.5	10.6	9.6	9.9
中部	14.8	15.8	16.3	15.8	16.1	15.9	16.4	18.2	17.7	16.9	19.3	19.5	18.9	18.3	17.8	17.6	17.6
西部	13.8	11.2	12.2	14.0	14.5	15.5	15.3	18.9	15.7	16.4	19.7	16.7	15.5	16.8	16.3	16.0	16.8

附录 3 工业发展指数数据附表

附表 13 分行业工业发展主要指标 (2005)

工业行业	SML 生产效率指数	专利申请数 (项)	R&D 人员占从业人员比重 (%)	R&D 经费占产品销售收入比重 (%)	新产品销售收入占比 (%)	工业能源效率 (万元/吨标准煤)	固体废弃物综合利用率 (%)	废水排放达标率 (%)	二氧化硫去除率 (%)	工业总产值增长率 (%)	贸易竞争力指数
食品饮料	1.000	1894	2.63	0.43	5.63	4.3	91.09	83.08	36.41	12.30	0.217
纺织业	1.000	1297	2.30	0.50	9.80	2.5	89.71	96.36	29.39	8.72	0.495
纺织服装、鞋、帽	1.000	487	1.10	0.40	9.90	9.1	93.33	97.49	40.00	6.56	0.960
石油加工、炼焦及核燃料	1.000	411	4.10	0.10	4.20	1.0	84.95	97.65	125.81	32.04	-0.097
化学原料及化学制品	1.000	2155	6.00	0.90	11.00	0.7	69.84	92.00	95.12	16.62	-0.363
医药	1.000	2708	7.00	1.50	17.90	3.8	92.59	94.79	39.06	26.28	0.280
非金属矿物制品	1.000	1482	3.00	0.60	8.10	1.1	24.81	94.40	27.86	-7.60	0.321
黑色金属冶炼及压延	1.000	1143	5.90	0.70	12.40	0.2	74.47	96.47	30.52	24.04	-0.150
有色金属冶炼及压延	1.000	1088	5.50	0.80	13.20	1.5	42.83	86.44	614.57	27.13	-0.343
通用设备	1.000	3484	8.10	1.30	26.70	3.1	89.33	95.97	25.45	3.31	-0.122
专用设备	1.000	2880	6.80	1.60	23.90	12.6	79.17	96.39	69.70	4.47	-0.409
交通运输设备	1.000	6251	8.90	1.40	36.50	7.1	81.60	94.07	36.59	8.09	0.036
电气机械及器材	1.000	9528	5.70	1.40	29.40	22.7	83.33	95.30	33.33	15.49	0.325
通信设备、计算机及其他	1.000	12838	6.70	1.20	25.10	6.9	89.80	96.90	41.18	19.48	0.139

数据来源：国家统计局。

附表 14　分行业工业发展主要指标（2006）

工业行业	SML 生产效率指数	专利申请数（项）	R&D 人员占从业人员比重（%）	R&D 经费占产品销售收入比重（%）	新产品销售收入占比（%）	工业能源效率（万元/吨标准煤）	固体废弃物综合利用率（%）	废水排放达标率（%）	二氧化硫去除率（%）	工业总产值增长率（%）	贸易竞争力指数
食品饮料	1.183	2566	2.90	0.50	7.40	6.2	95.65	86.77	27.43	18.23	0.226
纺织业	1.086	1968	2.20	0.40	9.40	3.1	93.37	92.48	23.48	13.70	0.542
纺织服装、鞋、帽	1.063	355	0.90	0.30	6.50	11.5	95.31	96.21	27.59	16.80	0.968
石油加工、炼焦及核燃料	1.000	242	4.80	0.10	4.50	1.4	85.95	97.29	67.36	5.40	-0.267
化学原料及化学制品	1.045	2508	6.30	0.80	10.70	1.0	65.76	91.82	41.87	20.00	-0.328
医药	1.013	2383	8.20	1.80	19.10	5.2	93.02	94.80	27.00	14.31	0.275
非金属矿物制品	1.107	1825	3.00	0.50	7.80	1.6	15.46	92.57	20.35	21.00	0.353
黑色金属冶炼及压延	1.045	1837	6.20	0.80	13.30	0.4	71.46	97.09	21.62	19.30	0.200
有色金属冶炼及压延	1.180	1509	6.30	0.70	13.90	2.0	35.62	88.64	88.96	23.80	-0.234
通用设备	1.143	4390	8.20	1.50	25.80	4.3	88.29	94.29	43.16	21.90	-0.038
专用设备	1.303	3418	8.40	1.70	24.50	19.0	85.51	96.42	39.47	21.60	-0.293
交通运输设备	1.320	8273	9.40	1.40	41.90	10.6	90.56	96.44	32.76	23.10	0.024
电气机械及器材	1.262	8775	6.30	1.50	26.40	27.9	86.05	95.80	9.09	15.70	0.345
通信设备、计算机及其他	1.070	19886	6.10	1.20	24.10	8.0	73.04	95.09	37.93	20.10	0.151

数据来源：国家统计局。

附表 15　分行业工业发展主要指标（2007）

工业行业	SML生产效率指数	专利申请数（项）	R&D人员占从业人员比重（%）	R&D经费占产品销售收入比重（%）	新产品销售收入占比（%）	工业能源效率（万元/吨标准煤）	固体废弃物综合利用率（%）	废水排放达标率（%）	二氧化硫去除率（%）	工业总产值增长率（%）	贸易竞争力指数
食品饮料	1.249	2379	3.10	0.50	8.40	5.8	96.41	88.65	25.67	19.57	0.243
纺织业	1.077	4663	2.30	0.50	9.50	2.8	93.73	90.92	23.04	16.20	0.579
纺织服装、鞋、帽	1.018	546	1.20	0.30	8.30	10.6	94.29	96.17	37.37	16.80	0.970
石油加工、炼焦及核燃料	1.020	204	3.70	0.10	5.30	1.3	91.75	98.24	73.27	13.40	-0.300
化学原料及化学制品	1.244	2870	7.50	1.00	12.70	0.9	70.36	93.81	43.09	21.00	-0.274
医药	1.378	3056	8.90	1.80	19.70	5.1	92.46	94.19	23.63	18.30	0.209
非金属矿物制品	1.154	2178	3.10	0.50	7.90	1.6	25.60	91.16	19.38	24.70	0.380
黑色金属冶炼及压延	1.192	2787	6.90	0.80	14.00	0.4	83.37	97.29	23.44	21.40	0.360
有色金属冶炼及压延	1.080	2062	5.90	0.60	11.80	1.6	38.22	93.93	89.95	17.80	-0.357
通用设备	1.203	5538	8.50	1.50	26.60	3.9	81.65	93.68	24.58	24.20	0.079
专用设备	1.389	4877	9.00	2.00	26.20	17.7	83.03	96.13	34.38	21.60	0.071
交通运输设备	1.328	11668	9.90	1.40	40.60	9.5	87.68	95.48	26.39	26.20	0.111
电气机械及器材	1.149	12215	6.50	1.40	26.00	23.9	82.93	93.59	17.45	21.50	0.386
通信设备、计算机及其他	1.066	27894	6.70	1.20	24.90	8.6	75.16	97.24	23.33	18.00	0.171

数据来源：国家统计局。

附表16 分行业工业发展主要指标（2008）

工业行业	SML生产效率指数	专利申请数（项）	R&D人员占从业人员比重（%）	R&D经费占产品销售收入比重（%）	新产品销售收入占比（%）	工业能源效率（万元/吨标准煤）	固体废弃物综合利用率（%）	废水排放达标率（%）	二氧化硫去除率（%）	工业总产值增长率（%）	贸易竞争力指数
食品饮料	1.058	2971	3.20	0.50	8.40	6.1	97.37	84.55	27.10	15.83	0.351
纺织业	1.014	5629	2.40	0.60	10.50	2.9	93.54	94.81	27.55	10.50	0.641
纺织服装、鞋、帽	1.008	620	1.00	0.30	6.60	11.5	95.38	97.76	34.60	12.50	0.965
石油加工、炼焦及核燃料	1.084	256	3.90	0.10	4.50	1.5	88.87	94.04	75.61	4.30	-0.262
化学原料及化学制品	1.003	3935	7.40	1.00	13.00	1.0	67.44	94.22	48.54	10.00	-0.188
医药	1.162	3917	10.20	1.70	20.90	5.1	90.93	95.66	23.52	17.10	0.188
非金属矿物制品	1.106	2524	3.30	0.60	8.80	1.5	18.18	93.87	17.62	16.90	0.434
黑色金属冶炼及压延	0.935	3529	6.50	0.80	14.90	0.4	84.04	95.35	26.72	8.20	0.450
有色金属冶炼及压延	0.906	3034	5.90	0.70	12.00	1.9	40.91	95.06	91.21	12.30	-0.305
通用设备	1.039	6987	8.50	1.60	25.70	4.6	90.05	91.76	19.87	16.90	0.120
专用设备	1.004	7922	9.80	1.90	26.10	18.0	87.90	94.87	31.72	20.50	0.156
交通运输设备	1.026	12888	9.50	1.40	40.00	9.8	90.27	96.56	29.79	15.20	0.187
电气机械及器材	1.078	17322	6.80	1.50	28.90	21.6	91.30	93.96	28.74	18.10	0.421
通信设备、计算机及其他	1.112	30386	7.10	1.30	28.70	8.5	75.00	97.87	35.07	12.00	0.208

数据来源：国家统计局。

附表 17 分行业工业发展主要指标 (2009)

工业行业	SML生产效率指数	专利申请数（项）	R&D人员占从业人员比重（%）	R&D经费占产品销售收入比重（%）	新产品销售收入占比（%）	工业能源效率（万元/吨标准煤）	固体废弃物综合利用率（%）	废水排放达标率（%）	二氧化硫去除率（%）	工业总产值增长率（%）	贸易竞争力指数
食品饮料	1.181	4535	1.80	0.60	8.30	7.0	98.31	92.36	30.77	14.87	0.633
纺织业	1.105	5382	1.50	0.67	14.88	3.1	93.57	96.52	28.98	8.50	0.639
纺织服装、鞋、帽	1.120	1530	0.55	0.34	9.79	12.3	94.24	97.26	35.75	9.90	0.968
石油加工、炼焦及核燃料	1.000	395	1.88	0.18	3.32	1.3	90.30	95.58	78.98	5.20	-0.213
化学原料及化学制品	1.101	5917	4.49	1.08	14.98	1.1	68.76	94.98	53.54	14.60	-0.268
医药	1.219	4785	7.01	1.83	22.88	5.9	91.36	96.75	38.99	14.80	0.112
非金属矿物制品	1.195	5283	2.05	0.69	9.76	1.4	17.55	92.85	20.66	14.70	0.424
黑色金属冶炼及压延	0.974	4824	3.38	0.84	13.05	0.3	86.69	96.87	42.60	9.90	0.020
有色金属冶炼及压延	1.017	3178	3.43	0.78	11.09	2.1	45.28	95.40	92.22	12.80	-0.524
通用设备	1.130	10618	5.90	1.80	28.09	5.2	92.82	96.29	21.03	11.00	0.059
专用设备	1.144	9627	6.37	2.33	29.36	21.8	85.97	97.65	28.68	13.00	0.130
交通运输设备	1.313	19131	5.42	1.44	45.50	10.5	90.13	96.54	31.09	18.40	0.120
电气机械及器材	1.151	22541	4.91	1.68	30.67	21.2	87.94	96.55	29.38	12.00	0.387
通信设备、计算机及其他	1.117	40263	4.95	1.42	26.96	9.8	76.81	97.80	37.89	5.30	0.201

数据来源：国家统计局。

附表18　分行业工业发展主要指标（2010）

工业行业	SML生产效率指数	专利申请数（项）	R&D人员占从业人员比重（%）	R&D经费占产品销售收入比重（%）	新产品销售收入占比（%）	工业能源效率（万元/吨标准煤）	固体废弃物综合利用率（%）	废水排放达标率（%）	二氧化硫去除率（%）	工业总产值增长率（%）	贸易竞争力指数
食品饮料	1.307	5744	1.19	0.52	7.65	10	97.81	92.51	30.15	14.93	-0.06
纺织业	0.934	6388	1.06	0.63	17.62	5	93.71	97.42	28.72	11.60	0.66
纺织服装、鞋、帽	0.732	1907	0.42	0.32	9.43	16	95.00	96.46	20.00	15.00	0.96
石油加工、炼焦及核燃料	1.000	558	1.53	0.16	2.90	2	78.61	98.11	78.99	9.60	-0.21
化学原料及化学制品	1.222	5743	3.29	1.02	13.90	2	70.89	96.10	54.25	15.50	-0.25
医药	1.051	5767	3.28	1.82	24.86	8	91.44	97.42	34.86	15.20	0.16
非金属矿物制品	1.127	5192	1.48	0.18	9.10	1	101.43	93.81	19.36	20.30	0.38
黑色金属冶炼及压延	1.014	5813	2.45	2.29	12.52	1	87.66	98.33	31.87	11.60	0.19
有色金属冶炼及压延	1.089	3335	2.54	1.69	12.50	2	49.51	96.11	89.87	13.20	-0.51
通用设备	0.944	13922	4.45	1.59	26.79	11	93.44	96.81	31.57	21.70	0.04
专用设备	1.016	13467	5.12	2.04	28.01	12	86.84	97.18	38.62	20.60	0.06
交通运输设备	1.143	23700	4.47	1.31	38.66	15	88.20	96.67	33.00	22.40	0.08
电气机械及器材	1.074	28978	3.87	1.59	32.18	20	86.71	94.27	32.50	18.70	0.40
通信设备、计算机及其他	1.274	46209	4.59	1.42	27.58	22	74.20	98.50	36.89	16.90	0.06

数据来源：国家统计局。

附表 19　工业行业发展指数（定基）

年份	工业行业	效率维度	创新维度	可持续发展维度	效益维度	国际竞争力维度	行业综合
2005	食品饮料	100.0	100.0	100.0	100.0	100.0	100.0
	纺织业	100.0	100.0	100.0	100.0	100.0	100.0
	纺织服装、鞋、帽	100.0	100.0	100.0	100.0	100.0	100.0
	石油加工、炼焦及核燃料	100.0	100.0	100.0	100.0	100.0	100.0
	化学原料及化学制品	100.0	100.0	100.0	100.0	100.0	100.0
	医药	100.0	100.0	100.0	100.0	100.0	100.0
	非金属矿物制品	100.0	100.0	100.0	100.0	100.0	100.0
	黑色金属冶炼及压延	100.0	100.0	100.0	100.0	100.0	100.0
	有色金属冶炼及压延	100.0	100.0	100.0	100.0	100.0	100.0
	通用设备	100.0	100.0	100.0	100.0	100.0	100.0
	专用设备	100.0	100.0	100.0	100.0	100.0	100.0
	交通运输设备	100.0	100.0	100.0	100.0	100.0	100.0
	电气机械及器材	100.0	100.0	100.0	100.0	100.0	100.0
	通信设备、计算机及其他	100.0	100.0	100.0	100.0	100.0	100.0
2006	食品饮料	118.3	124.2	132.3	129.8	101.1	120.6
	纺织业	108.6	91.1	89.2	130.5	104.6	103.6
	纺织服装、鞋、帽	106.3	60.5	100.3	172.4	100.5	106.4
	石油加工、炼焦及核燃料	100.0	118.2	95.2	32.8	60.1	77.4
	化学原料及化学制品	104.5	98.8	90.1	113.9	121.8	104.6
	医药	101.3	116.3	101.9	64.7	99.4	100.4
	非金属矿物制品	110.7	93.0	75.4	0.0	103.8	96.8
	黑色金属冶炼及压延	104.5	110.4	99.8	85.0	193.6	118.2
	有色金属冶炼及压延	118.0	105.7	50.0	90.4	159.6	102.7
	通用设备	114.3	105.0	97.4	270.5	120.7	149.1
	专用设备	130.3	112.5	111.9	241.9	200.3	158.0
	交通运输设备	132.0	109.4	121.2	195.7	97.9	137.2
	电气机械及器材	126.2	101.0	108.8	100.9	102.4	108.9
	通信设备、计算机及其他	107.0	103.5	86.4	102.3	101.8	101.4
2007	食品饮料	124.9	132.6	143.0	136.5	103.5	127.4
	纺织业	107.7	111.9	83.4	145.8	108.3	111.0
	纺织服装、鞋、帽	101.8	81.1	98.9	172.4	100.7	108.3
	石油加工、炼焦及核燃料	102.0	95.2	102.1	53.0	52.5	81.3
	化学原料及化学制品	124.4	121.8	103.3	118.1	155.3	119.9
	医药	137.8	122.2	98.9	76.4	91.2	110.4
	非金属矿物制品	115.4	96.2	78.0	0.0	106.9	90.3
	黑色金属冶炼及压延	119.2	120.5	109.4	91.7	236.3	136.9

续表

年份	工业行业	效率维度	创新维度	可持续发展维度	效益维度	国际竞争力维度	行业综合
2007	有色金属冶炼及压延	108.0	94.5	72.8	73.1	92.1	89.5
	通用设备	120.3	108.8	88.4	291.6	149.9	158.5
	专用设备	138.9	126.7	107.1	241.9	515.1	194.5
	交通运输设备	132.8	113.3	113.1	215.4	113.4	143.7
	电气机械及器材	114.9	103.1	96.1	126.0	107.2	108.1
	通信设备、计算机及其他	106.6	116.7	94.3	94.5	104.9	106.2
2008	食品饮料	105.8	137.5	120.5	117.8	118.1	119.1
	纺织业	101.4	129.7	97.6	110.9	114.3	112.6
	纺织服装、鞋、帽	100.8	65.4	105.3	142.0	100.3	102.7
	石油加工、炼焦及核燃料	108.4	95.9	87.1	30.0	61.5	73.0
	化学原料及化学制品	100.3	123.5	103.7	72.7	209.2	107.2
	医药	116.2	130.1	103.2	72.9	88.7	106.9
	非金属矿物制品	110.6	110.9	87.5	0.0	113.4	106.0
	黑色金属冶炼及压延	93.5	120.2	102.4	49.9	260.4	125.9
	有色金属冶炼及压延	90.6	100.9	80.3	57.3	120.8	91.5
	通用设备	103.9	111.7	88.1	224.7	159.9	139.3
	专用设备	100.4	132.1	106.3	232.8	588.0	191.1
	交通运输设备	102.6	112.1	119.6	145.3	126.9	120.7
	电气机械及器材	107.8	116.2	98.3	111.3	111.3	109.0
	通信设备、计算机及其他	111.2	128.6	97.0	72.4	110.4	110.3
2009	食品饮料	118.1	123.5	172.3	112.9	156.1	135.5
	纺织业	110.5	136.5	104.0	98.6	114.1	115.1
	纺织服装、鞋、帽	112.0	83.4	104.7	123.6	100.6	104.8
	石油加工、炼焦及核燃料	100.0	48.5	93.0	32.3	72.8	67.5
	化学原料及化学制品	110.1	108.8	109.1	91.6	159.4	109.0
	医药	121.9	118.1	110.3	66.1	79.1	104.2
	非金属矿物制品	119.5	110.1	79.5	0.0	112.2	106.8
	黑色金属冶炼及压延	97.4	90.8	112.1	55.3	145.4	103.3
	有色金属冶炼及压延	101.7	79.4	85.3	58.7	0.0	69.7
	通用设备	113.0	109.6	107.2	170.6	145.0	128.8
	专用设备	114.4	129.8	119.7	170.6	566.2	178.3
	交通运输设备	131.3	106.4	121.0	165.7	115.0	130.5
	电气机械及器材	115.1	118.4	103.1	84.9	107.3	108.3
	通信设备、计算机及其他	111.7	129.0	100.2	47.6	109.4	108.3

续表

年份	工业行业	效率维度	创新维度	可持续发展维度	效益维度	国际竞争力维度	行业综合
2010	食品饮料	130.7	105.5	184.3	113.2	62.6	118.8
	纺织业	93.4	140.8	110.2	117.6	116.5	117.2
	纺织服装、鞋、帽	73.2	77.5	108.4	159.7	100.3	102.4
	石油加工、炼焦及核燃料	100.0	36.4	95.2	43.4	74.3	69.7
	化学原料及化学制品	122.2	93.2	117.7	95.4	170.9	113.5
	医药	105.1	99.6	116.9	67.3	85.0	97.9
	非金属矿物制品	112.7	62.4	192.7	0.0	107.3	115.6
	黑色金属冶炼及压延	101.4	143.4	118.9	60.7	190.7	125.4
	有色金属冶炼及压延	108.9	111.7	91.4	59.9	9.0	81.2
	通用设备	94.4	99.3	121.3	268.7	140.5	147.8
	专用设备	101.6	118.7	102.5	233.6	505.5	179.4
	交通运输设备	114.3	97.4	129.1	191.2	107.9	130.9
	电气机械及器材	107.4	119.7	95.5	113.9	109.0	109.1
	通信设备、计算机及其他	127.4	134.4	121.9	90.5	88.8	117.3

附表 20　工业行业发展指数（环比）

年份	工业行业	效率维度	创新维度	可持续发展维度	效益维度	国际竞争力维度	行业综合
2005	食品饮料	100.0	100.0	100.0	100.0	100.0	100.0
	纺织业	100.0	100.0	100.0	100.0	100.0	100.0
	纺织服装、鞋、帽	100.0	100.0	100.0	100.0	100.0	100.0
	石油加工、炼焦及核燃料	100.0	100.0	100.0	100.0	100.0	100.0
	化学原料及化学制品	100.0	100.0	100.0	100.0	100.0	100.0
	医药	100.0	100.0	100.0	100.0	100.0	100.0
	非金属矿物制品	100.0	100.0	100.0	100.0	100.0	100.0
	黑色金属冶炼及压延	100.0	100.0	100.0	100.0	100.0	100.0
	有色金属冶炼及压延	100.0	100.0	100.0	100.0	100.0	100.0
	通用设备	100.0	100.0	100.0	100.0	100.0	100.0
	专用设备	100.0	100.0	100.0	100.0	100.0	100.0
	交通运输设备	100.0	100.0	100.0	100.0	100.0	100.0
	电气机械及器材	100.0	100.0	100.0	100.0	100.0	100.0
	通信设备、计算机及其他	100.0	100.0	100.0	100.0	100.0	100.0
2006	食品饮料	118.3	124.2	132.3	129.8	101.1	120.6
	纺织业	108.6	91.1	89.2	130.5	104.6	103.6
	纺织服装、鞋、帽	106.3	60.5	100.3	172.4	100.5	106.4
	石油加工、炼焦及核燃料	100.0	118.2	95.2	32.8	60.1	77.4

续表

年份	工业行业	效率维度	创新维度	可持续发展维度	效益维度	国际竞争力维度	行业综合
2006	化学原料及化学制品	104.5	98.8	90.1	113.9	121.8	104.6
	医药	101.3	116.3	101.9	64.7	99.4	100.4
	非金属矿物制品	110.7	93.0	75.4	0.0	103.8	96.8
	黑色金属冶炼及压延	104.5	110.4	99.8	85.0	193.6	126.0
	有色金属冶炼及压延	118.0	105.7	50.0	90.4	159.6	102.7
	通用设备	114.3	105.0	97.4	270.5	120.7	149.1
	专用设备	130.3	112.5	111.9	241.9	200.3	158.0
	交通运输设备	132.0	109.4	121.2	195.7	97.9	137.2
	电气机械及器材	126.2	101.0	108.8	100.9	102.4	108.9
	通信设备、计算机及其他	107.0	103.5	86.4	102.3	101.8	101.4
2007	食品饮料	105.6	106.8	108.1	105.2	102.4	105.5
	纺织业	99.2	122.8	93.6	111.7	103.5	107.2
	纺织服装、鞋、帽	95.8	134.0	98.6	100.0	100.1	103.9
	石油加工、炼焦及核燃料	102.0	80.6	107.2	161.6	87.4	116.5
	化学原料及化学制品	119.1	123.3	114.7	103.6	127.5	114.8
	医药	136.0	105.1	97.0	118.2	91.7	110.4
	非金属矿物制品	104.2	103.4	103.5	112.9	103.1	104.6
	黑色金属冶炼及压延	114.1	109.2	109.6	107.8	122.1	112.7
	有色金属冶炼及压延	91.5	89.4	145.6	80.9	57.7	97.3
	通用设备	105.3	103.6	90.8	107.8	124.2	105.2
	专用设备	106.6	112.7	95.8	100.0	257.2	119.9
	交通运输设备	100.6	103.6	93.2	110.1	115.8	104.1
	电气机械及器材	91.0	102.1	88.3	124.9	104.7	99.9
	通信设备、计算机及其他	99.6	112.7	109.1	92.4	103.0	104.9
2008	食品饮料	84.7	103.7	84.3	86.3	114.0	94.4
	纺织业	94.2	116.0	117.0	76.0	105.6	103.2
	纺织服装、鞋、帽	99.0	80.7	106.5	82.4	99.7	95.8
	石油加工、炼焦及核燃料	106.3	100.7	85.3	56.7	117.0	86.4
	化学原料及化学制品	80.6	101.4	100.4	61.5	134.7	88.4
	医药	84.3	106.5	104.4	95.4	97.2	97.5
	非金属矿物制品	95.8	115.3	112.2	75.8	106.1	103.5
	黑色金属冶炼及压延	78.4	99.7	93.5	54.5	110.2	89.3
	有色金属冶炼及压延	83.8	106.8	110.2	78.3	131.1	102.9
	通用设备	86.4	102.6	99.6	77.0	106.7	92.1
	专用设备	72.2	104.2	99.2	96.2	114.1	94.5
	交通运输设备	77.3	98.9	105.8	67.5	112.0	88.0
	电气机械及器材	93.8	112.7	102.4	88.3	103.8	101.4
	通信设备、计算机及其他	104.4	110.2	102.9	76.6	105.3	103.3

续表

年份	工业行业	效率维度	创新维度	可持续发展维度	效益维度	国际竞争力维度	行业综合
2009	食品饮料	111.6	89.8	142.9	95.9	132.2	114.4
	纺织业	109.0	105.2	106.6	88.9	99.8	102.4
	纺织服装、鞋、帽	111.1	127.6	99.4	87.1	100.2	104.3
	石油加工、炼焦及核燃料	92.3	50.6	106.9	107.6	118.5	96.9
	化学原料及化学制品	109.8	88.0	105.2	126.1	76.2	106.9
	医药	104.9	90.8	106.9	90.7	89.2	97.3
	非金属矿物制品	108.1	99.2	90.8	91.0	99.0	99.3
	黑色金属冶炼及压延	104.1	75.5	109.5	110.8	55.9	91.9
	有色金属冶炼及压延	112.3	78.7	106.3	102.5	0.0	100.8
	通用设备	108.7	98.1	121.6	75.9	90.6	98.0
	专用设备	114.0	98.2	112.6	73.3	96.3	97.9
	交通运输设备	127.9	94.9	101.2	114.0	90.6	108.5
	电气机械及器材	106.8	101.9	104.8	76.3	96.4	99.5
	通信设备、计算机及其他	100.5	100.3	103.3	65.8	99.1	97.1
2010	食品饮料	110.7	85.4	107.0	100.3	40.1	89.2
	纺织业	84.5	103.2	106.0	119.3	102.1	102.0
	纺织服装、鞋、帽	65.4	92.8	103.6	129.1	99.7	97.2
	石油加工、炼焦及核燃料	100.0	75.1	102.4	134.4	102.0	107.4
	化学原料及化学制品	111.0	85.7	107.9	104.1	107.2	104.0
	医药	86.2	84.3	106.0	101.8	107.5	95.4
	非金属矿物制品	94.4	56.7	242.4	125.1	95.6	117.8
	黑色金属冶炼及压延	104.2	158.0	106.1	109.7	131.1	120.9
	有色金属冶炼及压延	107.1	140.7	107.1	102.0	0.0	114.5
	通用设备	83.5	90.6	113.2	157.5	96.9	109.6
	专用设备	88.8	91.5	85.6	136.9	89.3	101.1
	交通运输设备	87.1	91.5	106.7	115.4	93.9	100.3
	电气机械及器材	93.3	101.1	92.6	134.2	101.6	101.6
	通信设备、计算机及其他	114.1	104.2	121.7	189.9	81.2	113.3

附表 21　分维度指数（定基）

年份	效率维度	创新维度	可持续发展维度	国际竞争力维度	效益维度
2005	100.0	100.0	100.0	100.0	100.0
2006	114.0	105.8	99.3	123.6	119.1
2007	118.5	112.9	102.2	131.6	140.8
2008	103.6	118.4	101.4	99.7	158.9
2009	112.9	108.4	112.0	91.4	136.6
2010	110.8	106.6	125.8	114.3	126.9

附表22　分维度指数（环比）

年　份	效率维度	创新维度	可持续发展维度	国际竞争力维度	效益维度
2005	100.0	100.0	100.0	100.0	100.0
2006	114.0	105.8	99.3	123.6	119.1
2007	104.3	107.3	104.4	109.0	113.0
2008	88.1	104.9	100.5	74.3	112.4
2009	109.1	91.4	109.8	95.0	89.7
2010	98.6	99.3	115.0	126.8	88.7

附表23　地区工业生产效率指数投入产出数据（2005）

	好产出		坏产出	投入	
	利润总额	工业总产值（当年价格）	工业二氧化硫排放量（万吨）	资产总计	全部从业人员年平均人数（万人）
全国	14802.54	251619.5	2168.4	244784.25	6895.96
北京	413.5	6946.07	10.5	12829.79	116.97
天津	551.6	6774.1	24.1	6347.92	122.17
河北	690.38	11008.12	128.1	9473.7	292.21
山西	261.28	4850.91	120.0	7045.09	213.2
内蒙古	235.13	2995.59	129.6	4595.89	83.7
辽宁	355.98	10814.51	96.1	11902.12	276.55
吉林	141.0	3791.96	30.8	4506.88	101.83
黑龙江	1067.09	4714.91	43.1	5174.47	136.85
上海	939.56	15767.51	37.5	15905.94	259.63
江苏	1384.64	32707.09	131.2	25488.86	704.24
浙江	1103.53	23106.76	83.1	20609.3	659.12
安徽	218.2	4567.23	51.5	5067.1	155.21
福建	407.55	8135.98	43.9	6841.37	290.41
江西	112.41	2978.88	55.5	3058.34	112.11
山东	2164.7	30522.86	171.5	22131.24	738.23
河南	643.39	10487.38	147.1	9158.03	362.79
湖北	371.84	6066.96	62.6	8683.39	188.3
湖南	189.25	4754.86	75.5	4611.6	169.25
广东	1693.99	35942.74	127.4	27076.08	1085.65
广西	134.99	2547.32	97.5	3009.98	91.21
海南	35.04	473.06	2.2	791.28	12.1
重庆	115.59	2525.87	68.3	3091.96	92.42
四川	326.65	6178.03	114.1	7908.62	218.99
贵州	70.79	1690.4	65.9	2734.05	68.08

续表

	好产出		坏产出	投入	
	利润总额	工业总产值 (当年价格)	工业二氧 化硫排放量 (万吨)	资产总计	全部从业人员 年平均人数 (万人)
云南	227.91	2596.21	42.9	3964.32	68.83
陕西	400.65	3397.71	80.0	5085.87	118.97
甘肃	59.65	1988.26	51.7	2483.04	68.62
青海	72.82	486.86	11.5	1145.49	14.04
宁夏	21.09	671.54	30.2	1113.1	25.58
新疆	387.89	2102.53	34.8	2837	46.7

数据来源：国家统计局。

<h3 align="center">附表 24　地区工业生产效率指数投入产出数据（2006）</h3>

	好产出		坏产出	投入	
	利润总额	工业总产值 (当年价格)	工业二氧 化硫排放量 (万吨)	资产总计	全部从业人员 年平均人数 (万人)
全国	19504.44	316588.96	2234.8	291214.51	7358.43
北京	531.15	8210.00	9.4	14244.40	117.36
天津	693.00	8527.70	23.2	7129.02	116.33
河北	884.74	13489.80	132.6	11250.95	303.35
山西	352.28	5902.84	117.7	8865.50	220.59
内蒙古	348.69	4140.05	138.4	5605.92	90.72
辽宁	449.75	14167.95	103.7	14140.89	302.02
吉林	206.42	4752.72	33.6	5449.59	105.21
黑龙江	1267.58	5440.17	44.0	5690.43	140.31
上海	1096.92	18573.13	37.4	17926.10	266.84
江苏	1906.91	41410.40	124.1	30500.98	774.50
浙江	1375.49	29129.94	82.9	24895.59	726.94
安徽	253.93	5915.59	51.9	6234.68	164.81
福建	586.52	10005.08	44.6	8168.75	324.89
江西	194.19	4245.49	57.0	3671.41	125.80
山东	2632.58	38780.10	168.7	26475.35	788.11
河南	1141.80	13889.77	146.4	11026.18	365.28
湖北	454.00	7454.07	65.4	9694.56	190.85
湖南	272.69	6131.18	76.6	5582.18	178.15
广东	2217.73	44674.75	124.7	33869.53	1203.58
广西	190.69	3356.76	94.4	3504.89	91.37

	好产出		坏产出	投入	
	利润总额	工业总产值（当年价格）	工业二氧化硫排放量（万吨）	资产总计	全部从业人员年平均人数（万人）
海南	60.00	640.26	2.3	961.15	12.20
重庆	156.65	3213.45	71.2	3603.06	96.10
四川	448.07	7934.41	112.1	9182.08	233.53
贵州	110.91	2066.77	104.0	3214.39	67.23
云南	310.18	3393.09	45.6	4808.98	71.55
陕西	523.95	4442.81	84.6	6130.02	122.53
甘肃	106.70	2483.56	46.3	3211.31	68.93
青海	113.23	640.66	12.1	1382.70	14.64
宁夏	26.52	859.70	35.0	1299.05	24.64
新疆	585.63	2683.44	42.9	3375.02	47.93

数据来源：国家统计局。

附表 25 地区工业生产效率指数投入产出数据（2007）

	好产出		坏产出	投入	
	利润总额	工业总产值（当年价格）	工业二氧化硫排放量（万吨）	资产总计	全部从业人员年平均人数（万人）
全国	27155.18	405177.13	2140.0	353037.37	7875.20
北京	695.61	9648.38	8.3	16215.50	119.25
天津	767.12	10075.07	22.5	8329.26	120.76
河北	1269.98	17054.78	129.4	13721.58	303.21
山西	570.05	7791.71	111.8	10896.32	216.34
内蒙古	641.99	5812.96	128.3	7512.36	93.28
辽宁	852.67	18249.53	106.7	17034.52	328.02
吉林	452.10	6486.01	33.7	6024.60	109.33
黑龙江	1277.34	6143.17	44.0	6578.79	142.94
上海	1308.99	22259.94	36.4	20656.75	282.12
江苏	2765.77	53316.38	116.1	38011.22	861.05
浙江	1775.47	36073.93	77.5	30581.98	790.93
安徽	359.94	7945.17	51.4	7873.16	178.21
福建	894.51	12517.91	42.7	10157.20	359.16
江西	307.75	6194.18	55.3	4688.79	140.73
山东	3391.15	49873.00	158.3	31944.91	830.48
河南	1941.51	20442.21	141.0	13788.00	382.23
湖北	647.85	9601.52	60.3	12107.24	200.35

续表

	好产出		坏产出	投入	
	利润总额	工业总产值 (当年价格)	工业二氧 化硫排放量 (万吨)	资产总计	全部从业人员 年平均人数 (万人)
湖南	488.24	8464.08	73.9	6832.01	195.47
广东	3085.65	55252.86	117.6	39821.97	1307.40
广西	293.51	4587.35	92.6	4761.72	99.52
海南	71.81	1002.78	2.5	1133.35	12.33
重庆	241.73	4363.25	68.3	4412.77	108.27
四川	700.05	11047.04	102.3	11690.21	257.46
贵州	174.41	2520.36	92.1	3521.19	66.62
云南	388.61	4298.29	44.5	5834.12	82.06
陕西	691.83	5692.33	84.6	7494.03	124.11
甘肃	214.78	3231.52	43.6	3712.44	66.74
青海	136.27	822.72	12.5	1645.94	15.56
宁夏	49.79	1070.71	34.0	1546.93	25.45
新疆	691.57	3296.61	47.3	4336.32	53.79

数据来源：国家统计局。

附表 26 地区工业生产效率指数投入产出数据 (2008)

	好产出		坏产出	投入	
	利润总额	工业总产值 (当年价格)	工业二氧 化硫排放量 (万吨)	资产总计	全部从业人员 年平均人数 (万人)
全国	30562.37	507448.25	1991.4	431305.55	8837.63
北京	557.00	10413.09	5.8	16802.42	123.38
天津	752.79	12503.25	21.0	10351.21	133.12
河北	1369.84	23030.73	115.9	17261.75	316.85
山西	634.25	10023.87	105.8	13452.67	214.93
内蒙古	771.44	8740.18	125.9	10089.30	104.57
辽宁	781.58	24769.09	100.1	22040.91	366.23
吉林	396.23	8406.85	31.3	7525.18	126.99
黑龙江	1581.69	7624.54	44.1	7826.92	155.99
上海	967.24	25120.92	29.8	22750.35	304.01
江苏	3972.93	67798.68	107.4	48321.94	1104.06
浙江	1634.20	40832.10	71.6	35550.76	814.55
安徽	606.73	11162.16	50.3	10122.18	210.80
福建	896.11	15212.81	40.9	11694.91	380.06
江西	507.96	8499.58	51.1	6420.95	178.56

续表

	好产出		坏产出	投入	
	利润总额	工业总产值 （当年价格）	工业二氧 化硫排放量 （万吨）	资产总计	全部从业人员 年平均人数 （万人）
山东	3923.56	62958.53	146.6	39224.51	912.70
河南	2287.78	26028.41	128.1	17316.86	417.36
湖北	909.03	13454.94	56.2	15431.43	235.90
湖南	663.56	11553.31	67.5	8856.19	225.55
广东	3272.60	65424.61	109.7	45750.15	1493.38
广西	231.14	6071.98	87.0	5981.12	114.60
海南	80.74	1103.07	2.1	1207.77	12.61
重庆	308.68	5755.90	62.7	5551.03	132.13
四川	844.56	14761.86	96.9	15589.47	297.54
贵州	181.83	3111.13	74.1	4566.10	73.53
云南	310.14	5144.58	42.0	7185.11	84.34
陕西	1008.99	7480.79	80.7	9905.91	131.83
甘肃	109.46	3667.52	41.2	4497.49	69.13
青海	177.17	1103.10	12.6	2092.67	17.42
宁夏	39.13	1366.46	31.9	2061.86	25.89
新疆	779.52	4276.05	51.0	5652.57	57.84

数据来源：国家统计局。

附表27 地区工业生产效率指数投入产出数据（2009）

	好产出		坏产出	投入	
	利润总额	工业总产值 （当年价格）	工业二氧 化硫排放量 （万吨）	资产总计	全部从业人员 年平均人数 （万人）
全国	34542.22	548311.42	1865.9	493692.86	8831.22
北京	742.92	11039.13	6.0	19540.70	120.41
天津	831.68	13083.63	17.3	12617.69	136.82
河北	1440.28	24062.76	104.3	20662.67	319.94
山西	461.82	9249.98	101.0	15424.51	211.11
内蒙古	988.17	10699.44	120.4	11650.94	110.40
辽宁	1381.95	28152.73	91.9	25333.81	386.62
吉林	540.03	10026.55	30.0	8525.06	137.05
黑龙江	872.62	7301.60	41.9	8860.63	144.48
上海	1431.97	24091.26	23.9	24595.29	284.12
江苏	4099.58	73200.03	101.2	53600.08	1026.16
浙江	2115.65	41035.29	67.7	39752.79	787.64

续表

	好产出		坏产出	投入	
	利润总额	工业总产值 （当年价格）	工业二氧 化硫排放量 （万吨）	资产总计	全部从业人员 年平均人数 （万人）
安徽	819.04	13312.59	48.7	12171.72	232.06
福建	1104.05	16762.82	39.9	13344.47	379.47
江西	537.07	9783.96	49.0	7018.93	174.94
山东	4512.66	71209.42	136.6	46052.69	926.60
河南	2444.18	27708.15	117.6	19668.61	449.14
湖北	1092.47	15567.02	52.7	19221.02	272.39
湖南	758.48	13507.64	64.9	10175.11	241.01
广东	4204.40	68275.77	101.3	50321.88	1436.02
广西	321.27	6880.04	83.5	6840.57	122.88
海南	106.66	1057.45	2.1	1291.39	12.00
重庆	356.20	6772.90	58.6	6438.31	137.29
四川	1123.70	18071.68	94.6	18042.57	311.76
贵州	191.73	3426.69	62.4	5066.17	74.97
云南	365.23	5197.45	41.8	8174.12	84.20
陕西	854.11	8470.40	74.2	12119.26	137.69
甘肃	169.10	3770.38	40.1	5290.54	69.03
青海	100.02	1080.35	12.7	2525.56	17.80
宁夏	83.76	1461.58	27.8	2676.61	27.28
新疆	484.58	4001.12	51.5	6438.07	58.25

数据来源：国家统计局。

附表 28 地区工业生产效率指数投入产出数据（2010）

	好产出		坏产出	投入	
	利润总额	工业总产值 （当年价格）	工业二氧 化硫排放量 （万吨）	资产总计	全部从业人员 年平均人数 （万人）
全国	53049.66	698590.54	1864.4	592881.89	9544.71
北京	1028.34	13699.84	5.7	22750.58	124.15
天津	1552.05	16751.82	21.8	14584.31	148.91
河北	2141.47	31143.29	99.4	24943.75	344.67
山西	958.25	12471.33	114.7	18505.94	219.88
内蒙古	1688.44	13406.11	119.3	14691.38	125.19
辽宁	2371.35	36219.42	85.9	29076.78	401.74
吉林	843.21	13098.35	30.1	10196.15	139.81
黑龙江	1248.82	9535.15	41.7	10471.17	147.60

续表

	好产出		坏产出	投入	
	利润总额	工业总产值 （当年价格）	工业二氧 化硫排放量 （万吨）	资产总计	全部从业人员 年平均人数 （万人）
上海	2299.66	30114.41	22.1	27555.88	291.62
江苏	5970.56	92056.48	100.2	66134.06	1153.88
浙江	3174.75	51394.20	65.4	47282.79	857.58
安徽	1445.57	18732.00	48.4	15930.28	264.87
福建	1754.18	21901.23	39.1	16058.70	411.75
江西	909.77	13883.06	47.1	8637.45	199.16
山东	6107.99	83851.40	138.3	53761.28	931.50
河南	3302.22	34995.53	116.3	23467.42	479.27
湖北	1668.55	21623.12	51.6	20894.32	294.97
湖南	1451.45	19008.83	62.7	13038.95	272.44
广东	6239.64	85824.64	98.9	62626.90	1568.00
广西	771.59	9644.13	84.8	8667.45	150.51
海南	140.04	1381.25	2.8	1621.38	12.44
重庆	518.59	9143.55	57.3	8099.01	146.56
四川	1661.85	23147.38	93.8	22564.76	351.67
贵州	317.63	4206.37	63.8	5960.13	80.30
云南	599.34	6464.63	44.0	9611.09	92.60
陕西	1469.57	11199.84	70.7	14688.70	151.08
甘肃	231.51	4882.68	45.2	6487.35	71.34
青海	182.02	1481.99	13.3	3053.61	20.09
宁夏	138.00	1924.39	28.0	3293.16	29.04
新疆	852.43	5341.90	51.8	7911.97	60.18

数据来源：国家统计局。

附表 29　地区生产效率指数及分解

	2010 年			2005~2010 年		
	SML	STC	SEC	SML	STC	SEC
北京	1.204	1.204	1.000	1.155	1.155	1.000
天津	1.190	1.190	1.000	1.115	1.115	1.000
河北	1.148	1.091	1.053	1.091	1.088	1.002
上海	1.245	1.245	1.000	1.119	1.119	1.000
江苏	1.111	1.111	1.000	1.086	1.086	1.000
浙江	1.109	1.112	0.997	1.068	1.084	0.985
福建	1.190	1.088	1.093	1.082	1.063	1.017
山东	1.081	1.081	1.000	1.067	1.067	1.000

续表

	2010 年			2005~2010 年		
	SML	STC	SEC	SML	STC	SEC
广东	1.135	1.135	1.000	1.081	1.081	1.000
海南	1.213	1.213	1.000	1.178	1.122	1.051
东部地区	1.162	1.147	1.014	1.104	1.098	1.005
山西	1.092	1.075	1.016	1.032	1.034	0.997
安徽	1.178	1.085	1.086	1.106	1.070	1.033
江西	1.156	1.034	1.119	1.101	1.040	1.058
河南	1.102	1.060	1.039	1.081	1.066	1.014
湖北	1.222	1.147	1.065	1.108	1.066	1.039
湖南	1.146	1.037	1.105	1.077	1.044	1.031
中部地区	1.149	1.073	1.072	1.084	1.054	1.029
内蒙古	1.000	1.000	1.000	1.078	1.078	1.000
广西	1.144	1.093	1.047	1.013	1.052	0.962
重庆	1.148	1.067	1.076	1.132	1.102	1.028
四川	1.100	1.113	0.988	1.111	1.081	1.028
贵州	1.067	1.068	0.999	1.127	1.128	1.001
云南	1.139	1.190	0.957	1.112	1.136	0.980
陕西	1.336	1.141	1.171	1.143	1.074	1.063
甘肃	1.190	1.080	1.102	1.089	1.093	0.998
青海	1.325	1.188	1.115	1.126	1.108	1.012
宁夏	1.188	1.118	1.063	1.164	1.139	1.022
新疆	1.498	1.197	1.251	1.160	1.141	1.010
西部地区	1.206	1.117	1.078	1.111	1.103	1.006
辽宁	1.195	1.093	1.093	1.125	1.090	1.032
吉林	1.206	1.092	1.104	1.140	1.076	1.060
黑龙江	1.186	1.099	1.080	1.034	1.063	0.970
东北地区	1.196	1.095	1.092	1.100	1.076	1.021

数据来源：根据投入产出数据计算的 Sequential-Malmquist-Luenberger 生产效率指数。

附表 30　规模以上企业万元增加值吨标煤能耗当量值（2005~2010）

	2005 年	2006 年	2007 年	2008 年	2009 年	2010 年
北京	1.5	1.33	1.19	1.04	0.91	0.7625
天津	1.45	1.33	1.22	1.05	0.91	0.775
河北	4.41	4.19	3.87	3.32	3	2.6475
山西	6.57	5.89	5.42	4.89	4.55	4.045
内蒙古	5.67	5.37	4.88	4.19	3.56	3.0325
辽宁	3.11	2.92	2.65	2.43	2.26	2.0475

续表

	2005 年	2006 年	2007 年	2008 年	2009 年	2010 年
吉林	3.25	2.8	2.37	1.98	1.62	1.2125
黑龙江	2.34	2.23	2.09	1.9	1.38	1.14
上海	1.18	1.2	1.01	0.96	0.96	0.905
江苏	1.67	1.57	1.41	1.27	1.11	0.97
浙江	1.49	1.43	1.3	1.18	1.12	1.0275
安徽	3.13	2.86	2.63	2.34	2.1	1.8425
福建	1.45	1.37	1.32	1.18	1.15	1.075
江西	3.11	2.72	2.3	1.94	1.67	1.31
山东	2.15	2.02	1.89	1.7	1.54	1.3875
河南	4.02	3.78	3.45	3.08	2.71	2.3825
湖北	3.5	3.33	3.02	2.68	2.35	2.0625
湖南	2.88	2.74	2.51	1.98	1.57	1.2425
广东	1.08	1.04	0.98	0.87	0.81	0.7425
广西	3.19	2.88	2.61	2.34	2.24	2.0025
海南	3.65	3.15	2.71	2.61	2.61	2.35
重庆	2.75	2.63	2.41	2.11	1.85	1.625
四川	3.52	2.82	2.62	2.48	2.25	1.9325
贵州	5.38	5.21	4.89	4.32	4.32	4.055
云南	3.55	3.4	3.16	2.85	2.74	2.5375
陕西	2.62	2.46	2.27	2.01	1.37	1.0575
甘肃	4.99	4.59	4.29	4.05	3.53	3.165
青海	3.44	3.64	3.47	3.24	2.94	2.815
宁夏	9.03	8.68	8.12	7.13	6.51	5.88
新疆	3	2.91	2.78	3	3.1	3.125

数据来源：国家统计局。

附表 31 单位工业废水排放增加值（万元/吨）（2005~2010）

	2005 年	2006 年	2007 年	2008 年	2009 年	2010 年
北京	0.1332	0.1791	0.2280	0.2628	0.2643	0.3372
天津	0.0682	0.0998	0.1241	0.1729	0.1863	0.2241
河北	0.0420	0.0421	0.0531	0.0658	0.0725	0.0836
山西	0.0733	0.0564	0.0764	0.0953	0.0886	0.0934
内蒙古	0.0710	0.0711	0.1096	0.1302	0.1574	0.1421
辽宁	0.0376	0.0441	0.0546	0.0811	0.0921	0.1229
吉林	0.0384	0.0422	0.0547	0.0701	0.0813	0.1016
黑龙江	0.0658	0.0681	0.0867	0.1009	0.1038	0.1184
上海	0.0871	0.0966	0.1114	0.1382	0.1313	0.1781

续表

	2005 年	2006 年	2007 年	2008 年	2009 年	2010 年
江苏	0.0349	0.0387	0.0484	0.0580	0.0643	0.0731
浙江	0.0372	0.0380	0.0452	0.0517	0.0517	0.0582
安徽	0.0350	0.0312	0.0374	0.0520	0.0553	0.0762
福建	0.0244	0.0260	0.0295	0.0340	0.0358	0.0515
江西	0.0355	0.0282	0.0319	0.0403	0.0476	0.0591
山东	0.0764	0.0800	0.0805	0.0910	0.0925	0.0906
河南	0.0447	0.0463	0.0559	0.0717	0.0706	0.0795
湖北	0.0304	0.0321	0.0379	0.0462	0.0568	0.0711
湖南	0.0212	0.0269	0.0337	0.0464	0.0500	0.0659
广东	0.0490	0.0533	0.0605	0.0809	0.0958	0.1148
广西	0.0104	0.0124	0.0114	0.0128	0.0177	0.0234
海南	0.0296	0.0296	0.0467	0.0536	0.0428	0.0666
重庆	0.0148	0.0143	0.0228	0.0304	0.0444	0.0818
四川	0.0250	0.0273	0.0341	0.0453	0.0536	0.0795
贵州	0.0557	0.0614	0.0833	0.1062	0.0929	0.1074
云南	0.0435	0.0411	0.0484	0.0623	0.0645	0.0842
陕西	0.0432	0.0517	0.0524	0.0679	0.0713	0.1002
甘肃	0.0499	0.0524	0.0671	0.0745	0.0736	0.1044
青海	0.0347	0.0370	0.0471	0.0624	0.0560	0.0679
宁夏	0.0131	0.0156	0.0180	0.0240	0.0242	0.0293
新疆	0.0581	0.0604	0.0670	0.0783	0.0643	0.0851

数据来源：国家统计局。

附表 32 单位工业 SO_2 排放增加值（万元/吨）（2005~2010）

	2005 年	2006 年	2007 年	2008 年	2009 年	2010 年
北京	161.8	194.3	250.9	379.1	383.8	486.2
天津	85.0	98.7	118.3	168.3	209.4	202.7
河北	40.8	41.4	50.7	68.7	76.5	96.1
山西	19.6	21.1	28.1	37.0	34.8	40.6
内蒙古	13.7	14.3	21.4	30.2	37.4	47.1
辽宁	41.1	40.3	48.7	67.3	75.4	102.3
吉林	51.3	49.4	64.4	85.8	101.8	130.5
黑龙江	68.9	69.3	75.6	89.1	84.7	110.5
上海	118.7	124.8	145.6	194.1	226.3	295.1
江苏	78.9	89.5	112.1	140.3	162.7	192.4
浙江	86.2	91.6	117.4	144.7	155.4	193.5
安徽	43.1	42.2	53.2	69.3	83.5	111.7

续表

	2005 年	2006 年	2007 年	2008 年	2009 年	2010 年
福建	72.9	74.3	94.1	116.3	128.0	163.6
江西	34.5	31.7	41.2	54.1	65.2	91.0
山东	62.0	68.5	84.7	109.8	123.7	136.4
河南	37.5	41.2	53.3	74.5	84.2	102.8
湖北	44.9	44.8	57.2	77.0	98.4	130.4
湖南	34.4	35.2	45.7	63.4	74.3	100.6
广东	89.0	100.2	126.8	157.3	178.6	217.0
广西	15.5	16.9	22.6	30.2	34.3	45.5
海南	100.0	94.6	111.3	152.9	143.2	137.6
重庆	18.4	17.3	23.0	32.5	49.8	64.6
四川	26.9	28.1	38.3	50.8	60.0	79.2
贵州	12.5	8.2	10.9	16.8	20.1	23.8
云南	33.4	30.9	38.5	49.0	50.0	59.2
陕西	23.1	24.8	30.1	40.8	47.2	64.5
甘肃	16.2	18.8	24.4	29.7	30.0	35.5
青海	23.0	21.9	27.6	35.1	37.0	46.1
宁夏	9.3	8.3	11.2	15.4	18.7	23.0
新疆	33.5	28.9	29.7	35.1	30.2	41.7

数据来源：国家统计局。

附表 33　地区工业专利申请数（2005~2010）

	2005 年	2006 年	2007 年	2008 年	2009 年	2010 年
北京	1358	1722	2462	4622	4379	5846
天津	2958	1920	2123	3615	4719	5951
河北	797	876	1103	1458	2421	2827
山西	223	361	631	986	1425	1776
内蒙古	211	852	406	621	822	720
辽宁	1337	1294	1578	2841	3822	4311
吉林	331	372	532	673	846	1092
黑龙江	538	731	851	1055	1204	1603
上海	4586	4583	5484	6468	9946	10378
江苏	5226	6267	8860	13281	19495	31132
浙江	5479	8752	13669	15897	19964	22859
安徽	900	1250	2888	2717	4535	7676
福建	1200	1411	1445	2260	4935	5776
江西	357	448	653	565	988	1221
山东	4961	5927	7907	11718	13661	16391

续表

	2005 年	2006 年	2007 年	2008 年	2009 年	2010 年
河南	1472	2010	2915	4073	5476	5904
湖北	881	1072	1605	2610	4693	5768
湖南	821	1184	1454	1865	5610	6652
广东	15160	20466	30171	33144	43565	43776
广西	314	450	627	873	903	1158
海南	5	37	81	115	132	176
重庆	3255	3263	3318	4127	4780	4947
四川	1078	1503	2118	2365	3357	4576
贵州	244	428	580	906	1222	1302
云南	264	237	493	411	585	757
陕西	717	654	1110	1369	1882	2506
甘肃	228	403	348	752	415	852
青海	74	99	115	81	79	103
宁夏	60	149	86	243	234	306
新疆	236	288	292	365	653	547

数据来源：国家统计局。

附表 34　地区工业专利申请数（2005~2010）

	2005 年	2006 年	2007 年	2008 年	2009 年	2010 年
北京	614	810	1436	2996	2340	3161
天津	2099	925	927	1954	1854	2543
河北	313	315	308	459	693	820
山西	85	124	231	287	514	644
内蒙古	89	114	143	318	419	314
辽宁	373	634	619	992	1409	1496
吉林	107	136	148	210	289	395
黑龙江	143	196	185	329	346	476
上海	1501	2304	2681	1932	4155	4568
江苏	1408	1762	2675	3923	5839	8194
浙江	1206	1761	2154	2643	3837	4241
安徽	179	298	618	795	1391	1967
福建	269	248	319	567	1329	1761
江西	171	127	149	184	319	445
山东	1250	1624	2207	3288	3842	4988
河南	287	487	761	1200	1427	1713
湖北	286	445	544	813	1669	1941
湖南	303	411	637	658	2978	2507

	2005 年	2006 年	2007 年	2008 年	2009 年	2010 年
广东	6375	11128	17027	17216	24068	24675
广西	113	64	190	244	257	296
海南	5	2	7	15	56	56
重庆	204	394	415	578	983	1193
四川	254	577	636	776	1147	1777
贵州	93	209	254	405	567	648
云南	117	99	205	185	234	297
陕西	252	196	322	427	626	841
甘肃	108	188	151	214	161	245
青海	16	28	35	28	23	27
宁夏	25	26	20	53	88	147
新疆	47	53	70	84	140	146

数据来源：国家统计局。

附表 35　地区工业 R&D 人员比重（2005~2010）

	2005 年	2006 年	2007 年	2008 年	2009 年	2010 年
北京	0.0365	0.0276	0.0351	0.0384	0.0447	0.0392
天津	0.0191	0.0197	0.0261	0.0289	0.0335	0.0304
河北	0.0131	0.0128	0.0132	0.0130	0.0189	0.0176
山西	0.0099	0.0149	0.0135	0.0174	0.0197	0.0163
内蒙古	0.0151	0.0158	0.0161	0.0181	0.0183	0.0176
辽宁	0.0202	0.0094	0.0223	0.0207	0.0236	0.0210
吉林	0.0107	0.0125	0.0129	0.0109	0.0217	0.0235
黑龙江	0.0242	0.0225	0.0233	0.0238	0.0279	0.0300
上海	0.0188	0.0218	0.0225	0.0239	0.0417	0.0358
江苏	0.0199	0.0202	0.0228	0.0224	0.0362	0.0335
浙江	0.0148	0.0171	0.0188	0.0225	0.0285	0.0311
安徽	0.0127	0.0135	0.0178	0.0234	0.0263	0.0235
福建	0.0127	0.0131	0.0140	0.0175	0.0203	0.0206
江西	0.0189	0.0222	0.0241	0.0188	0.0264	0.0202
山东	0.0130	0.0133	0.0154	0.0225	0.0251	0.0236
河南	0.0141	0.0161	0.0169	0.0189	0.0248	0.0232
湖北	0.0233	0.0249	0.0269	0.0277	0.0302	0.0282
湖南	0.0239	0.0239	0.0275	0.0269	0.0328	0.0314
广东	0.0132	0.0146	0.0201	0.0215	0.0277	0.0276
广西	0.0141	0.0153	0.0125	0.0119	0.0160	0.0148
海南	0.0028	0.0013	0.0013	0.0055	0.0083	0.0107

	2005 年	2006 年	2007 年	2008 年	2009 年	2010 年
重庆	0.0244	0.0250	0.0295	0.0298	0.0321	0.0266
四川	0.0214	0.0218	0.0253	0.0240	0.0241	0.0163
贵州	0.0121	0.0143	0.0149	0.0125	0.0163	0.0171
云南	0.0085	0.0110	0.0110	0.0137	0.0140	0.0133
陕西	0.0219	0.0249	0.0276	0.0264	0.0292	0.0260
甘肃	0.0151	0.0124	0.0183	0.0198	0.0225	0.0167
青海	0.0110	0.0091	0.0104	0.0061	0.0121	0.0116
宁夏	0.0132	0.0108	0.0152	0.0147	0.0158	0.0107
新疆	0.0093	0.0104	0.0117	0.0102	0.0125	0.0144

数据来源：课题组根据相关统计数据计算。

附表 36 地区工业 R&D 人员比重（2005~2010）

	2005 年	2006 年	2007 年	2008 年	2009 年	2010 年
北京	0.0057	0.0072	0.0062	0.0064	0.0071	0.0077
天津	0.0098	0.0110	0.0118	0.0134	0.0143	0.0153
河北	0.0035	0.0040	0.0040	0.0046	0.0051	0.0053
山西	0.0039	0.0051	0.0060	0.0064	0.0078	0.0074
内蒙古	0.0021	0.0024	0.0030	0.0032	0.0037	0.0041
辽宁	0.0105	0.0092	0.0098	0.0094	0.0100	0.0105
吉林	0.0037	0.0038	0.0036	0.0039	0.0042	0.0041
黑龙江	0.0047	0.0051	0.0053	0.0058	0.0068	0.0071
上海	0.0117	0.0127	0.0130	0.0129	0.0138	0.0141
江苏	0.0095	0.0110	0.0124	0.0132	0.0131	0.0135
浙江	0.0069	0.0081	0.0087	0.0090	0.0094	0.0100
安徽	0.0044	0.0054	0.0058	0.0069	0.0078	0.0085
福建	0.0053	0.0057	0.0056	0.0060	0.0070	0.0081
江西	0.0047	0.0057	0.0063	0.0064	0.0067	0.0062
山东	0.0082	0.0085	0.0095	0.0112	0.0121	0.0134
河南	0.0034	0.0043	0.0048	0.0050	0.0063	0.0065
湖北	0.0047	0.0053	0.0055	0.0068	0.0082	0.0090
湖南	0.0029	0.0033	0.0045	0.0055	0.0063	0.0072
广东	0.0080	0.0093	0.0106	0.0112	0.0127	0.0138
广西	0.0021	0.0023	0.0023	0.0028	0.0034	0.0038
海南	0.0002	0.0004	0.0003	0.0004	0.0009	0.0009
重庆	0.0062	0.0068	0.0075	0.0076	0.0080	0.0085
四川	0.0047	0.0050	0.0054	0.0049	0.0052	0.0048
贵州	0.0040	0.0049	0.0035	0.0040	0.0045	0.0047
云南	0.0022	0.0016	0.0017	0.0020	0.0021	0.0025

续表

	2005 年	2006 年	2007 年	2008 年	2009 年	2010 年
陕西	0.0053	0.0061	0.0061	0.0057	0.0068	0.0071
甘肃	0.0041	0.0050	0.0050	0.0053	0.0055	0.0051
青海	0.0035	0.0032	0.0030	0.0025	0.0037	0.0045
宁夏	0.0041	0.0054	0.0062	0.0050	0.0052	0.0044
新疆	0.0015	0.0019	0.0020	0.0028	0.0030	0.0031

数据来源：课题组根据相关统计数据计算。

附表 37　地区工业新产品销售收入占比（2005~2010）

	2005 年	2006 年	2007 年	2008 年	2009 年	2010 年
北京	0.162	0.176	0.293	0.291	0.237	0.219
天津	0.291	0.281	0.280	0.278	0.214	0.243
河北	0.059	0.067	0.068	0.067	0.048	0.062
山西	0.074	0.085	0.080	0.076	0.069	0.055
内蒙古	0.087	0.084	0.067	0.063	0.032	0.062
辽宁	0.115	0.124	0.122	0.125	0.093	0.106
吉林	0.150	0.244	0.196	0.206	0.299	0.209
黑龙江	0.072	0.060	0.079	0.064	0.066	0.075
上海	0.286	0.301	0.271	0.258	0.214	0.260
江苏	0.134	0.131	0.159	0.166	0.118	0.180
浙江	0.180	0.189	0.203	0.215	0.155	0.240
安徽	0.122	0.122	0.128	0.127	0.120	0.179
福建	0.205	0.190	0.182	0.177	0.108	0.154
江西	0.124	0.154	0.145	0.137	0.051	0.115
山东	0.132	0.131	0.143	0.148	0.100	0.183
河南	0.092	0.098	0.093	0.090	0.062	0.084
湖北	0.133	0.102	0.163	0.183	0.118	0.163
湖南	0.170	0.164	0.185	0.198	0.177	0.273
广东	0.152	0.141	0.128	0.167	0.124	0.207
广西	0.177	0.190	0.187	0.179	0.128	0.175
海南	0.034	0.288	0.118	0.075	0.025	0.092
重庆	0.328	0.315	0.359	0.399	0.287	0.413
四川	0.166	0.197	0.198	0.178	0.126	0.108
贵州	0.070	0.147	0.123	0.084	0.058	0.145
云南	0.035	0.064	0.106	0.077	0.056	0.050
陕西	0.098	0.088	0.097	0.084	0.080	0.108
甘肃	0.047	0.076	0.082	0.071	0.061	0.077
青海	0.034	0.066	0.059	0.058	0.050	0.014
宁夏	0.049	0.075	0.060	0.073	0.069	0.071
新疆	0.008	0.007	0.029	0.032	0.027	0.059

数据来源：课题组根据相关统计数据计算。

附表 38　地区工业增加增长率（2005~2010）

	2005 年	2006 年	2007 年	2008 年	2009 年	2010 年
北京	1.000	0.208	0.168	0.042	0.160	0.146
天津	1.000	0.253	0.171	0.210	0.178	0.127
河北	1.000	0.269	0.192	0.237	0.368	0.058
山西	1.000	0.328	0.241	0.129	0.228	0.133
内蒙古	1.000	0.410	0.368	0.413	0.432	0.130
辽宁	1.000	0.323	0.284	0.278	0.341	0.126
吉林	1.000	0.285	0.351	0.269	0.302	0.193
黑龙江	1.000	0.225	0.179	0.146	0.249	−0.008
上海	1.000	0.191	0.191	0.117	0.045	0.146
江苏	1.000	0.280	0.274	0.247	0.186	0.116
浙江	1.000	0.242	0.255	0.111	0.105	0.119
安徽	1.000	0.298	0.337	0.343	0.393	0.198
福建	1.000	0.242	0.231	0.193	0.185	0.209
江西	1.000	0.414	0.507	0.370	0.317	0.145
山东	1.000	0.288	0.274	0.201	0.305	0.034
河南	1.000	0.347	0.459	0.195	0.257	0.112
湖北	1.000	0.248	0.276	0.372	0.284	0.266
湖南	1.000	0.309	0.357	0.325	0.355	0.241
广东	1.000	0.244	0.238	0.163	0.123	0.167
广西	1.000	0.261	0.433	0.269	0.321	0.170
海南	1.000	0.336	0.537	0.081	0.106	0.099
重庆	1.000	0.282	0.341	0.290	0.304	0.251
四川	1.000	0.311	0.365	0.270	0.387	0.177
贵州	1.000	0.257	0.211	0.153	0.302	0.115
云南	1.000	0.306	0.254	0.196	0.168	0.046
陕西	1.000	0.317	0.365	0.248	0.277	0.169
甘肃	1.000	0.247	0.354	0.141	0.185	0.025
青海	1.000	0.324	0.349	0.298	0.154	0.146
宁夏	1.000	0.280	0.275	0.172	0.286	0.133
新疆	1.000	0.301	0.322	0.185	0.274	−0.089

数据来源：课题组根据相关统计数据计算（以 2005 年为基期）。

附录4 重点行业发展数据附表

附表39 "十一五"期间中国主要钢铁产品产量与粗钢产量全球占比

年份	生铁产量（亿吨）	粗钢产量（亿吨）	成品钢材产量（亿吨）	粗钢产量占全球产量比（%）
2000	1.31	1.29	1.31	15.1
2005	3.44	3.53	3.78	30.9
2006	4.12	4.19	4.69	33.8
2007	4.77	4.89	5.66	36.4
2008	4.71	5.00	5.82	38.2
2009	5.44	5.77	6.96	46.8
2010	5.90	6.27	7.96	44.3
2011	6.41	6.85	8.86	44.9

数据来源：国家统计局。

附表40 "十一五"期间钢材进出口情况（单位：万吨）

年份	钢材出口数量	钢坯及粗锻件出口数量	钢材进口数量	钢坯及粗锻件进口数量	折粗钢净出口
2004	1423	606	2930	386	-1383
2005	2052	707	2582	131	12
2006	4301	904	1851	37	3473
2007	6265	643	1687	24	5489
2008	5923	129	1543	25	4760
2009	2460	4	1763	459	286
2010	4256	14	1643	64	2919
2011	4888	—	1558	—	3479

数据来源：国家统计局。

附表41 重点钢铁企业各主要生产工序能耗情况

年份	吨钢综合能耗	吨钢可比能耗	烧结	球团	焦化	炼铁	转炉	电炉	轧钢
2005	694	714.1	64.8	39.96	142.2	456.8	36.3	96.9	76.2
2006	645	623.0	55.6	33.08	123.1	433.1	9.1	81.3	65.0
2007	628	614.6	55.2	30.12	121.7	426.8	6.0	81.3	63.1

续表

年份	吨钢综合能耗	吨钢可比能耗	烧结	球团	焦化	炼铁	转炉	电炉	轧钢
2008	629.9	609.6	55.5	30.49	120.0	427.7	5.70	80.8	59.6
2009	619.4	595.4	55.0	29.96	112.3	410.7	3.20	73.4	57.7
2010	604.6	—	52.7	29.1	105.89	407.7	-0.20	74.0	61.1
2011	601.7	—	54.3	29.6	106.65	404.1	-3.21	69.0	60.9

数据来源：中国钢铁工业协会。

附表 42　中国钢铁工业大规模企业数量与粗钢产量占比

年份	企业数目（规模>1000 万吨）	规模 1000 万吨以上企业产量占比（%）	企业数目（规模>500 万吨）	规模 500 万吨以上企业产量占比（%）
2011	16	59.29	28	73.21
2010	13	54.23	29	72.96
2009	11	45.26	28	66.55
2008	9	40.67	22	58.78
2007	10	35.21	24	55.63
2006	9	30.7	22	51.35
2005	8	27.94	18	46.68

数据来源：中国钢铁工业协会。

附表 43　"十一五"期间钢铁工业主要经济效应指标

时间	产品销售收入（亿元）	利润总额（亿元）	销售利润率（%）	亏损企业亏损额（亿元）	亏损面（%）	成本费用利润率（%）	
						钢铁	工业
2006 年 11 月	23076	1168	5.1	62	24.0	5.4	6.5
2007 年 11 月	31604	1732	5.5	49	16.8	5.8	7.0
2008 年 11 月	42080	1475	3.5	187	23.5	3.7	5.9
2009 年 11 月	39154	812	2.1	267	27.1	2.1	5.9
2010 年 11 月	49624	1283	2.6	185	17.9	2.7	6.8
2011 年 12 月	66789	1737	2.6	263	17.3	2.7	7.1

数据来源：国家统计局。

附表 44　"十一五"期间钢铁工业固定资产投资完成额及增长率

年份	黑色金属冶炼及压延加工业固定资产投资总额（亿元）	黑色金属冶炼及压延加工业固定资产投资总额增速（%）	黑色金属冶炼及压延加工业投资总额占全国投资总额的比重（%）
2005	2281.49	27.5	3.0
2006	2246.5	-2.5	2.4
2007	2563.07	12.2	2.2
2008	3240.28	23.8	2.2

续表

年份	黑色金属冶炼及压延加工业固定资产投资总额（亿元）	黑色金属冶炼及压延加工业固定资产投资总额增速（%）	黑色金属冶炼及压延加工业投资总额占全国投资总额的比重（%）
2009	3206.12	-1.3	2.2
2010	3465.02	6.1	1.7
2011	3860.48	11.4	1.3

数据来源：国家统计局。

附表45 2010年及"十一五"期间铁矿石进口量值与平均价格

年份	铁矿砂及其精矿进口数量（亿吨）	铁矿砂及其精矿进口总值（亿美元）	铁矿砂及其精矿进口平均价格（美元/吨）
2005	2.75	183.7	66.7
2006	3.26	209.2	64.1
2007	3.83	338.0	88.2
2008	4.44	605.3	136.5
2009	6.28	501.4	79.9
2010	6.19	794.3	128.4
2011	6.86	1124.1	163.7

数据来源：海关总署。

附表46 中国钢铁工业增加值与主要产品产量增速

年份	工业增加值增速（%）	生铁产量增速（%）	粗钢产量增速（%）	成品钢材产量增速（%）
2006	19.3	19.8	18.5	24.5
2007	21.4	15.2	15.7	22.7
2008	8.2	-0.2	1.1	3.6
2009	9.9	15.9	13.5	18.5
2010	11.6	7.4	9.3	14.7
2011	9.7	8.4	8.9	12.3

数据来源：国家统计局。

附表47 部分钢铁出口国国际市场占有率

年份	日本	韩国	美国	中国
2001	10.26	4.41	4.51	2.38
2002	10.73	3.95	3.96	2.30
2003	9.80	4.27	3.72	2.64
2004	8.59	4.29	3.21	5.12
2005	8.66	4.52	3.62	6.07
2006	7.96	4.21	3.40	8.65

续表

年份	日本	韩国	美国	中国
2007	7.18	3.92	3.17	10.75
2008	7.51	4.26	3.43	12.09
2009	9.54	5.35	4.06	7.25
2010	9.87	5.75	4.05	9.31
2011	8.84	6.03	3.85	10.52

数据来源：根据联合国贸易数据库计算。

附表 48 中国钢铁工业大中型企业主要技术创新指标

年份	专利申请数（项）	R&D 人员占从业人员比重（%）	R&D 经费占产品销售收入比重（%）
2005	1143	5.9	0.7
2006	1837	6.2	0.8
2007	2787	6.9	0.8
2008	3529	6.5	0.8
2009	4824	3.4	0.8
2010	5813	2.45	2.29

数据来源：历年《中国科技统计年鉴》。

附表 49 钢铁工业能源消耗与主要污染物排放总量

年份	能源消费总量（万吨标准煤）	二氧化硫排放量（吨）	烟尘排放量（吨）	粉尘排放量（吨）	工业废水排放总量（万吨）	固体废物排放量（万吨）
2005	39544.25	1422000	693000	1257000	169934	149
2006	44729.92	1494000	727000	1137000	156727	121.13
2007	50186.53	1624700	679900	1018300	156862	60.47
2008	51862.92	1607470	570353	887115	144104	53
2009	56404.37	1701800	518400	841500	125978	49.91
2010	57533.71	1766500	562800	934700	116948	10.55

数据来源：国家统计局。

附表 50 2011 年有色金属进出口量及增速

	1~12 月（吨）	同比（%）
出口		
精炼铜	156292	303.5
原铝	81871	−57.7
精炼铅	6128	−73.4
精炼锌	46382	7.5
精炼镍及合金	35203	−36.2

续表

	1~12 月（吨）	同比（%）
精炼锡及合金	1227	72.0
进口		
精炼铜	2835365	-3.0
原铝	225044	-2.1
精炼铅	6611	-69.3
精炼锌	348020	7.5
精炼镍	217500	18.9
精炼锡	23737	28.0
锌合金	150519	-2.7

数据来源：海关总署。

附表 51　"十一五"期间有色金属工业固定资产投资完成额及增长率

年份	有色金属冶炼及压延加工业固定资产投资总额（亿元）	有色金属冶炼及压延加工业固定资产投资总额增速（%）	有色金属冶炼及压延加工业投资总额占全国投资总额的比重（%）
2005	761.2	32.91	1.01
2006	962.7	26.47	1.03
2007	1295.6	34.58	1.10
2008	1885.5	45.53	1.27
2009	2153.8	14.23	1.11
2010	2867.5	33.14	1.03
2011	3861.3	34.66	1.28

数据来源：国家统计局。

附表 52　有色金属子行业产品销售收入（亿元）

时间	有色金属压延加工业	常用有色金属冶炼业	有色金属合金制造业
2006 年 1~11 月	4809.75	5298.64	338.54
2007 年 1~11 月	6865.91	7372.59	453.68
2008 年 1~11 月	8461.05	7830.48	589.47
2009 年 1~11 月	8763.70	7235.47	696.89
2010 年 1~11 月	12249.24	10258.59	1008.44
2011 年 1~12 月	16656.02	1500.59	1700.68

数据来源：国家统计局。

附表 53　有色金属工业主要创新指标

年份	R&D 人员占从业人员比重（%）	R&D 经费占产品销售收入比重（%）	新产品销售收入占产品销售收入比重（%）	专利申请数（件）
2005	5.50	0.8	13.2	1088
2006	6.30	0.7	13.9	1509
2007	5.90	0.6	11.8	2062
2008	5.90	0.7	12.0	3034
2009	3.40	0.8	11.1	3178
2010	2.54	1.7	12.5	3335

数据来源：海关总署。

附表 54　有色金属工业主要可持续发展指标

年份	二氧化硫去除率（%）	废水排放达标率（%）	固体废弃物综合利用率（%）	能源消费总量（万吨标准煤）
2005	86.01	86.44	43.00	7188.69
2006	88.96	88.64	36.00	8633.32
2007	89.95	93.93	38.00	10686.37
2008	91.21	95.06	41.00	11287.99
2009	92.22	95.40	45.00	11401.37
2010	89.87	96.11	49.51	12841.45

数据来源：国家统计局。

附表 55　2006~2011 年主要石油产品产量

	2006 年	2007 年	2008 年	2009 年	2010 年	2011 年
汽油（万吨）	5591.4	5999.6	6359.5	7194.8	7675.3	8140.96
汽油增长率（%）	3.74	7.30	6.00	13.13	6.68	6.06
煤油（万吨）	968.9	1159.6	1165.2	1479.4	1714.7	1879.69
煤油增长率（%）	−2.14	19.69	0.49	26.96	15.90	10.06
柴油（万吨）	11653.4	12336.7	13324.7	14126.8	15887.4	16675.98
柴油增长率（%）	5.54	5.86	8.01	6.02	12.46	5.38
润滑油（万吨）	572.34	623.38	684.56	744.48	856.94	826.24
润滑油增长率（%）	0.95	8.92	9.81	8.75	12.96	7.01
燃料油（万吨）	2264.71	2433.05	2292.87	1856.71	2115.41	1868.64
燃料油增长率（%）	−6.29	7.43	−5.76	−19.02	11.65	−2

数据来源：国家统计局，国研网。

附表56　2007~2011年原油、成品油进口情况

	2007年		2008年		2009年		2010年		2011年	
	数量/万吨	金额/亿美元	数量/万吨	金额/亿美元	数量/万吨	金额/亿美元	数量/万吨	金额/亿美元	数量/万吨	金额/亿美元
原油	16317	797.71	17888	1293.36	20379	892.56	23930.9	1351.50	25378	1966.64
增幅（%）	12.40	20.12	9.63	62.13	13.93	-30.99	17.43	51.42	6.0	45.3
成品油	3380	164.36	3885	300.44	3696	169.84	3688.2	223.4	4060	326.99
增幅（%）	-7.07	5.70	14.94	82.79	-4.86	-43.47	-0.21	31.54	10.1	45.5

数据来源：国家统计局、海关总署。

附表57　2011年化学原料及化学制品制造业细分行业经济效益

	销售收入（亿元）	同比增长（%）	利润总额（亿元）	成本费用利用率（%）	销售利润率（%）
化学原料及制品	60356.48	33.34	3978.18	7.18	6.60
基础化学原料	16586.65	34.51	956.92	6.26	5.77
肥料制造业	7290.91	38.22	444.02	6.55	6.09
农药制造业	1945.27	29.67	125.95	7.02	6.47
涂料、油墨	4488.88	24.89	316.74	7.69	7.06
合成材料	10718.42	33.50	582.16	5.80	5.43
专用化学	16155.90	35.02	1260.91	8.67	7.80
日用化学	3171.04	23.38	291.47	10.24	9.19

数据来源：国家统计局。

附表58　2005~2011年化学原料及化学制品制造业固定资产投资

年份	行业固定资产投资总额（亿元）	行业固定资产投资增速（%）	全国固定资产投资完成额（亿元）	化工业固定投资比重（%）
2005	2115.51	33.7	75096.48	2.8
2006	2555.52	19.9	93472.36	2.7
2007	3507.12	38.1	117413.91	3.0
2008	4787.29	35.5	148167.25	3.2
2009	6005.80	26.9	194138.62	3.1
2010	6863.15	14.8	241414.93	2.8
2011	8898.88	26.4	301932.85	2.9

数据来源：中经网统计数据库。

附表 59　化学原料及化学制品制造业主要技术创新指标

年份	专利申请数（项）	R&D 人员占从业人员比重（%）	R&D 经费占产品销售收入比重（%）
2005	2155	6.0	0.9
2006	2508	6.3	0.8
2007	2870	7.5	1.0
2008	3935	7.4	1.0
2009	5917	4.5	1.1
2010	5743	3.3	1.0

数据来源：《中国科技统计年鉴》（2006~2010）。

附表 60　"十一五"时期全国化学原料及化学制品制造业产品产量

	2006 年	2007 年	2008 年	2009 年	2010 年	2011 年	年均增速（%）
硫酸（万吨）	4860.3	5390.7	5110.1	5958.4	7060.2	7416.61	15.24
盐酸（万吨）	730.6	747.6	757.1	803.5	839.0	841.03	2.11
烧碱（万吨）	1511.8	1759.3	1852.2	1891.0	2086.6	2466.34	15.24
乙烯（万吨）	876.5	1047.7	1025.6	1069.7	1418.8	1527.9	7.46
化学农药原药（万吨）	129.5	173.1	190.3	226.2	234.2	264.87	21.53
涂料（万吨）	352.4	417.7	443.9	911.3	966.6	1079.51	16.44
合成纤维聚合物（万吨）	923.2	1119.0	1157.0	1302.1	1358.6	1501.30	17.76
合成洗涤剂（万吨）	546.1	631.6	597.9	692.9	730.1	808.23	8.98

数据来源：国研网统计数据库。

附表 61　"十一五"时期化学原料及化学制品细分行业销售产值增速

年份	基础化学原料	化肥	农药	涂料、油墨、颜料及类似产品	合成材料	专用化学产品	日用化学产品
2006	0.443	0.198	0.168	0.265	0.000	0.362	0.100
2007	0.295	0.243	0.265	0.294	0.351	0.381	0.192
2008	0.232	0.264	0.306	0.173	0.209	0.280	0.160
2009	0.037	0.017	0.074	0.103	0.108	0.233	0.129
2010	0.355	0.253	0.242	0.245	0.376	0.385	0.192
2011	0.345	0.382	0.297	0.249	0.335	0.350	0.234

数据来源：国研网统计数据库。

附表 62　化学原料及化学制品制造业能源消耗和"三废"排放量

年份	能源消耗 (万吨标准煤)	"三废"排放量				
		废水 (万吨)	二氧化硫 (吨)	烟尘 (吨)	粉尘 (吨)	固定废弃物 (万吨)
2005	22494.07	339052	1168000	536000	175000	70.00
2006	24779.04	335956	1115000	511000	175000	46.23
2007	27245.27	324026	1116200	478500	137300	34.32
2008	28961.13	301935	1035423	469443	125027	21.00
2009	28946.07	297062	975200	417200	111600	15.13
2010	29688.93	309006	1040000	435600	141200	12.10

数据来源：中经网统计数据库。

附表 63　"十一五"以来建材工业主要产品产量

年份	水泥		平板玻璃		卫生陶瓷		玻璃纤维纱	
	产量 (万吨)	增速 (%)	产量 (万重量箱)	增速 (%)	产量 (万件)	增速 (%)	产量 (万吨)	增速 (%)
2005	106885	12.15	40210	33.66	8325	19.90	111	31.15
2006	123676	15.71	46575	15.83	9982	19.80	139	25.30
2007	136117	10.06	53918	15.77	11958	8.90	159	14.96
2008	142356	4.58	59890	11.08	13022	-4.03	230	44.44
2009	164398	15.48	58574	-2.20	14132	8.52	206	-10.49
2010	187672	14.16	66261	13.12	17409	21.70	256	24.90
2011	200836.01	7.53	73788.84	15.84	20065	18.60	372	17.95

资料来源：2005~2009 年水泥和平板玻璃产量数据来自《中国统计年鉴》(2010)，2010 年产量来自工信部网站，增速数据根据产量推算；2006~2009 年卫生陶瓷和玻璃纤维纱的数据来自历年《中国建筑材料工业年鉴》，由于产量数据和增速数据不匹配，考虑到数据调整，本报告 2005~2008 年产量数据是依据 2009 年产量数据和历年增速数据推算；2010 年卫生陶瓷和玻璃纤维纱数据来自中国建材网和中国陶瓷网。

附表 64　非金属矿物制品业大中型企业技术创新指标

年份	研发人员占从业人员比重 (%)	研发经费占主营收入比重 (%)	拥有发明专利数量 (件)
2006	0.90	0.54	1329
2007	0.88	0.48	3727
2008	1.23	0.58	1118
2009	1.68	0.67	6848
2010	1.48	0.18	5192

资料来源：历年《中国统计年鉴》。

附表 65 非金属矿物制品业废弃物排放情况

年份	固体废弃物综合利用量（万吨）	固体废弃物排放量（万吨）	二氧化硫去除率（%）	烟尘去除率（%）	粉尘去除率（%）	废水达标排放率（%）
2005	2680	169	21.80	79.15	87.53	94.40
2006	4283	85.22	20.35	81.94	89.39	92.57
2007	4461.4	61.2	19.38	80.90	90.94	91.16
2008	4261	38	17.62	87.75	93.07	93.87
2009	4514	35.05	20.66	92.33	94.45	92.85
2010	5234.5	5.66	19.36	—	—	93.81

附表 66 主要机械装备产业工业企业单位数（单位：个）

年份	通用设备制造业	专用设备制造业	交通运输设备制造业	电气机械及器材制造业	通信设备、计算机及其他电子设备制造业	仪器仪表及文化、办公用机械制造业
2002	10767	6546	7470	9385	5320	2146
2003	12546	7129	8281	10400	5856	2515
2004	14900	8135	9389	11760	6638	2788
2005	19981	10260	11315	15366	8868	3723
2006	22905	11615	12586	16905	9709	4084
2007	26757	13409	14091	19322	11220	4526
2008	36919	18685	18808	25727	14347	5620
2009	37374	19147	19441	26443	14284	5716
2010	39699	20083	20718	27537	14838	5828
2011	25877	13889	15012	20084	11364	3896

数据来源：《中国统计年鉴》各年。

附表 67 主要机械装备产业工业总产值（当年价格）（单位：亿元）

年份	通用设备制造业	专用设备制造业工业总产值（当年价格）（GB2002）	交通运输设备制造业工业总产值（当年价格）（GB2002）	电气机械及器材制造业工业总产值（当年价格）（GB2002）	通信设备、计算机及其他电子设备制造业工业总产值（当年价格）（GB2002）	仪器仪表及文化、办公用机械制造业工业总产值（当年价格）（GB2002）
2005	10610.37	6085.43	15714.86	13901.29	26994.38	2781.05
2006	13734.76	7953.31	20382.92	18165.52	33077.58	3539.27
2007	18415.52	10591.98	27147.4	24019.07	39223.77	4307.99
2008	24687.56	14521.3	33395.28	30428.84	43902.82	4984.49
2009	27361.52	16784.4	41730.32	33757.99	44562.63	5083.31
2010	35132.74	21561.83	55452.63	43344.41	54970.67	6399.07
2011	40992.55	26149.13	63251.3	51426.42	63795.65	7633.01

数据来源：《中国统计年鉴》各年。

附表 68 主要机械装备产业全部从业人员年平均人数（单位：万人）

年份	通用设备制造业	专用设备制造业	交通运输设备制造业	电气机械及器材制造业	通信设备、计算机及其他电子设备制造业	仪器仪表及文化、办公用机械制造业
2003	283.49	205.31	311.77	265.12	273.46	71.96
2004	308.36	209.13	327.48	298.57	333.4	78.33
2005	355.12	219.89	352.4	367.21	439.64	88.68
2006	378.74	234.65	374.58	403.98	505.07	98.8
2007	420.71	256.51	408.59	449.15	587.92	106.97
2008	493.21	308.43	473.14	527.79	677.31	116.48
2009	486.52	309.48	498.33	535	663.64	112.61
2010	539.38	334.22	573.72	604.3	772.75	124.86
2011	494.52	323.41	579.48	599.61	819.48	124.49

数据来源：《中国统计年鉴》各年。

附表 69 主要机械装备产业产品销售率（单位：%）

年份	通用设备制造业	专用设备制造业	交通运输设备制造业	电气机械及器材制造业	通信设备、计算机及其他电子设备制造业	仪器仪表及文化、办公用机械制造业
2005	97.37	96.86	99.38	97.58	97.81	98.41
2006	97.94	97.13	97.84	97.86	97.84	98.09
2007	97.54	97.19	97.8	97.42	98.25	98.39
2008	97.21	96.43	98.42	97.42	97.78	96.8
2009	97.64	97.42	97.75	96.45	98.02	97.9
2010	97.52	96.83	98.3	97.03	98.58	97.94
2011	97.56	96.96	98.43	97.5	98.07	97.53

数据来源：《中国统计年鉴》各年。

附表 70 主要机械装备产业利润总额（单位：亿元）

年份	通用设备制造业	专用设备制造业	交通运输设备制造业	电气机械及器材制造业	通信设备、计算机及其他电子设备制造业	仪器仪表及文化、办公用机械制造业
2001	123.62	77.08	298.41	235.32	462.15	48.33
2002	191.46	124.24	490.75	285.04	468.97	52.69
2003	299.63	173.46	777.04	374.48	617.19	86.83
2004	424.45	216.85	771.88	486.95	821.87	98.44
2005	625.26	324.65	664.01	640.17	891.69	154.35
2006	837.91	478.64	1002.71	841.76	1137.61	203.32
2007	1172.25	774.58	1685.08	1233.35	1445.89	278.66
2008	1587.84	1010.35	2127.41	1809.33	1542.67	326.09

续表

年份	通用设备制造业	专用设备制造业	交通运输设备制造业	电气机械及器材制造业	通信设备、计算机及其他电子设备制造业	仪器仪表及文化、办公用机械制造业
2009	1784.73	1184.88	3063.33	2169.12	1756.23	376.47
2010	2710.67	1855.05	4856.40	3116.20	2873.03	538.01
2011	3054.92	2154.43	5478.38	3310.13	2827.42	612.83

数据来源：《中国统计年鉴》各年。

附表71 2010~2011年消费品工业增加值分月增速（%）

	1~2月	3月	4月	5月	6月	7月	8月	9月	10月	11月	12月
2010年	15.9	14.9	15.4	14.8	13.1	14.8	14.6	14.5	14.3	14.3	14.5
2011年	14.6	13.9	13.0	13.9	15.2	13.9	15.1	13.6	13.2	13.4	13.4

附表72 2006~2011年规模以上纺织企业工业增加值增速与主要产品产量增速（%）

年 份	2006	2007	2008	2009	2010	2011
纺织工业增加值增速	14.6	16.5	10.3	9.1	12.7	10.7
纱产量增速	19.9	16.7	8.1	10.3	13.5	12.4
布产量增速	14.8	12.1	5.3	9.0	6.2	11.6

附表73 医药行业工业总产值及其年度增速

年 份	2005	2006	2007	2008	2009	2010	2011
工业总产值（亿元）	4250.45	5018.94	6361.90	7874.98	9443.30	11741.31	15707.00
同比增长（%）	26.25	18.08	26.76	23.78	19.92	24.33	33.78

附表74 2011年医药行业产品出口交货值、出口结构及各子行业出口增速

	化学药品原料药制造	化学药品制剂制造	中药饮片加工制造	中成药生产	生物药品制造	卫生材料及医药用品制造	制药机械制造	医疗仪器设备及器械制造	全行业合计
出口交货值（亿元）	582.2	123.3	21.0	51.6	190.2	114.5	5.2	405.6	1439.5
同比增长（%）	12.19	15.57	18.87	20.29	20.36	33.96	5.51	17.83	16.97
占全行业比重（%）	36.69	8.56	1.46	3.59	13.21	7.95	0.36	28.17	100

附表75 食品行业工业增加值增速

年份	2006	2007	2008	2009	2010	2011
增速（%）	18.23	19.57	15.83	14.87	14.00	15.00

附表 76　全国规模以上电子信息制造业增加值月度增速变化情况

月份	1~2月	3月	4月	5月	6月	7月	8月	9月	10月	11月	12月
增速（%）	14.5	15.3	15.1	14.0	14.5	14.8	15.5	16.1	16.0	16.0	15.9

附表 77　主要电子信息产品的产量情况

年　份	2005	2006	2007	2008	2009	2010	2011
手机（万部）	30354	48014	54858	55964	61925	99800	113257.6
微型计算机（万台）	8084	9336	12073	13667	18215	24600	32036.7
彩色电视机（万台）	8283	8375	8478	9033	9899	11800	12231.4
集成电路（亿块）	266	336	412	417	414	653	719.6
程控交换机（万线）	7721	7405	5387	4584	4263	3134	3034

数据来源：工业和信息化部、国研网。

附表 78　电子信息制造业的创新投入与产出情况

年　份	2005	2006	2007	2008	2009	2010
专利申请数（件）	12838	19886	27894	30386	40263	46209
研发人员占从业人员比重（%）	6.7	6.1	6.7	7.1	4.9	5.2
研发投入强度（%）	1.2	1.2	1.2	1.3	1.4	1.4
新产品占销售收入比重（%）	25.1	24.1	24.9	28.7	27.0	27.6

数据来源：《中国科技统计年鉴》。

附表 79　2011 年软件业务收入情况

月份	1~2月	3月	4月	5月	6月	7月	8月	9月	10月	11月	12月
累计收入（亿元）	2167	3454	4822	6237	8065	9588	11120	13002	14970	16577	18468
累计增速（%）	23.8	27.0	27.9	28.2	29.3	29.6	30.5	31.7	32.9	32.8	35.9

数据来源：工业和信息化部。

附表 80　2005~2011 年中国软件业规模及比重（单位：亿元）

年份	软件业		电子信息产业		软件业占电子信息产业比重（%）
	规模（亿元）	增速（%）	规模（亿元）	增速（%）	
2005	3900		38411		10.2
2006	4800	23.1	47500	23.7	10.1
2007	5834	21.5	56000	17.9	10.4
2008	7573	29.8	58826	5.0	12.9

续表

年　份	软件业		电子信息产业		软件业占电子信息产业比重（%）
	规模（亿元）	增速（%）	规模（亿元）	增速（%）	
2009	9513	25.6	60818	3.4	15.6
2010	13364	40.5	78000	28.3	17.1
2011	18468	38.2	93000	19.2	19.9

数据来源：工业和信息化部。

附表81　2011年百亿以上省市软件业规模统计表

序　号	地　区	规模（亿元）	序　号	地　区	规模（亿元）
1	广东省	3122	10	陕西省	383
2	江苏省	3106	11	天津市	370
3	北京市	2946	12	重庆市	253
4	辽宁省	1463	13	吉林省	222
5	上海市	1438	14	湖南省	210
6	山东省	1329	15	湖北省	205
7	四川省	1029	16	河南省	130
8	浙江省	902	17	河北省	119
9	福建省	807			

数据来源：工业和信息化部。

附表82　2007~2010年生产性服务业增加值及比重（亿元）

行　业		2007年	2008年	2009年	2010年
国内生产总值		265810.3	314045.4	340902.8	401512.8
第三产业		111351.9	131340.0	148038.0	173596.0
占国内生产总值的比重（%）		41.9	41.8	43.4	43.2
生产性服务业	交通运输、仓储和邮政业	14601.0	16362.5	16727.1	19132.2
	信息传输、计算机服务和软件业	6705.6	7859.7	8163.8	8881.9
	金融业	12337.5	14863.3	17767.5	20980.6
	租赁和商务服务业	4694.9	5608.2	6191.4	7785.0
	科学研究、技术服务和地质勘查业	3441.3	3993.4	4721.7	5636.9
	合计	41780.4	48687.0	53571.5	62416.6
	占第三产业增加值的比重（%）	37.5	37.1	36.2	36.0
	占国内生产总值的比重（%）	15.7	15.5	15.7	15.5

附表 83　2007~2011 年物流业发展情况

年　份	社会物流总额		物流业增加值	
	总额（万亿元）	增长率（%）	总额（万亿元）	增长率（%）
2007	75.2	26.2	2.2	26.1
2008	90.0	19.6	2.3	18.2
2009	96.7	7.4	2.7	7.3
2010	125.4	15.0	3.2	18.3
2011	158.4	12.3	1.8	13.9

附表 84　2011 年各种运输方式完成货物运输量及其增速

指　标	货物运输总量		货物运输周转量	
	规　模	增长（%）	规模（亿吨公里）	增长（%）
总计	368.5 亿吨	13.7	159014.1	12.1
铁路	39.3 亿吨	8.0	29465.8	6.6
公路	281.3 亿吨	14.9	51333.2	18.3
水运	42.3 亿吨	11.7	75196.2	9.9
管道	5.4 亿吨	9.0	2847.2	29.6
民航	552.8 万吨	−1.8	171.7	−4.0

附表 85　2007~2011 年 B2B 电子商务发展情况

年　份	B2B 交易规模（万亿元）	B2B 企业规模（家）	B2B 注册规模（万）
2007	2.2	4500	810
2008	2.8	5080	920
2009	3.28	7580	1250
2010	3.8	9200	1400
2011	4.9	10500	1600

附表 86　2008~2011 年中国网络零售市场发展情况

年　份	网络零售市场交易规模（亿元）	电子商务企业数量（户）	零售用户规模（亿）
2008	1300	5460	0.79
2009	2600	9962	1.21
2010	5141	15800	1.58
2011	8019	20750	2.03

附表 87　2006~2011 年中国节能服务业发展情况

年　份	节能服务业总产值（亿元）	从业人员规模（万人）	合同能源管理项目投资额（亿元）
2006	82.55	2.1	18.92
2007	216.57	3.5	65.50
2008	417.30	6.5	116.70
2009	587.68	11.3	195.32
2010	836.29	17.5	287.51
2011	1250.26	37.7	412.43

附录5 产业转移数据附表

附表88 2005~2010年四大板块工业总产值（单位：亿元）

地区	2005年	2006年	2007年	2008年	2009年	2010年
东部	171384.3	213441.2	267075	324397.8	343817.6	428118.6
中部	33706.22	43538.94	60438.87	80722.27	89129.34	120713.9
西部	27207.61	35248.03	46784.5	61527.74	69883.63	90905.19
东北	19321.38	24360.84	30878.71	40800.48	45480.88	58852.92
全国	251619.5	316589	405177.1	507284.9	548311.4	698590.5

数据来源：历年《中国统计年鉴》。

附表89 "十一五"纺织工业总产值

年份	化纤工业	纺织工业	服装鞋帽	总值
2005	260838811.00	1267164625.00	497462783.00	2025466219.00
2006	320562654.00	1531550293.00	615940014.00	2468052961.00
2007	412079562.00	1873331290.00	760038326.00	3045449178.00
2008	397015990.00	2139311763.00	943576305.00	3479904058.00
2009	382831957.00	2297137509.00	1044480219.00	3724449685.00
2010	495399441.00	2850792378.00	1233123551.00	4579315370.00

附表90 东、中、西部地区纺织工业总产值比重

年份	地区	化纤工业	纺织工业	服装鞋帽	总值	占比（%）
2005	东部	228229747	1086980906	464122612	1779333265	87.85
	中部	24548737	120232010	28779675	173560422	8.57
	西部	6958941	59951709	4555170	71465820	3.53
2006	东部	284503779	1305061851	571342814	2160908444	87.56
	中部	26907060	150546256	38369112	215822428	8.74
	西部	7894397	75942186	6175028	90011611	3.65
2007	东部	361884750	1569464086	695928347	2627277183	86.27
	中部	37721624	203372737	54036040	295130401	9.69
	西部	12473188	100494467	10073939	123041594	4.04

续表

年份	地区	化纤工业	纺织工业	服装鞋帽	总值	占比（%）
2008	东部	351453921	1773578441	850194013	2975226375	85.50
	中部	31729592	252046614	78836434	362612640	10.42
	西部	13832477	113686708	14545858	142065043	4.08
2009	东部	340595382	1873729252	923226821	3137551455	84.24
	中部	24204443	290146875	100979471	415330789	11.15
	西部	18032132	133261382	20273927	171567441	4.61
2010	东部	436543462	2293087326	1054017269	3783648057	82.62
	中部	35984697	385123754	151901122	573009573	12.51
	西部	22871282	172581298	27205160	222657740	4.86

附表91　2005年各省市纺织工业总产值比重

	化纤工业	纺织工业	服装鞋帽	合计	2005 年占比（%）
全国	260838811.00	1267164625.00	497462783.00	2025466219.00	—
北京市	697620.00	6920426.00	8039781.00	15657827.00	0.77
天津市	666533.00	8207520.00	8917931.00	17791984.00	0.88
河北省	4457832.00	42639421.00	9058261.00	56155514.00	2.77
山西省	287620.00	2973208.00	483578.00	3744406.00	0.18
内蒙古自治区	0.00	14701796.00	808166.00	15509962.00	0.77
辽宁省	6008983.00	15161194.00	11021746.00	32191923.00	1.59
吉林省	4247629.00	2706815.00	1376273.00	8330717.00	0.41
黑龙江省	1220479.00	3313554.00	357446.00	4891479.00	0.24
上海市	4897777.00	35485465.00	35485629.00	75868871.00	3.75
江苏省	78683528.00	302739449.00	105087695.00	486510672.00	24.02
浙江省	96438637.00	293885280.00	95571503.00	485895420.00	23.99
安徽省	2135650.00	16319153.00	3257742.00	21712545.00	1.07
福建省	13110407.00	47406209.00	44397800.00	104914416.00	5.18
江西省	3389391.00	10800287.00	7915306.00	22104984.00	1.09
山东省	14714539.00	222240256.00	50589265.00	287544060.00	14.20
河南省	8453206.00	40225994.00	3804416.00	52483616.00	2.59
湖北省	2030747.00	30263523.00	9315969.00	41610239.00	2.05
湖南省	2784015.00	13629476.00	2268945.00	18682436.00	0.92
广东省	7982688.00	111103582.00	95953001.00	215039271.00	10.62
广西壮族自治区	0.00	4063311.00	227915.00	4291226.00	0.21
海南省	571203.00	1192104.00	0.00	1763307.00	0.09
重庆市	0.00	4633427.00	647547.00	5280974.00	0.26
四川省	4533131.00	17215384.00	1602230.00	23350745.00	1.15
贵州	87775.00	384025.00	299758.00	771558.00	0.04

续表

	化纤工业	纺织工业	服装鞋帽	合计	2005 年占比(%)
云南省	0.00	810570.00	62136.00	872706.00	0.04
西藏自治区	351748.00	0.00	0.00	351748.00	0.02
陕西省	0.00	6731261.00	358876.00	7090137.00	0.35
甘肃省	1136835.00	1045161.00	111422.00	2293418.00	0.11
青海省	0.00	408271.00	181567.00	589838.00	0.03
宁夏回族自治区	42133.00	3566495.00	183373.00	3792001.00	0.19
新疆维吾尔自治区	807319.00	6392008.00	72180.00	7271507.00	0.36

附表 92　2010 年各省市纺织工业总产值比重

	化纤工业	纺织工业	服装鞋帽	合计	2010 年占比(%)
全国	495399441.00	2850792378.00	1233123551.00	4579315370.00	
北京市	273470.00	7181759.00	10791146.00	18246375.00	0.40
天津市	664274.00	8200159.00	18414456.00	27278889.00	0.60
河北省	5558154.00	97397209.00	22452896.00	125408259.00	2.74
山西省	97779.00	3044357.00	1380001.00	4522137.00	0.10
内蒙古自治区	0.00	42480403.00	3335092.00	45815495.00	1.00
辽宁省	4009642.00	37663125.00	58802097.00	100474864.00	2.19
吉林省	8261530.00	7177256.00	5421991.00	20860777.00	0.46
黑龙江省	46024.00	3153497.00	964365.00	4163886.00	0.09
上海市	4148048.00	41421361.00	46341172.00	91910581.00	2.01
江苏省	168273637.00	596248609.00	262279900.00	1026802146.00	22.42
浙江省	185826652.00	557466288.00	165295059.00	908587999.00	19.84
安徽省	5598202.00	49225747.00	26744801.00	81568750.00	1.78
福建省	32780076.00	112025577.00	115498807.00	260304460.00	5.68
江西省	3647819.00	53801858.00	30786322.00	88235999.00	1.93
山东省	15686970.00	571871929.00	123114920.00	710673819.00	15.52
河南省	11956151.00	132045986.00	30657048.00	174659185.00	3.81
湖北省	3298977.00	94632509.00	39072490.00	137003976.00	2.99
湖南省	3078215.00	42042544.00	16874104.00	61994863.00	1.35
广东省	18819621.00	263268857.00	230428187.00	512516665.00	11.19
广西壮族自治区	9289.00	11989025.00	3731649.00	15729963.00	0.34
海南省	502918.00	342453.00	598629.00	1444000.00	0.03
重庆市	731325.00	16855329.00	3931872.00	21518526.00	0.47
四川省	9643625.00	62351605.00	12147920.00	84143150.00	1.84
贵州	0.00	507669.00	363116.00	870785.00	0.02
云南省	1203399.00	1266667.00	287464.00	2757530.00	0.06
西藏自治区	0.00	75500.00	3563.00	79063.00	0.00

续表

	化纤工业	纺织工业	服装鞋帽	合计	2010 年占比(%)
陕西省	1092027.00	12509436.00	2277347.00	15878810.00	0.35
甘肃省	670344.00	1511043.00	222176.00	2403563.00	0.05
青海省	0.00	2103230.00	663987.00	2767217.00	0.06
宁夏回族自治区	0.00	8884152.00	101125.00	8985277.00	0.20
新疆维吾尔自治区	9521273.00	12047239.00	139849.00	21708361.00	0.47

附表 93　2008 年各省市纺织工业固定资产净值

	化纤工业	纺织工业	服装鞋帽	固定资产净值
北京市	180915	1764110	1509256	3454281
天津市	171015	4181903	1668060	6020978
河北省	1444856	17299073	3689915	22433844
辽宁省	2068452	7994729	8308558	18371739
上海市	1714932	8930885	6158008	16803825
江苏省	41512136	122321083	34219471	198052690
浙江省	39987648	137017853	30975304	207980805
福建省	11956686	29845286	13627204	55429176
山东省	5190582	122801527	18828800	146820909
广东省	5750328	54848103	30103971	90702402
海南省	401417	254402	27355	683174
山西省	4589	1088615	320567	1413771
吉林省	4061841	2143481	652355	6857677
黑龙江省	14640	1174162	72526	1261328
安徽省	2627606	11284281	5060073	18971960
江西省	1209998	7991870	3618355	12820223
河南省	5813845	31405442	5347380	42566667
湖北省	1195851	22258245	7997117	31451213
湖南省	548505	7844564	2458851	10851920
内蒙古自治区	11323	7051483	293521	7356327
广西壮族自治区	—	1997434	708769	2706203
重庆市	66113	2558568	870363	3495044
四川省	4151456	10700951	1792993	16645400
贵州	—	104163	70999	175162
云南省	191907	565307	61948	819162
西藏自治区	—	15603	4907	20510
陕西省	262480	3336502	318756	3917738
甘肃省	1531003	713069	133275	2377347
青海	—	795021	187103	982124
宁夏回族自治区	—	1743063	26622	1769685
新疆维吾尔自治区	4042236	5637438	39730	9719404

附表 94 2008 年各省市纺织工业固定资产净值

	化纤	纺织	服装	净值
北京市	204971	2055156	1705298	3965425
天津市	200383	5995336	1978004	8173723
河北省	1538392	13518162	2089520	17146074
辽宁省	4135336	7679551	6129347	17944234
上海市	2194531	8662533	7189624	18046688
江苏省	36637936	113164884	31287945	181090765
浙江省	40209644	119308750	27922065	187440459
福建省	9323147	25056159	11152715	45532021
山东省	6881894	104313902	14986699	126182495
广东省	6519419	46301233	27337423	80158075
海南省	707194	431161	30233	1168588
山西省	34749	1081115	258857	1374721
吉林省	4716303	1524763	594039	6835105
黑龙江省	582483	1591235	134288	2308006
安徽省	1742440	8407735	2082975	12233150
江西省	2945375	10233869	4708558	17887802
河南省	4186462	22900080	3110976	30197518
湖北省	1366829	15081621	3633230	20081680
湖南省	832443	4702641	1147827	6682911
内蒙古自治区	126	6016682	266630	6283438
广西壮族自治区	14163	1729636	327118	2070917
重庆市	93434	1968218	542108	2603760
四川省	3447970	7573347	1363397	12384714
贵州	424	123316	68940	192680
云南省	248996	731487	48598	1029081
西藏自治区	0	3671	8077	11748
陕西省	27875	3207524	160311	3395710
甘肃省	1451588	688880	106895	2247363
青海	0	433664	176413	610077
宁夏回族自治区	0	951520	12889	964409
新疆维吾尔自治区	1237203	4953503	28629	6219335

附表 95 2008 年、2010 年各省市纺织工业固定资产净值增长速度

	2010 年净值	2008 年净值	固定资产增长速度（%）
北京市	3454281	3965425	-12.89
天津市	6020978	8173723	-26.34
河北省	22433844	17146074	30.84

续表

	2010 年净值	2008 年净值	固定资产增长速度（%）
辽宁省	18371739	17944234	2.38
上海市	16803825	18046688	-6.89
江苏省	198052690	181090765	9.37
浙江省	207980805	187440459	10.96
福建省	55429176	45532021	21.74
山东省	146820909	126182495	16.36
广东省	90702402	80158075	13.15
海南省	683174	1168588	-41.54
山西省	1413771	1374721	2.84
吉林省	6857677	6835105	0.33
黑龙江省	1261328	2308006	-45.35
安徽省	18971960	12233150	55.09
江西省	12820223	17887802	-28.33
河南省	42566667	30197518	40.96
湖北省	31451213	20081680	56.62
湖南省	10851920	6682911	62.38
内蒙古自治区	7356327	6283438	17.07
广西壮族自治区	2706203	2070917	30.68
重庆市	3495044	2603760	34.23
四川省	16645400	12384714	34.40
贵州	175162	192680	-9.09
云南省	819162	1029081	-20.40
西藏自治区	20510	11748	74.58
陕西省	3917738	3395710	15.37
甘肃省	2377347	2247363	5.78
青海	982124	610077	60.98
宁夏回族自治区	1769685	964409	83.50
新疆维吾尔自治区	9719404	6219335	56.28

附表 96　2005 年部分纺织工业分地区产值比重

	纺织业	占比	化学纤维制造	占比	纺织服装鞋帽制造业	占比
东部	1086980906	85.78	228229747	87.87	464122612	93.30
中部	120232010	9.49	24548737	9.45	28779675	5.79
西部	59951709	4.73	6958941	2.68	4555170	0.92
合计	1267164625	100.00	259737425	100.00	497457457	100.00

附表 97 2010 年部分纺织工业分地区产值比重

	纺织业	占比	化学纤维制造	占比	纺织服装鞋帽制造业	占比
东部	2293087326	80.44	436543462	88.12	1054017269	85.48
中部	385123754	13.51	35984697	7.26	151901122	12.32
西部	172581298	6.05	22871282	4.62	27205160	2.21
合计	2850792378	100.00	495399441	100.00	1233123551	100.00

附表 98 2005~2012 年部分纺织工业分地区产值比重变动

	东部	中部	西部
纺织业	−5.34%	4.02%	1.32%
化学纤维制造	0.25%	−2.19%	1.94%
纺织服装鞋帽制造业	−7.82%	6.53%	1.29%

附表 99 2010 年化学工业分地区比重

地区	基础化学原料制造	肥料制造	农药制造	涂料、油墨、颜料及类似产品制造	合成材料制造	专用化学产品制造	日用化学产品制造
东部	0.627	0.369	0.699	0.820	0.843	0.729	0.789
中部	0.236	0.352	0.199	0.126	0.074	0.190	0.149
西部	0.137	0.279	0.102	0.054	0.082	0.082	0.062

数据来源：中经网统计数据库。

附表 100 2005~2010 年东、中、西部地区化学工业总产值比重

地区	2005 年	2006 年	2007 年	2008 年	2009 年	2010 年
东部	0.720	0.729	0.719	0.701	0.700	0.691
中部	0.164	0.161	0.168	0.179	0.181	0.192
西部	0.117	0.111	0.112	0.120	0.119	0.117

数据来源：中经网统计数据库。

附表 101 东、中、西部地区食品行业总产值（当年价格）（单位：千元）

地区	2010 年	2009 年	2008 年	2007 年	2006 年	2005 年
东部地区	2903884511	2449035359	2135889529	1672857229	1301833008	1083519344
中部地区	1645147283	1230961466	1012814324	718373479	507661376	388846008
西部地区	994100887	784533942	639732562	473707244	349200230	275995320
全部地区	5543132681	4464530767	3788436415	2864937952	2158694614	1748360672

数据来源：国家统计局。

附表 102　分地区食品行业固定资产投资年平均余额（当年价格）（单位：千元）

地区	2010 年	2009 年	2008 年	2007 年	2006 年	2005 年
青海省	2047860	1030857	1027868	653004	780472	743227
湖南省	38681281	25646153	19865049	13082290	10479143	8923528
内蒙古自治区	41586176	29363817	21393974	16217029	13147492	11145390
湖北省	45220688	41320007	24724897	18781582	15072679	12450054
重庆市	11020278	8129640	6603916	4934032	3937254	3594340
辽宁省	65947753	55109411	44484546	30068941	24068895	19758185
河南省	79698860	67866811	54248275	37638272	31165652	25605753
贵州省	9613910	7654669	5893441	4725918	4306331	3982502
中部地区	313376006	264114426	215472204	154165431	127255022	103161289
江苏省	54521958	43630262	35640307	27448312	24254149	23180586
宁夏回族自治区	4387132	3766259	2722960	2209887	2088752	1641918
西部地区	225473812	180466048	143489759	114339135	98542842	87573275
广西壮族自治区	37450070	31971516	25163698	19388885	16822461	14378966
四川省	59393122	51766017	39735349	31236841	27372431	24234537
吉林省	49969538	47610808	37438657	26462819	20489155	15556887
江西省	15919913	14060759	16875339	8469805	6402457	4881365
新疆维吾尔自治区	16181698	12779475	9709400	8692606	7574205	7267217
甘肃省	13305036	8579799	9457884	7262135	6007397	5600865
西藏自治区	1145282	614419	679383	625788	678463	641253
全国	1054977144	896106596	741603283	579076188	496677237	429709553
广东省	67092622	50738348	46290679	38049643	35404663	33563478
安徽省	31205897	23762327	22680595	18351159	16734452	12864613
黑龙江省	39535740	32764627	30311760	23306875	19827222	17525472
陕西省	17527987	14278294	12008621	10437327	8419205	7393005
东部地区	516127326	451526122	382641320	310571622	270879373	238974989
山东省	175091901	164461699	132710360	106503796	87434718	72375971
山西省	13144089	11082934	9327632	8072629	7084262	5353617
福建省	29139894	24990136	22062056	18907443	16930599	14705886
河北省	35834243	30894453	27147805	23475268	21775071	18587169
云南省	11815261	10531286	9093265	7955683	7408379	6950055
浙江省	35145057	32194468	29325229	25303121	23398893	20711511
天津市	14157637	12184964	11823760	10323508	9116246	9150820
海南省	3601207	3665421	3150374	2688306	2544981	2655491
上海市	19843075	18549073	16242571	15389758	13262651	12136335
北京市	15751979	15107887	13763633	12413526	12688507	12149557

数据来源：国家统计局。

附表 103　东中西地区食品行业重点细分行业总产值（当年价格）（单位：千元）

细分行业	地区	2010 年	2009 年	2008 年	2007 年	2006 年	2005 年
131 谷物磨制	东部地区	209788407	169888303	135010973	103428663	76119626	59043930
	中部地区	352476376	251032131	199917062	135969063	88120870	62661159
	西部地区	60431494	47574776	35006441	23770614	17660038	13527993
	全部地区	622696277	468495210	369934476	263168340	181900534	135233082
1331 食用植物油加工	东部地区	354524774	312153436	310692752	214798245	162811059	145855741
	中部地区	158848846	118139823	95120951	65362337	48797707	44909199
	西部地区	74640830	60667889	53150423	36126625	24199838	22354045
	全部地区	588014450	490961148	458964126	316287207	235808604	213118985
135 屠宰及肉类加工	东部地区	362861693	292505273	254379367	190808116	147698236	122903464
	中部地区	209857632	159131676	133356565	98184942	69879933	58570113
	西部地区	158826892	129359527	102319888	72830682	52401250	42920602
	全部地区	731546217	580996476	490055820	361823740	269979419	224394179
143 方便食品制造	东部地区	80546074	69105881	58740999	48025079	39438239	32927346
	中部地区	86060490	72810310	57470491	39466117	29963287	22533239
	西部地区	24501442	17101466	14858039	9799827	6134985	6553292
	全部地区	191108006	159017657	131069529	97291023	75536511	62013877
144 液体乳及乳制品制造	东部地区	79349441	66782791	59731058	59749982	50606526	40241408
	中部地区	56784099	49861758	42686805	31943357	24191217	19725516
	西部地区	58816895	50166749	46652967	41207473	34973922	29094315
	全部地区	194950435	166811298	149070830	132900812	109771665	89061239
1522 啤酒制造	东部地区	67564493	64396955	62576536	58287968	50484924	44878001
	中部地区	38274908	32336868	29356008	24615794	20648552	17531267
	西部地区	26184282	25272213	21204548	18916787	15193244	12544129
	全部地区	132023683	122006036	113137092	101820549	86326720	74953397
1524 葡萄酒制造	东部地区	21925955	18046726	15288196	12146026	10103093	8268048
	中部地区	3993345	2951669	2528772	1870354	905182	539782
	西部地区	4452121	3233529	2046872	1156791	638116	606343
	全部地区	30371421	24231924	19863840	15173171	11646391	9414173
153 软饮料制造	东部地区	196041650	173662026	147728154	123763493	97764943	81877017
	中部地区	78516219	56476332	45271992	34494756	23149505	15036326
	西部地区	55601593	44526304	32860022	24759333	16660109	10723866
	全部地区	330159462	274664662	225860168	183017582	137574557	107637209

数据来源：国家统计局。

附表 104　2001 年中国各省市之间的工业结构相似系数

	北京市	天津市	河北省	山西省	内蒙古自治区	辽宁省	吉林省	黑龙江省	上海市	江苏省
全国	0.707	0.836	0.822	0.695	0.729	0.831	0.583	0.431	0.900	0.909
北京市	0	0.898	0.482	0.439	0.433	0.608	0.297	0.192	0.814	0.578
天津市	0	0	0.634	0.542	0.541	0.661	0.429	0.319	0.875	0.752
河北省	0	0	0	0.924	0.922	0.806	0.404	0.326	0.705	0.720
山西省	0	0	0	0	0.908	0.803	0.341	0.263	0.624	0.560
内蒙古自治区	0	0	0	0	0	0.705	0.301	0.276	0.574	0.626
辽宁省	0	0	0	0	0	0	0.464	0.583	0.762	0.646
吉林省	0	0	0	0	0	0	0	0.208	0.677	0.443
黑龙江省	0	0	0	0	0	0	0	0	0.237	0.219
上海市	0	0	0	0	0	0	0	0	0	0.807
江苏省	0	0	0	0	0	0	0	0	0	0
浙江省	0	0	0	0	0	0	0	0	0	0
安徽省	0	0	0	0	0	0	0	0	0	0
福建省	0	0	0	0	0	0	0	0	0	0
江西省	0	0	0	0	0	0	0	0	0	0
山东省	0	0	0	0	0	0	0	0	0	0
河南省	0	0	0	0	0	0	0	0	0	0
湖北省	0	0	0	0	0	0	0	0	0	0
湖南省	0	0	0	0	0	0	0	0	0	0
广东省	0	0	0	0	0	0	0	0	0	0
广西壮族自治区	0	0	0	0	0	0	0	0	0	0
海南省	0	0	0	0	0	0	0	0	0	0
重庆市	0	0	0	0	0	0	0	0	0	0
四川省	0	0	0	0	0	0	0	0	0	0
贵州省	0	0	0	0	0	0	0	0	0	0
云南省	0	0	0	0	0	0	0	0	0	0
西藏自治区	0	0	0	0	0	0	0	0	0	0
陕西省	0	0	0	0	0	0	0	0	0	0
甘肃省	0	0	0	0	0	0	0	0	0	0
青海省	0	0	0	0	0	0	0	0	0	0
宁夏回族自治区	0	0	0	0	0	0	0	0	0	0
新疆维吾尔自治区	0	0	0	0	0	0	0	0	0	0

	浙江省	安徽省	福建省	江西省	山东省	河南省	湖北省	湖南省	广东省	广西壮族自治区	海南省
全国	0.819	0.925	0.901	0.882	0.881	0.846	0.868	0.854	0.844	0.763	0.689
北京市	0.386	0.510	0.694	0.517	0.462	0.386	0.454	0.501	0.849	0.335	0.313
天津市	0.539	0.655	0.749	0.616	0.633	0.540	0.599	0.600	0.867	0.496	0.459
河北省	0.613	0.846	0.675	0.861	0.731	0.802	0.768	0.784	0.518	0.674	0.570
山西省	0.427	0.760	0.512	0.849	0.535	0.696	0.652	0.761	0.385	0.596	0.421
内蒙古自治区	0.528	0.775	0.607	0.820	0.660	0.755	0.663	0.707	0.449	0.639	0.491
辽宁省	0.540	0.770	0.623	0.847	0.706	0.711	0.735	0.803	0.577	0.603	0.491
吉林省	0.391	0.674	0.463	0.569	0.453	0.419	0.842	0.542	0.354	0.664	0.742
黑龙江省	0.212	0.288	0.240	0.340	0.471	0.426	0.300	0.334	0.272	0.239	0.239
上海市	0.674	0.818	0.797	0.753	0.644	0.579	0.836	0.724	0.816	0.615	0.597
江苏省	0.930	0.824	0.824	0.729	0.829	0.730	0.764	0.700	0.776	0.635	0.553
浙江省	0	0.761	0.814	0.649	0.770	0.679	0.718	0.612	0.697	0.563	0.533
安徽省	0	0	0.811	0.936	0.826	0.872	0.930	0.908	0.657	0.857	0.775
福建省	0	0	0	0.747	0.790	0.768	0.728	0.731	0.901	0.662	0.633
江西省	0	0	0	0	0.785	0.887	0.859	0.953	0.593	0.866	0.695
山东省	0	0	0	0	0	0.902	0.759	0.760	0.659	0.813	0.685
河南省	0	0	0	0	0	0	0.745	0.868	0.592	0.860	0.698
湖北省	0	0	0	0	0	0	0	0.817	0.569	0.820	0.817
湖南省	0	0	0	0	0	0	0	0	0.586	0.818	0.655
广东省	0	0	0	0	0	0	0	0	0	0.481	0.481
广西壮族自治区	0	0	0	0	0	0	0	0	0	0	0.799
海南省	0	0	0	0	0	0	0	0	0	0	0
重庆市	0	0	0	0	0	0	0	0	0	0	0
四川省	0	0	0	0	0	0	0	0	0	0	0
贵州省	0	0	0	0	0	0	0	0	0	0	0
云南省	0	0	0	0	0	0	0	0	0	0	0
西藏自治区	0	0	0	0	0	0	0	0	0	0	0
陕西省	0	0	0	0	0	0	0	0	0	0	0
甘肃省	0	0	0	0	0	0	0	0	0	0	0
青海省	0	0	0	0	0	0	0	0	0	0	0
宁夏回族自治区	0	0	0	0	0	0	0	0	0	0	0
新疆维吾尔自治区	0	0	0	0	0	0	0	0	0	0	0

续表

	重庆市	四川省	贵州省	云南省	西藏自治区	陕西省	甘肃省	青海省	宁夏回族自治区	新疆维吾尔自治区
全国	0.591	0.867	0.622	0.381	0.402	0.745	0.627	0.489	0.696	0.497
北京市	0.290	0.669	0.292	0.140	0.159	0.508	0.384	0.180	0.307	0.259
天津市	0.410	0.794	0.435	0.225	0.155	0.644	0.386	0.387	0.515	0.332
河北省	0.425	0.863	0.686	0.344	0.444	0.538	0.582	0.541	0.662	0.425
山西省	0.370	0.763	0.733	0.349	0.379	0.418	0.690	0.602	0.695	0.380
内蒙古自治区	0.311	0.810	0.720	0.344	0.444	0.466	0.578	0.577	0.612	0.380
辽宁省	0.441	0.703	0.511	0.256	0.294	0.678	0.825	0.500	0.735	0.718
吉林省	0.979	0.461	0.330	0.192	0.194	0.379	0.213	0.206	0.285	0.192
黑龙江省	0.128	0.315	0.186	0.107	0.158	0.858	0.597	0.670	0.616	0.951
上海市	0.698	0.772	0.475	0.278	0.194	0.572	0.446	0.284	0.462	0.300
江苏省	0.475	0.738	0.484	0.283	0.270	0.564	0.419	0.316	0.561	0.291
浙江省	0.440	0.582	0.396	0.245	0.276	0.507	0.402	0.252	0.490	0.288
安徽省	0.702	0.862	0.751	0.490	0.493	0.592	0.607	0.469	0.661	0.367
福建省	0.487	0.758	0.545	0.337	0.464	0.593	0.476	0.320	0.533	0.297
江西省	0.590	0.815	0.764	0.506	0.472	0.583	0.774	0.566	0.743	0.449
山东省	0.424	0.762	0.510	0.318	0.425	0.701	0.535	0.431	0.664	0.521
河南省	0.433	0.802	0.729	0.469	0.626	0.663	0.681	0.603	0.787	0.477
湖北省	0.855	0.747	0.579	0.376	0.375	0.556	0.485	0.366	0.524	0.367
湖南省	0.566	0.780	0.820	0.684	0.461	0.589	0.737	0.493	0.730	0.431
广东省	0.367	0.691	0.401	0.218	0.326	0.632	0.428	0.285	0.470	0.304
广西壮族自治区	0.664	0.723	0.638	0.438	0.462	0.485	0.517	0.477	0.607	0.261
海南省	0.724	0.655	0.501	0.310	0.477	0.502	0.326	0.268	0.429	0.225
重庆市	0	0.476	0.381	0.244	0.236	0.343	0.213	0.211	0.275	0.117
四川省	0	0	0.721	0.414	0.524	0.637	0.499	0.538	0.620	0.346
贵州省	0	0	0	0.802	0.521	0.440	0.550	0.587	0.674	0.199
云南省	0	0	0	0	0.221	0.313	0.328	0.304	0.359	0.103
西藏自治区	0	0	0	0	0	0.325	0.366	0.352	0.412	0.176
陕西省	0	0	0	0	0	0	0.618	0.693	0.700	0.801
甘肃省	0	0	0	0	0	0	0	0.665	0.808	0.721
青海省	0	0	0	0	0	0	0	0	0.791	0.600
宁夏回族自治区	0	0	0	0	0	0	0	0	0	0.620
新疆维吾尔自治区	0	0	0	0	0	0	0	0	0	0

附表 105　2010 年中国各省市之间的工业结构相似系数

	北京市	天津市	河北省	山西省	内蒙古自治区	辽宁省	吉林省	黑龙江省	上海市	江苏省
全国	0.814	0.858	0.694	0.467	0.659	0.888	0.657	0.594	0.852	0.919
北京市	0	0.733	0.425	0.379	0.474	0.635	0.646	0.507	0.882	0.739
天津市	0	0	0.786	0.493	0.545	0.803	0.608	0.597	0.797	0.781
河北省	0	0	0	0.539	0.603	0.775	0.376	0.412	0.442	0.570
山西省	0	0	0	0	0.855	0.441	0.214	0.470	0.231	0.268
内蒙古自治区	0	0	0	0	0	0.578	0.382	0.571	0.315	0.426
辽宁省	0	0	0	0	0	0	0.630	0.647	0.683	0.739
吉林省	0	0	0	0	0	0	0	0.468	0.601	0.492
黑龙江省	0	0	0	0	0	0	0	0	0.348	0.346
上海市	0	0	0	0	0	0	0	0	0	0.902
江苏省	0	0	0	0	0	0	0	0	0	0
浙江省	0	0	0	0	0	0	0	0	0	0
安徽省	0	0	0	0	0	0	0	0	0	0
福建省	0	0	0	0	0	0	0	0	0	0
江西省	0	0	0	0	0	0	0	0	0	0
山东省	0	0	0	0	0	0	0	0	0	0
河南省	0	0	0	0	0	0	0	0	0	0
湖北省	0	0	0	0	0	0	0	0	0	0
湖南省	0	0	0	0	0	0	0	0	0	0
广东省	0	0	0	0	0	0	0	0	0	0
广西壮族自治区	0	0	0	0	0	0	0	0	0	0
海南省	0	0	0	0	0	0	0	0	0	0
重庆市	0	0	0	0	0	0	0	0	0	0
四川省	0	0	0	0	0	0	0	0	0	0
贵州省	0	0	0	0	0	0	0	0	0	0
云南省	0	0	0	0	0	0	0	0	0	0
西藏自治区	0	0	0	0	0	0	0	0	0	0
陕西省	0	0	0	0	0	0	0	0	0	0
甘肃省	0	0	0	0	0	0	0	0	0	0
青海省	0	0	0	0	0	0	0	0	0	0
宁夏回族自治区	0	0	0	0	0	0	0	0	0	0
新疆维吾尔自治区	0	0	0	0	0	0	0	0	0	0

	浙江省	安徽省	福建省	江西省	山东省	河南省	湖北省	湖南省	广东省	广西壮族自治区	海南省
全国	0.861	0.916	0.870	0.782	0.923	0.829	0.884	0.866	0.789	0.848	0.505
北京市	0.639	0.698	0.730	0.477	0.628	0.544	0.749	0.571	0.795	0.692	0.492
天津市	0.614	0.724	0.661	0.578	0.694	0.598	0.819	0.661	0.658	0.738	0.413
河北省	0.514	0.666	0.527	0.530	0.588	0.603	0.705	0.620	0.332	0.699	0.315
山西省	0.242	0.486	0.278	0.331	0.401	0.514	0.337	0.450	0.169	0.355	0.325
内蒙古自治区	0.453	0.719	0.489	0.664	0.634	0.796	0.542	0.726	0.293	0.636	0.320
辽宁省	0.725	0.845	0.707	0.674	0.879	0.805	0.841	0.833	0.531	0.833	0.603
吉林省	0.506	0.688	0.487	0.474	0.647	0.553	0.875	0.595	0.355	0.815	0.381
黑龙江省	0.399	0.556	0.461	0.392	0.639	0.627	0.513	0.567	0.296	0.569	0.647
上海市	0.701	0.665	0.764	0.514	0.689	0.481	0.751	0.587	0.894	0.631	0.388
江苏省	0.859	0.773	0.824	0.671	0.821	0.618	0.749	0.714	0.880	0.654	0.312
浙江省	0	0.821	0.791	0.692	0.847	0.690	0.743	0.719	0.678	0.645	0.379
安徽省	0	0	0.733	0.816	0.870	0.860	0.862	0.881	0.603	0.877	0.410
福建省	0	0	0	0.650	0.790	0.723	0.709	0.704	0.826	0.699	0.420
江西省	0	0	0	0	0.754	0.839	0.680	0.863	0.522	0.765	0.361
山东省	0	0	0	0	0	0.868	0.820	0.886	0.612	0.802	0.533
河南省	0	0	0	0	0	0	0.727	0.932	0.455	0.824	0.444
湖北省	0	0	0	0	0	0	0	0.771	0.557	0.933	0.454
湖南省	0	0	0	0	0	0	0	0	0.509	0.857	0.431
广东省	0	0	0	0	0	0	0	0	0	0.491	0.322
广西壮族自治区	0	0	0	0	0	0	0	0	0	0	0.462
海南省	0	0	0	0	0	0	0	0	0	0	0
重庆市	0	0	0	0	0	0	0	0	0	0	0
四川省	0	0	0	0	0	0	0	0	0	0	0
贵州省	0	0	0	0	0	0	0	0	0	0	0
云南省	0	0	0	0	0	0	0	0	0	0	0
西藏自治区	0	0	0	0	0	0	0	0	0	0	0
陕西省	0	0	0	0	0	0	0	0	0	0	0
甘肃省	0	0	0	0	0	0	0	0	0	0	0
青海省	0	0	0	0	0	0	0	0	0	0	0
宁夏回族自治区	0	0	0	0	0	0	0	0	0	0	0
新疆维吾尔自治区	0	0	0	0	0	0	0	0	0	0	0

续表

	重庆市	四川省	贵州省	云南省	西藏自治区	陕西省	甘肃省	青海省	宁夏回族自治区	新疆维吾尔自治区
全国	0.711	0.922	0.635	0.613	0.349	0.733	0.644	0.573	0.676	0.510
北京市	0.717	0.698	0.613	0.417	0.336	0.689	0.446	0.392	0.530	0.362
天津市	0.665	0.762	0.521	0.511	0.145	0.735	0.617	0.529	0.496	0.620
河北省	0.409	0.677	0.580	0.589	0.230	0.477	0.615	0.491	0.531	0.504
山西省	0.260	0.491	0.732	0.441	0.134	0.695	0.524	0.444	0.744	0.417
内蒙古自治区	0.395	0.710	0.850	0.681	0.357	0.734	0.661	0.723	0.877	0.417
辽宁省	0.641	0.869	0.511	0.554	0.326	0.689	0.673	0.471	0.599	0.583
吉林省	0.943	0.632	0.380	0.335	0.273	0.621	0.258	0.270	0.283	0.238
黑龙江省	0.362	0.652	0.511	0.399	0.298	0.835	0.643	0.534	0.600	0.849
上海市	0.697	0.698	0.378	0.366	0.150	0.539	0.366	0.283	0.353	0.289
江苏省	0.585	0.785	0.429	0.448	0.187	0.491	0.443	0.406	0.463	0.333
浙江省	0.610	0.740	0.472	0.463	0.265	0.532	0.477	0.441	0.562	0.360
安徽省	0.746	0.868	0.693	0.658	0.369	0.719	0.635	0.601	0.699	0.413
福建省	0.516	0.806	0.476	0.450	0.382	0.516	0.461	0.396	0.512	0.366
江西省	0.536	0.718	0.561	0.756	0.367	0.576	0.761	0.781	0.720	0.371
山东省	0.634	0.909	0.540	0.543	0.348	0.675	0.578	0.514	0.661	0.496
河南省	0.553	0.892	0.685	0.681	0.569	0.706	0.676	0.695	0.778	0.454
湖北省	0.886	0.827	0.567	0.575	0.343	0.667	0.518	0.472	0.507	0.405
湖南省	0.604	0.875	0.639	0.744	0.401	0.671	0.684	0.668	0.722	0.414
广东省	0.450	0.631	0.328	0.298	0.197	0.423	0.350	0.278	0.349	0.277
广西壮族自治区	0.782	0.837	0.625	0.675	0.423	0.658	0.623	0.588	0.591	0.404
海南省	0.332	0.430	0.326	0.326	0.269	0.625	0.669	0.244	0.569	0.714
重庆市	0	0.619	0.414	0.376	0.218	0.648	0.304	0.311	0.336	0.197
四川省	0	0	0.688	0.602	0.534	0.697	0.572	0.576	0.661	0.474
贵州省	0	0	0	0.749	0.485	0.663	0.607	0.707	0.855	0.372
云南省	0	0	0	0	0.336	0.526	0.745	0.766	0.722	0.381
西藏自治区	0	0	0	0	0	0.294	0.257	0.415	0.370	0.190
陕西省	0	0	0	0	0	0	0.721	0.627	0.747	0.734
甘肃省	0	0	0	0	0	0	0	0.780	0.829	0.757
青海省	0	0	0	0	0	0	0	0	0.772	0.526
宁夏回族自治区	0	0	0	0	0	0	0	0	0	0.558
新疆维吾尔自治区	0	0	0	0	0	0	0	0	0	0

图书在版编目（CIP）数据

中国产业发展和产业政策报告. 2012/工业和信息化部产业政策司，中国社会科学院工业经济研究所著. —北京：经济管理出版社，2012.12
ISBN 978-7-5096-2314-5

Ⅰ.①中… Ⅱ.①工… ②中… Ⅲ.①产业发展—研究报告—中国—2012 ②产业政策—研究报告—中国—2012 Ⅳ.①F124 ②F121.3

中国版本图书馆 CIP 数据核字（2012）第 018212 号

组稿编辑：陈　力
责任编辑：杨国强
责任印制：木　易
责任校对：熊兰华　超　凡

出版发行：经济管理出版社
　　　　　（北京市海淀区北蜂窝 8 号中雅大厦 A 座 11 层　100038）
网　　址：www. E-mp. com. cn
电　　话：（010）51915602
印　　刷：北京银祥印刷厂
经　　销：新华书店
开　　本：720mm×1000mm/16
印　　张：19.25
字　　数：296 千字
版　　次：2012 年 12 月第 1 版　2012 年 12 月第 1 次印刷
书　　号：ISBN 978-7-5096-2314-5
定　　价：168.00 元